왕실, 권력 그리고 불화

고려와 조선의 왕실불화

석학人文강좌 94

왕실, 권력 그리고 불화
고려와 조선의 왕실불화

초판 1쇄 인쇄 2019년 7월 25일

초판 1쇄 발행 2019년 8월 6일

지은이 김정희

펴낸이 이방원

편　집 정조연·김명희·안효희·윤원진·정우경·송원빈

디자인 박혜옥·손경화

영　업 최성수　**기획·마케팅** 이미선

펴낸곳 세창출판사

출판신고 1990년 10월 8일 제300-1990-63호

주소 03735 서울시 서대문구 경기대로 88 냉천빌딩 4층

전화 723-8660

팩스 720-4579

이메일 edit@sechangpub.co.kr

홈페이지 http://www.sechangpub.co.kr

ISBN 978-89-8411-894-2　04910

　　　 978-89-8411-350-3 (세트)

이 도서의 국립중앙도서관 출판시도서목록(CIP)은 서지정보유통지원시스템 홈페이지(http://seoji.nl.go.kr)와

국가자료공동목록시스템(http://www.nl.go.kr/kolisnet)에서 이용하실 수 있습니다. (CIP제어번호: CIP2019028912)

석학
人文
강좌
94

왕실, 권력 그리고 불화

고려와 조선의 왕실불화

김정희 지음

세창출판사

삼국시대에 불교가 수용된 이후 우리나라에서는 꾸준하게 왕실발원 불화가 조성되었다. 안타깝게도 삼국시대와 통일신라의 왕실불화는 남아 있지 않으나 고려와 조선의 왕실불화는 지금까지도 남아 있어 왕실에서 시주하고 발원했던 불화의 모습을 살펴볼 수 있다.

이 책은 2017년 9월 2~23일에 한국연구재단의 석학강좌에서 강연한 〈왕실, 권력 그리고 미술: 고려, 조선의 왕실발원 불화〉의 내용을 책으로 엮은 것으로, 모두 8장으로 구성되었다. I장에서는 고려시대와 조선시대의 왕실 불교에 대해 간략하게 살펴보았다. 고려시대는 불교를 국시로 삼았던 만큼 태조 왕건의 숭불호법정신은 고려왕조 내내 이어졌고, 이것이 곧 왕실불화를 조성할 수 있는 원동력이 되었다. 반면 조선시대는 건국 초부터 성리학을 건국이념으로 내세우며 숭유억불정책을 단행함에 따라 전 기간에 걸쳐 억불정책이 지속적으로 전개되었으나 세조·문정왕후·효령대군·고종 등 호불적인 왕실구성원에 의해 왕실불교가 중흥되어 꾸준하게 불사가 이루어졌음을 볼 수 있다. II장에서는 삼국시대부터 조선시대에 이르기까지 왕실에서 불화를 발원하고 제작에 관여한 사례를 문헌을 통해 살펴보고, 이러한 전통이 고려시대와 조선시대의 왕실불화로 어떻게 이어졌는가를 고찰하였다. 이어 III장에서는 현존하는 고려, 조선의 왕실불화를 왕실의 구성원들이 발원한 불화와 왕실을 위해 발원한 불화로 나누어 살펴보았다. 고려시대에는 919년에 태조 왕건이 개경에 10대사를 창건한 후 수많은 원찰이 건립됨에 따라 왕실불화 또한 많이 조성되었다고 생각되지만 현존하는 불화 중 왕실구성원이 직접 시주 발원에 참여한 예는 많지 않다. 조선 전기에는 특히 왕실여성들이 불화의 발원과 시주에 적극적으로 참여한 것이 특징이다. 왕비·후궁·군부인 등 왕실의 여성들은 비구니절[尼寺]인 정업원(淨業院)과 자수궁(慈壽宮) 등을 중심으로 왕, 대군 등의 명복을 빌며 불화를 발원하였다. 조선 후기에는 왕실에서의 불사는 현저히 줄었지만 주로 왕실의 원찰을 중심으로 불화 후원이 이루어졌으며, 조선 말기에는 서울 인근 사찰을 중심으로 왕과 왕비, 상궁, 고위관료를 중심으로 한 왕실 불사가 성행하였다. 서울·경기 지역의 사찰을 중심으로 이루어진 왕실의 불사는 조선 말기 불교미술의 양적 성장뿐 아니라 질적 성장을 가져오는 데에도 크게 기여했다. 불화에서는 금박이나 금니 같은 값비싼 안료를 많이 사용하였으며, 당시 궁중에서 애용하였던 민화 속에 등장하는 기물들이 그대로 반영되는 등 왕실 취향의 불화 양식을 엿볼 수 있다.

　Ⅳ장에서는 고려, 조선시대 왕실불화의 조성 목적을 예배용, 내불당 봉안용, 법회용, 기원용, 영가천도용, 기타로 나누어 고찰하였다. 고려시대의 왕실불화 가운데는 예배용으로 봉안되었던 예는 알려져 있지 않지만 조선시대에는 영조가 연잉군 시절에 시주한 파계사 영산회상

도(1707)처럼 후불탱으로 봉안된 경우도 있다. 영조의 딸 화완옹주와
상궁 김씨 등이 시주하여 제작한 불국사 대웅전 영산회상도 및 벽화
(1769), 정조가 창건한 용주사의 불화(1790), 민두호(閔斗鎬)와 상궁들의
시주로 조성된 봉은사 대웅전 영산회상도(1892) 등도 왕실발원으로 조
성되어 전각에 예배용으로 봉안되었다. 사찰뿐 아니라 궁중의 내불당
에도 왕실발원 불화가 봉안되어 예배용으로 사용되었다. 왕실발원 불
화 중에는 법회에 사용하기 위하여 제작된 것이 많은데, 특히 고려불
화 중 세로 1m, 가로 40~60㎝ 정도의 소규모 불화들은 여러 폭의 불화
를 쭉 걸어 놓고 의식을 진행하는 법회용으로 제작되었을 가능성이 높
다. 조선시대에는 숭유억불정책으로 인해 나라에서 주관하는 법회는
급격하게 줄어들었으나, 조선 후기에는 사찰에서 영산재·수륙재·만
일염불회·수월도량불사 등이 활발하게 개최되면서 법회용 불화 또한
성행하였다. 효종의 차녀인 숙안공주(淑安公主, 1636~1673)와 남편인 홍
득기(洪得箕, 1635~1673) 부부가 향낭시주로 참여한 화엄사 영산회괘불
도(1653), 귀빈 엄씨 등이 봉원사 수월도량공화불사 때 시주한 봉원사
괘불도(1901), 헌종의 후궁인 순화궁 김씨를 비롯하여 고위관료와 상궁
등이 원통불사(圓通佛事)를 기념하며 시주한 봉은사 괘불도(1898), 만일
회(萬日會)를 기념하여 7명의 상궁이 함께 발원 조성한 망월사 괘불도
(1887) 등이 대표적이다. 왕실불화의 조성 목적 중 가장 빈번한 예는 왕
실 구성원의 수명장수와 영가천도, 세자의 탄생 등을 기원하며 제작한
경우이다. 1565년(명종 20)에 문정왕후가 왕의 수명장수와 세자 탄생을
기원하며 조성한 회암사 400탱과 인종의 비 인성왕후가 1545년(명종 즉
위년)에 승하한 인종의 명복을 빌며 제작한 관음보살32응신도(1550)는
대표적인 기원용 불화라 할 수 있다. 이 밖에 원나라에 머물고 있는 충

렬왕과 충선왕 및 왕비가 고려로 속히 돌아오기를 바라며 제작한 아미타여래도(1306년, 일본 根津美術館 소장)는 왕실관련 불화의 조성 목적이 매우 다양했음을 보여 준다.

V장에서는 왕실불화의 발원자를 신분에 따라 왕실·종친·고위관료·상궁·승려 등으로 나누어 각 그룹의 불화발원의 현황과 특징에 대해 고찰하였다. 고려~조선의 왕 가운데 불화 조성을 후원하거나 발원한 경우는 많지 않으며, 대군과 군, 종친 중에는 효령대군·월산대군·제안대군·영웅대군·임영대군 등이 불교를 신봉하고 불화 조성을 후원했다. 왕실불화의 대표적인 후원자층은 왕비와 후궁 등 비빈들로서, 고려시대에는 천추태후(千秋太后)와 숙창원비 김씨(淑昌院妃 金氏), 조선시대에는 문정왕후 윤씨·인종비 인성왕후 박씨·명종비 인순왕후 심씨·덕빈[恭懷嬪 尹氏]·선조의 계비 인목왕후 김씨·선조의 후궁 숙원 윤씨·순조의 후궁 순화궁 김씨·명성황후·순헌황귀비 엄씨 등을 들 수 있다. 종친 중에는 외조부 권찬(權纘)의 명복을 빌며 사불회도(1562)를 조성한 풍산정 이종린, 흥천사 괘불도(1832)를 시주한 순조비 순원왕후의 아버지 영안부원군 김조순·정조의 사위 홍현주·순조의 사위 김현근과 김병주 등이 대표적이다.

고위관료 중에는 아미타내영도(1286)를 발원한 염승익, 아미타여래도(1306)를 발원한 권복수, 파주 보광사 명부전 지장시왕도(1872)를 시주한 영상 김병학(金炳學)·부사 이창호(李昌浩)·목사 신석희(申錫熙)와 1907~1908년 수국사 불화 조성 불사를 시주하고 후원한 영의정 심순택(1824~1906)·이재순(1851~1904)·민영환(1861~1905)·조동완(1876~?)·강재희(姜在喜) 등이 있다. 이 외에 상궁과 승려들도 왕실불화의 중요한 후원자였다. 상궁들은 왕명을 받들어 대신 불사를 행하기도 했으며,

또 때로는 고위관료들과 함께 불사를 행하였다. 승려 중에는 문헌공 최충(崔冲, 984~1068)의 후손으로 태종과 세종의 총애를 받았던 행호(行 乎), 문정왕후와 함께 조선 중기 불교중흥기를 이루었던 나암 보우(懶庵 普雨) 등 왕실과 가까웠던 승려들이 주로 왕실불화 조성에 참여한 것이 주목된다.

Ⅵ장에서는 왕실불화를 그린 화가에 대해 살펴보았다. 고려시대에 는 공민왕처럼 왕이 불화를 그린 예도 있으며, 왕의 측근에서 궁정의 업무를 담당하던 액정서(掖庭署, 또는 內謁司·掖庭局) 소속의 관원인 내반 종사(內班從事), 내시(內侍) 등이 불화를 그렸던 사실이 확인된다. 반면 조선 전기에는 도화서(圖畵署)의 화원(畵員), 후기에는 화승(畵僧)이 왕 실불화를 조성하였다. 왕실화원으로는 1310년 수월관음도를 그린 김 우·이계동·임순동·최승, 1323년 수월관음도를 그린 서구방, 1323년 관경16관변상도를 그린 내시 서지만(徐智滿), 1465년 관경16관변상도 를 그린 이맹근(李孟根), 관음보살32응신도(1550)를 그린 이자실(李自實) 등이 확인된다. 반면, 고려와 조선 전기의 왕실불화를 그린 화가 중에 화승으로 추정되는 인물은 많지 않다. 연잉군발원 파계사 영산회상도 (1807)의 수화승 의균(義均), 1790년 용주사 불화를 조성한 상겸(尙謙), 민 관(敏寬) 등, 봉선사 괘불도(1735)를 그린 각총(覺聰), 불국사 영산회상도 및 벽화(1769)를 그린 지첨(智瞻)·유성(有誠)·포관(抱冠), 홍국사 석가모 니불도(1792)를 그린 상훈(尙訓)을 비롯하여 조선 말기의 고산 축연(古山 竺衍), 경선 응석(慶船 應釋), 금곡 영환(金谷 永煥), 보암 긍법(普庵 亘法), 금 호 약효(錦湖 若效), 대허 체훈(大虛 體訓), 한봉 창엽(漢峰 瑲曄) 등을 꼽을 수 있다.

Ⅶ장에서는 왕실에서 불사를 후원하고 불화를 제작할 수 있었던 재

원(財源)은 무엇이었는가를 고찰하였다. 고려시대와 조선시대에는 국가적인 공재정과 달리 왕실에서는 개인적인 용도로 사용할 수 있는 사재정이 존재하였는데, 고려시대에는 내장(內莊)과 그 수입인 곡식을 관리하던 내장택(內莊宅), 금은과 포백 등을 관리하던 내고(內庫), 내시원(內侍院)과 부속창고인 별고(別庫), 장생고(長生庫), 궁원(宮院)의 재원을 관리하던 궁사(宮司), 왕자·부마·왕비의 아버지 등 제왕(諸王)을 총괄하던 부서인 제왕부(諸王府), 조선시대에는 왕실의 내탕금을 관리하던 내수사(內需司), 국왕의 의복과 내부의 재화, 금은보화 등의 공상을 담당하던 상의원(尙衣院), 왕실에서 분가한 왕자와 공주 등에 의해 운영되던 궁방(宮房) 등이 왕실불사의 재원이었다.

마지막으로 Ⅷ장에서는 왕실발원 불화의 특징을 살펴보았다. 고려시대와 조선시대의 왕실불화 제작에는 관청 소속 화가 또는 도화서 화원이 참여함으로써 수준 높은 궁정 양식을 형성하였으며, 이것은 곧 당시 불교미술에도 큰 영향을 끼쳤다. 그런가 하면 송대~명대 등 중국불화의 영향도 볼 수 있는데, 특히 조선왕조는 초기부터 사대정책을 적극적으로 펼침으로써 명과의 관계를 단단하게 유지하였으며 문화교류를 활성화하였기 때문에 당시 명에서 성행하던 불화의 양식과 형식이 왕실불화에 수용될 수 있었다. 또한 왕실불화는 금니, 은니 등 비싼 재료를 많이 사용하였다는 점을 특징으로 꼽을 수 있다. 조선 전기의 왕실발원의 불화 중에는 채색은 거의 배제하고 단일한 바탕에 순금을 사용하여 선묘 위주로 그려진 불화도 많은데 고액의 경제적 부담을 져야 하는 금니의 순금화는 주로 비, 빈 등 왕실여성들이 시주하여 왕실의 원찰 또는 내불당에 봉안했던 것으로 생각된다. 불화 속에 산수화를 적극적으로 사용한 점 또한 고려 및 조선시대 왕실불화의 특징 중 하나이다. 도갑사 관음보살32응신도(1550)처럼 관음보살 주위로 산을 배치하고 관음보살이 응신하는 장면의 사이사이에 산수 요소를 표현하거나 절파계 산수화의 요소를 보여 주는 문정왕후발원 향림사 나한도(1562), 명나라 궁정화풍을 수용한 사라수탱(1576) 등은 도화서 화원들이 즐겨 그렸던 당시 화단의 화풍을 그대로 반영하고 있다.

이처럼 불교국가였던 고려와 숭유억불정책을 시행했던 조선은 불교에 대한 정책과 인식이 달랐음에도 불구하고 왕실을 중심으로 한 불화가 다수 조성되었다. 고려시대에는 금니(金泥)와 선명한 원색이 어우러진 채색, 정치하면서도 유려한 필선, 섬세하면서도 우아한 형태 등의 뛰어난 불화가 조성된 반면, 조선시대는 억불의 중심지였던 왕실에서 왕·비빈·대군·군·공주·옹주·대원군·부위·종친·상궁 등의 발원과 시주로 도화서 화원에 의한 격조 높은 불화가 조성되었다. 왕실의 내탕금을 바탕으로 왕·비빈·대군 등 왕실 구성원의 발원 및 후원으로 이루어진 왕실불화는 최고의 화가 및 화승에 의해 한 시대의 미술 양식[궁정 양식]을 주도했다. 따라서 왕실발원 불화는 단순히 종교미술이라는 수준을 넘어 왕실의 불교정책 및 불교에 대한 인식, 왕실의 불사 후원, 왕실과 불교와의 관계 등을 파악할 수 있다는 점에서 고려, 조선시대를 이해하는 시금석이라 할 수 있다.

강좌를 끝내고 바로 책을 발간한다는 것이 여러 가지 사정으로 해를 넘기고 또 한 해를 넘겼다. 바쁘다는 핑계로 미루어 둔 원고를 손질해서 책으로 내는 것이 쉽지 않았다. 또, 대중강연의 원고를 학술적으로 정리해서 내는 것도 쉽지 않았지만, 오랜 기간 동안 관심을 갖고 연구해 온 분야를 정리한다는 마음으로 용기를 내었다. 이번에 책을 내기까지 많은 분들의 도움을 받았다. 먼저 석학강좌와 책 출간을 지원해 주고 오래 기다려 주신 한국연구재단의 석학인문강좌 인문학 대중화 사무국에 진심으로 감사드린다. 또한 거친 원고를 다듬고 꼼꼼하게 교정해 준 김아름 학인에게도 고마움을 전한다. 무엇보다도 책을 만드는 데 정성을 쏟은 세창출판사 편집진이 아니었다면 출간은 거의 불가능했을 거라 생각된다. 다시 한번 이 자리를 빌려 감사의 말을 전한다.

2019년 7월
김정희

_ 머리글 · 4

I.   고려, 조선왕실과 불교 · 15

    1. 고려왕실과 불교 · 17

    2. 조선왕실과 불교 · 23

II.   기록을 통해 본 왕실불화 · 31

    1. 삼국~통일신라시대 · 33

    2. 고려시대 · 36

    3. 조선시대 · 41

III.   왕실불화의 현황 · 47

    1. 왕실에서 발원한 불화 · 50

        1) 고려시대 · 50

        2) 조선 전기 · 59

        3) 조선 후기, 말기 · 89

    2. 왕실을 위해 발원한 불화 · 103

        1) 고려시대 · 103

        2) 조선 전기 · 109

        3) 조선 후기, 말기 · 116

IV.   왕실불화의 조성 목적과 용도 · 127

　1. 예배용 · 129
　　1) 법당 봉안용 · 129
　　2) 내불당 봉안용 · 133

　2. 법회용 · 136

　3. 기원용 · 142

　4. 영가천도용 · 146

　5. 기타 · 150

V.   왕실불화의 발원자 · 151

　1. 왕실 · 153

　2. 종친 · 172

　3. 고위관료 · 177

　4. 상궁 · 184

　5. 승려 · 186

VI.   왕실불화의 화가 · 191

　1. 왕실 화가 · 193
　　1) 고려시대 · 193
　　2) 조선시대 · 198

　2. 승려 화가 · 201

VII.   왕실재정과 왕실불화 · 207

VIII.   고려, 조선시대 왕실불화의 특징 · 217

    _ 참고 문헌 · 225
    _ 도판 목록 · 236
    _ 찾아보기 · 238

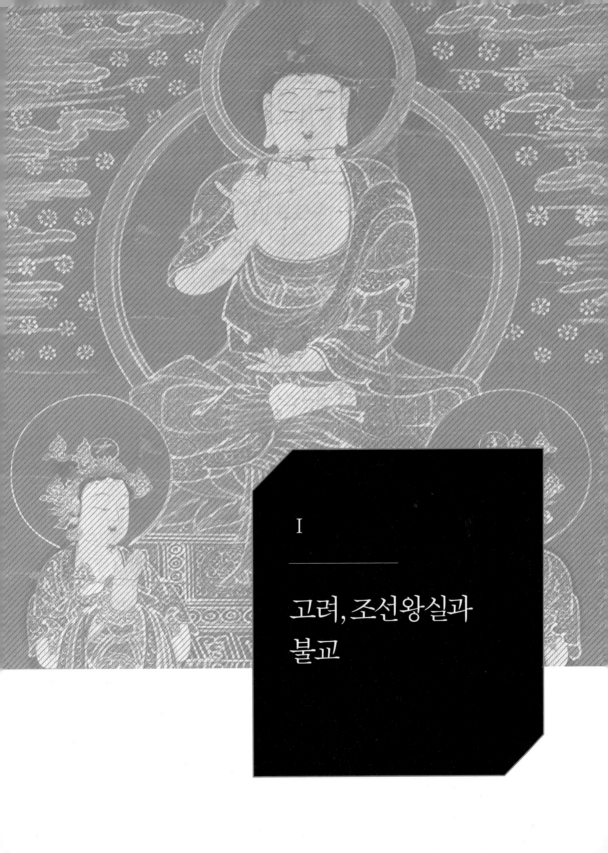

I

고려, 조선왕실과
불교

1. 고려왕실과 불교

고려시대는 불교가 가장 발달했던 시기이며, 불교미술의 황금기였다. 태조 왕건은 건국 초부터 적극적인 숭불정책을 시행하여 고려왕조를 건국하고 그다음 해인 919년(태조 2) 개경에 법왕사 등 10대 사찰을 창건하였을 뿐 아니라[01] 921년(태조 4)에는 오관산에 대흥사를 창건하고 이언(利言)을 맞아들여 왕의 스승으로 삼았다.[02] 922년(태조 5)에는 자신의 옛 저택을 광명사로 만들었으며[03] 일월사를 창건하였다.[04] 이어 924년(태조 7)에는 외제석원과 신중원, 930년(태조 13)에는 안화선원, 936년(태조 19)에는 광흥사·현성사·미륵사·내천왕사를 창건하는 등 많은 사찰을 조영하였다.[05] "왕성에는 불사(佛寺)가 70구 있으나 도관(道觀)은 없어 대관연간(大觀年間)에 조정에서 도사를 보내와 이에 복원원(福源院)을 세웠다"[06]는 기록을 보면 고려 초기 개경에 얼마나 많은 사찰이 건립되었는지 확인할 수 있다.

이뿐만이 아니었다. 태조는 『훈요십조(訓要十條)』에서 불법을 숭상하고 사찰을 보호할 것, 연등회(燃燈會)와 팔관회(八關會)를 준수할 것을 강

---

01 『高麗史』卷1 世家 卷第1 太祖 2年 3月條.
02 『高麗史』卷1 世家 卷第1 太祖 4年 10月 15日條.
03 『新增東國輿地勝覽』卷4 開城府 上 佛宇 廣明寺條.
04 『高麗史』卷1 世家 卷第1 太祖 5年 4月條.
05 한기문, 「고려태조의 불교정책: 창건 사원을 중심으로」, 『大邱史學』22(대구사학회, 1983), 37~80쪽.
06 『宋史』487 列傳246 外國1 高麗條.

조하는 등 처음부터 불교국가를 표방하였다.[07]

태조의 숭불호법 정신은 이후 왕들에게도 면면히 계승되었다. 광종은 승정(僧政)을 정비하고 법안종(法眼宗)을 수용하였으며, 균여(均如, 923~973)와 탄문(坦文, 900~975)을 구심점으로 하여 분열된 화엄종을 통합하는 등 불교계를 정비하였다.[08] 이와 함께 951년(광종 2)에는 개경 남쪽에 대봉은사를 세워 태조의 명복을 비는 원당으로 삼았고, 동쪽에 불일사를 세워 모후 신명순성왕후(神明順成王后) 유씨의 명복을 비는 원당으로 삼았다. 958년(광종 9)에는 승과를 실시하여 선종과 교종의 법계를 만들었으며, 963년(광종 14)에는 귀법사를 창건하고 제액보(濟危寶)를 설치하여 각종 법회와 재회를 개설하는 등 적극적인 불교정책을 실시하였다. 또한 968년(광종 19)에는 혜명이 관촉사를 창건할 때 대규모 석불의 조성을 지원하였다. 만년에는 방생법회, 공덕재 등 공덕신앙의 성격이 강한 불사를 많이 개최하였는데, "백성의 고혈을 취하여 불사를 많이 일으켜 혹은 비로자나참회법(毗盧遮那懺悔法)을 설하고 혹은 구정(毬庭)에서 승려들에게 공양을 올렸으며, 또한 귀법사에서 무차수륙회(無遮水陸會)를 열어 매번 부처에게 재 드리는 날에는 반드시 걸식승(乞食僧)을 공양하였습니다"[09]라는 최승로(崔承老, 927~989)의 상소는 광종의 불교신앙이 얼마나 독실하였는가를 말해 준다.

성종과 목종의 뒤를 이어 즉위한 현종은 적극적으로 불교정책을 시

---

07 이성상, 「太祖王建의 佛敎的 統治理念硏究」, 『佛敎大学院論集』 3(동국대학교 불교대학원, 1996), 261~262쪽.

08 김윤지, 「고려 광종 대 僧階制의 시행과 불교계의 재편」, 『韓國思想史學』 54(한국사상사학회, 2016), 79~111쪽.

09 『東文選』 卷52 奏議 上時務書, "浚民膏血多作佛事 或設毗盧遮那懺悔法 或齋僧於毬庭 或設無遮水陸會於歸法寺 每値佛齋日 必供乞食僧"

행하였다.[10] 성종 대 이후 폐지되었던 연등회와 팔관회를 부활하고 인왕도량(仁王道場)·축수도량(祝壽道場)·장경도량(藏經道場) 등을 베풀었으며, 1018년(현종 9)에는 승려 10만 명에게 반승(飯僧)하였다. 그는 거란의 침입을 계기로 1011년(현종 2)부터 20여 년간 대구 부인사에 도감(都監)을 두고 『대반야경』 6백 권, 『화엄경』, 『금광명경』, 『묘법연화경』 등 6천여 권을 목판에 새겨 인출하기도 했다. 또한 아버지 안종을 위하여 중광사와 홍경사, 어머니 헌애왕후를 위하여 현화사를 창건하였으며, 1018년(현종 9)에는 개국사탑을 보수하고 사리를 안치하는 한편 3천 2백여 명의 승려를 출가시키는 등 누구보다도 활발한 불교정책을 시행하였다.

문종은 넷째 아들인 왕후(王煦=의천, 1055~1101)와 여섯째 아들 왕탱(王竀, ?~1112년경)를 출가시켜 승통으로 삼을 만큼 독실한 불교신자였다. 1067년(문종 21)에는 원찰인 홍왕사를 창건하였는데, 12년에 걸쳐 완공된 홍왕사는 무려 2,800여 칸에 이르는 대규모의 가람이었다. 사찰을 낙성한 이후에는 9일 동안 연등대회를 열고 왕이 친히 백관을 거느리고 행향시납(行香施納)을 하였으며, 1076년(문종 30) 겨울에는 사신 최사훈(崔思訓)에게 화공 여러 명을 딸려 보내 하남성 개봉 상국사(相國寺)의 벽화를 모사하여 홍왕사에 그리게 했다.[11] 또한 1077년(문종 31)에는 새로 조성한 금자화엄경(金字華嚴經)을 전독(轉讀)케 하고,[12] 1078년(문종 32)에는 금 144근과 은 427근을 들여 금탑을 조성하였다.[13]

10 오경후, 「현종 대의 불교정책과 불교계의 동향」, 『韓國禪學』 17(한국선학회, 2007), 321~354쪽.
11 韓致奫, 『海東繹史』 第46卷 「藝文志」 5.
12 『高麗史』 卷9 世家 卷第9 文宗 31年 3月 甲寅條. 전독은 경전을 읽을 때 經文 전체를 차례대로 읽지 않고 처음·중간·끝의 몇 줄만 읽거나 책장을 넘기면서 띄엄띄엄 읽는 것을 말한다.
13 『高麗史』 卷9 世家 卷第9 文宗 32年 7月條.

의종은 지나치게 불교·음양설 등을 믿었던 왕이었다. 그는 나라의 재앙을 물리치는 재를 올리자는 내시 영의(榮儀)의 진언대로 영통사, 경천사 등에서 해가 저물도록 불사를 시행하였고, 이어 왕의 수명장수를 위하여 천제석(天帝釋)과 관음보살을 섬겨야 한다는 건의에 따라 천제석도와 관음보살도를 다수 제작하여 여러 사원에 보내 축성법회(祝聖法會)를 열었다.[14] 왕이 주술적인 불사를 좋아함에 따라 궁중에는 승려로 가득하였고, 사찰에서는 빈번하게 연회를 베풀었으며, 대신은 물론 일반 백성에 이르기까지 앞다퉈 절과 탑을 지었다.[15]

무인정권 이후 왕실의 불교는 크게 쇠퇴하였다.[16] 그러나 고종 대 거란과 몽고의 침략이 이어지면서 호국적인 기복불사(祈福佛事)는 더욱 성행하였다. 고종은 여러 차례에 걸쳐 몽골의 침입을 받고 1232년(고종 19) 강화도에 천도하여 28년간 몽골에 항쟁하면서, 대장도감(大藏都監)을 설치하고 팔만대장경을 간행케 하였다.[17] 충렬왕 역시 불교를 돈독하게 믿어 많은 불사를 행하였다. 그는 1275년(충렬왕 원년)에 부처와 관세음보살화상 12점을 제작하고, 1276년(충렬왕 2)에 은자대장경을 사성(寫成)하였으며, 1277년(충렬왕 3)에는 개경의 왕륜사에 장육소상(丈六塑像)을 완성하였다. 1281년(충렬왕 7)부터는 금자대장경을 필사하기 시작하여 1289년(충렬왕 15)에 완성하였는데, 여러 차례 금자대장원(金字大藏院)에 행차하여 승려들을 공양하였으며 금자대장경이 완성되자 경찬회(慶讚會)를 베풀었다. 1283년(충렬왕 9)에는 남계원석탑을 중수하였으

---

14 『高麗史』卷123 列傳 卷第36 嬖幸 榮儀條.

15 하현강,「고려 의종 대의 성격」,『東方學誌』26(연세대학교 국학연구원, 1981), 1~29쪽.

16 한성열(탄탄),「고려 후기 무신정권과 선종의 연계성」,『淨土學硏究』13(한국정토학회, 2010), 307~338쪽.

17 천혜봉,「고려대장경의 조성과 봉안」,『新編江華史』(강화부군사편찬위원회, 2003), 56~58쪽.

며, 1284년(충렬왕 10)에는 묘련사를 창건하여 원찰로 삼고 1308년(충렬왕 34)까지 무려 35회나 행향(行香)하였다. 또한 왕비인 제국대장공주가 병이 나자 법화도량을 열어 쾌유를 빌고, 1304년(충렬왕 30) 간화선(看話禪)의 대가로 이름이 높던 몽산덕이(蒙山德異)의 제자 철산소경(鐵山紹瓊)이 고려로 왔을 때는 숙창원비(淑昌院妃)와 함께 보살계를 받았다.[18]

불교를 좋아하고 글을 즐기며 그림도 잘 그렸지만 정치와 권력에는 애착이 적었던 충선왕은 "불교에 전심하여 탑과 절을 짓고 불상을 조성하여 내전(內典)을 시주하였는데, 부처님에게 공양하고 시주한 것이 이루 다 기록할 수 없다"[19]고 할 정도로 불심이 깊었다. 1309년(충선왕 원년) 수녕궁에서 승려 1만 명을 반승하고 궁을 희사하여 민천사로 삼고 불상 3천여 구를 시주하는 한편, 금과 은으로 6백 반야경을 사경하기도 하였으나 생전에 다 이루지 못하였다. 또한 1311년(충선왕 3)에는 원나라의 대도 법왕사에서 거행된 백련종의 행사에 참가하고 보녕사판(普寧寺板) 대장경 50부를 인출하여 여러 사찰에 기증하였다. 1312년(충선왕 4) 겨울, 중국 절강성 항주의 고려 혜인사(慧因寺)를 방문했을 때는 토지를 시주하여 중건케 하고 모후의 명복을 빌며 금자대장경을 시납하였으며, 임제종의 고승 중봉명본(中峰明本)과도 교유하였다. 1317년(충숙왕 4)에는 연경에 광교사를 창건하고 1319년(충숙왕 6)에는 혜인사를 중건하였다.[20]

충숙왕 또한 호불왕으로서 특히 밀교에 대한 신앙이 매우 독실하여, 1328년(충숙왕 15) 5월 『밀교대장경(密敎大藏經)』130권을 금서(金書)로 간

---

18 안계현, 「附錄:高麗史의 佛敎關係 資料(五)」, 『東國史學』 8(동국역사문화연구소, 1965), 109~127
    쪽; 이은희, 「고려 충렬왕 대의 사경연구」, 『文化財』 20(국립문화재연구소, 1987), 219~238쪽.
19 李穀, 『稼亭集』 卷2 「京師報恩廣敎寺記」.
20 각주 18 참조.

행하였다. 충목왕은 재위 기간이 짧아 특별한 불사는 확인되지 않지만 1346년(충목왕 2) 금강산에서 불사를 마치고 돌아가던 장인들을 불러 개경 연복사에 범종을 만들게 하였는데, 이 종은 이후 우리나라 범종이 중국 범종 양식을 수용하는 데 큰 역할을 하였다.[21]

원·명 교체기에 즉위한 공민왕은 개혁정치를 펼치는 한편 혼란한 국가를 효과적으로 통치하기 위해 불교를 국가 이념의 근거로 세우고자 했다. 그는 태고국사 보우(普愚)의 선 사상에 몰입하여 왕사로 모시고 광명사에 원융부(圓融府)를 설치하여 불교계를 주관케 하였다. 1365년(공민왕 14) 노국대장공주가 사망한 후에는 실의에 빠져 신돈(辛旽, ?~1371)에게 국사를 맡기고 해마다 궁중에서 백고좌도량(百高座道場)을 개최하였으며, 연복사에서 빠짐없이 문수회(文殊會)를 베푸는 등 불사에 더욱 전념하였다. 또한 정릉 가까이에 있던 운암사를 관암사로 바꾸어 원당으로 삼고, 공주의 신위를 모신 인희전에서 천수도량(千手道場)을 베풀었다. 이어서 1370년(공민왕 19)에는 공주의 영전(影殿)을 짓고 1374년(공민왕 23)에는 공주를 위해 『묘법연화경』을 사경하는 불사를 행하였다.[22] 공양왕 또한 1392년(공양왕 4)에 연복사 5층탑을 완성하고 재앙을 물리치기 위해 왕의 불전에 인왕불(仁王佛)을 두고 기원하는 등[23] 기복적(祈福的)인 불교에 빠져 여러 가지 불사를 행하였다.

이처럼 고려시대에는 태조 왕건에서부터 공양왕에 이르기까지 불교가 발전함에 따라 왕실을 중심으로 크고 작은 불사가 많이 이루어졌다. 원당을 비롯한 사찰의 창건, 불상과 불화 등 불교미술의 조성, 경

21 최응천, 「고려시대 금속공예의 장인」, 『美術史學研究』 241(한국미술사학회, 2004), 171~192쪽.
22 강호선, 「고려시대 수륙재의 전개와 공민왕 대 국행수륙재 설행의 의미」, 『불교연구』 38(한국불교연구원, 2013), 193~226쪽.
23 『高麗史』 卷45 世家 卷第45 恭讓王 2年 2月 己亥條.

전의 서사(書寫)에 이르기까지 다양한 불사가 성행하였다. 특히 원 간섭기 이후에는 티베트 불교의 신비주의적인 기복불교가 성행하면서 왕실에서의 불사 또한 이러한 성향이 더욱 깊어졌다.

2. 조선왕실과 불교

조선시대는 건국 초부터 성리학을 건국이념으로 내세우며 숭유억불정책을 단행하였다. 이에 따라 전 기간에 걸쳐 억불정책이 지속적으로 전개되었다. 수많은 사찰은 폐사되고 종파는 통폐합되었으며, 승려는 환속되는 등 큰 폐해를 겪었다. 그렇지만 조선 500년 동안 불교가 시종일관 억압만 당했던 것은 아니었다. 성리학을 기본으로 한 사회였기에 전반적으로 불교가 침체되기는 했지만, 때로는 왕이나 왕비에 의해 불교가 중흥되어 발전하는 등 흥망성쇠를 거듭했다.

태조는 건국과 함께 정치적으로 불교의 폐단을 없애고 유교정책을 채택하면서 본격적인 숭유억불정책을 시행하였다. 그는 먼저 도선(道詵, 827~898)의 밀기(密記)에 의해 지정된 절과 승려 100인 이상이 상주하는 절 외에는 토지를 몰수하고, 아무나 승려가 되는 것을 막기 위하여 도첩제(度牒制)를 강화하였다.[24] 그렇지만 개인적으로는 불교를 신봉하여 1393년(태조 2) 3월에는 연복사 5층탑을 중창하고 문수회를 개설하였다. 1397년(태조 6)에는 신덕왕후 강씨의 추복을 위하여 170여 칸의 흥천사를 창건하여 조계종의 본사로 삼고, 진관사에 59칸의 수륙사(水

---

24 이봉춘, 「조선 개국초의 배불추진과 그 실제」, 『韓國佛教學』 15(한국불교학회, 1990), 79~120쪽.

陸社)를 조성하였다.[25] 또 각종 법석과 도량을 열고, 기신재(忌晨齋) 및 반승, 수륙재 설행, 대장경 인출 등 다양한 불사를 행하였다.[26]

태종 대에는 선종과 교종을 11종에서 7종으로 축소하고 왕사제(王師制)와 국사제(國師制), 능사제(陵寺制)를 폐지하는 등 본격적인 억불정책을 시행하였다.[27] 태종에 이어 세종 역시 초기에는 7종을 선종과 교종의 양종으로 통합하고 사찰도 36본산만 사격(寺格)을 인정하는 등 억불정책을 시행하였지만, 만년에 이르러서는 숭불군주로서 많은 흥불사업을 시행하였다. 왕실의 원당인 흥천사와 흥덕사를 중수하였으며, 1446년(세종 28) 3월에 소헌왕후가 승하한 후 5월과 10월 두 차례에 걸쳐 전경법석(轉經法席)을 열었는데, 당시 법석은 대군과 종친, 3천여 명의 승려가 모일 정도로 대규모로 거행되었다. 또 수양대군으로 하여금 『석보상절(釋譜詳節)』을 짓게 하고 자신이 직접 찬송을 지어 『월인천강지곡(月印千江之曲)』을 완성하였다. 이어 1448년(세종 30)에는 궁궐 안의 내불당(內佛堂)을 다시 재건하고 경찬회를 베푸는 등 불교를 독신하였다.[28]

조선의 왕 가운데 가장 불교를 신봉했던 세조는 사원의 중수 및 창건에 힘썼다. 1457년(세조 3)에 정업원(淨業院)을 다시 개설하고 1458년(세조 4)에는 사망한 세자를 위하여 정인사를 중창하였으며, 1463년(세조 9)에는 장의사에 수륙사를 세우고 1465년(세조 11) 흥복사 터에 원각

25 權近, 『陽村集』 卷12 「貞陵願堂曹溪宗本社興天寺造成記」.

26 이봉춘, 「조선전기 숭불주와 흥불사업」, 『佛敎學報』 38(동국대학교 불교문화연구원, 2001), 48~49쪽.

27 윤호진, 「태종의 불교정책」, 『釋林』 4(동국대학교 석림회, 1970), 46~51쪽.

28 세종의 불교정책에 대해서는 이봉춘, 「조선 세종조의 배불정책과 그 변화」, 『韓國佛敎文化思想史』 상(가산불교문화연구원, 1992); 이정주, 「조선 태종·세종 대의 억불정책과 사원건립」, 『韓國史學報』 6(고려사학회, 1999); 사문경, 「세종 대 선교양종도회소의 설치와 운영의 성격」, 『朝鮮時代史學報』 17(조선시대사학회, 2001); 김용곤, 「세종·세조의 숭불정책의 목적과 의미」, 『朝鮮의 政治와 社會』(집문당, 2002) 등 참조.

사를 다시 세웠다. 세조의 흥불사업 가운데 주목할 만한 것은 바로 경전의 간행과 불경의 언해사업이다. 세조는 『금강반야경』을 비롯한 다양한 경전을 간행하고 교정하였으며, 1458년(세조 4)에는 신미(信眉)·수미(守眉)·학열(學悅) 등에게 해인사 대장경 50부를 인출하여 각 도의 명산대찰에 나누어 봉안하게 하였다. 또 1461년(세조 7) 6월에는 간경도감(刊經都監)을 설치하여 대장경 등 불경 간행과 역경 사업을 대대적으로 벌였다.[29]

이후 중종의 폐불적 조치로 거의 빈사지경에 이르렀던 불교는 중종 사후 문정왕후(文定王后, 1501~1565)와 보우대사(普雨大師, 1509~1565)를 중심으로 새로운 중흥기를 맞이하였다. 1545년(명종 즉위년) 명종이 12세의 어린 나이로 즉위하게 됨에 따라 모후인 문정왕후가 정권을 맡았는데, 문정왕후는 독실한 불교신자였기에 초기 불교정책은 대부분 문정왕후의 뜻에 따라 진행되었다. 문정왕후는 수렴청정을 하면서 도성 내의 비구니 사찰인 정업원의 옛 터에 인수사를 세우고, 1550년(명종 5) 12월에는 비망기(備忘記)를 내려 선교양종을 복위하는 전교를 내림으로써 본격적인 숭불정책을 시작하였다.[30] 다음 해에는 중종 때 폐지되었던 기신재를 부활하였으며, 도승법(度僧法)과 승과를 부활하자는 보우대사의 건의를 받아들여 1552년(명종 7) 4월 식년승과(式年僧科)를 거행하고,[31] 1492년(성종 23)에 폐지한 도첩제를 부활, 실시하였다.

이러한 정책에 힘입어 전국적으로 왕실의 내원당이 무려 3백~4백

---

29 권연웅, 「세조 대의 불교정책」, 『震檀學報』75(진단학회, 1993), 197~218쪽; 이봉춘, 「조선전기 숭불주의와 흥불사업」(2001), 52~54쪽. 당시 간경도감에서는 많은 불전을 훈민정음으로 번역하여 간행하였다. 1462년에는 『능엄경언해』, 1463년에는 『법화경』, 그리고 이어서 『금강경』·『반야심경』·『원각경』·『영가집』 등을 국역, 간행하였다.

30 『明宗實錄』卷第10 明宗 5年 12月 15日條.

여 개에 이르게 되었지만 1565년(명종 20) 4월 문정왕후가 타계하면서 1566년(명종 21)에는 문정왕후와 보우대사가 힘을 기울여 부활시켰던 양종·승과·도첩 제도는 하루아침에 폐지되었다. 아울러 승단과 승려들의 지위는 명종 이전의 상태로 되돌아갔다.[32]

명종을 이은 선조 대에는 임진왜란 때 의승군의 활동을 계기로 호불정책이 시행되었다.[33] 1595년(선조 28) 선조는 승병의 산성 축조와 수호, 둔전의 경작, 승병의 처리 문제 등으로 상소를 올린 유정(惟政, 1544~1610)의 건의에 따라 총섭제(摠攝制)를 시행하고 승과첩(僧科牒)을 지급하였다. 이로써 1566년(명종 21) 양종·승과·승직 제도가 한꺼번에 폐지되면서 산중 승단으로 돌아갔던 불교세력을 다시 국가의 행정체제 안으로 포함시키는 도총섭제도가 시작되었다.[34]

인조 대에는 국가 차원에서 이루어졌던 거센 불교 탄압 속에서도 왕실의 불사 후원이 지속적으로 이루어졌다. 영창대군(永昌大君, 1606~1614)의 어머니 인목왕후(仁穆王后, 1584~1632)는 칠장사를 자신의 아버지 김제남(金悌男, 1562~1613)과 영창대군의 원당으로 삼았으며, 1625년(인조 3) 원종의 비이자 인조의 어머니인 인헌왕후(仁獻王后) 구씨(1578~1626)는 서산대사(西山大師, 1520~1604)와 영규대사(靈圭大師, ?~1592)에게 명하여 금화(金畵)를 제작해 운문암에 봉안하고 국가의 축수원

---

31 이해에 실시한 제1회 승과에는 약 100명이 응시하여 선종 20명, 교종 12명이 합격하였으며, 그 후 명종 19년까지 계속된 5회의 승과를 통하여 청허 휴정, 사명당 유정 등이 배출되어 차후 조선 후기 불교계를 이끌어 갔다. 그러나 이때 부활된 승과는 명종 20년(1565) 문정왕후의 죽음 이후 승과를 폐지하라는 유신들의 상소에 따라 명종 21년(1566)에 다시 폐지되었다.

32 『明宗實錄』卷第32 明宗 21年 4月 20日條.

33 선조 대의 불교정책에 대해서는 유영숙,「선조 대의 불교정책」,『皇室學論叢』제3호(한국황실학회, 1998), 121~163쪽 참조.

34 오경후,「조선후기 불교정책과 성격연구─선조의 불교정책을 중심으로」,『韓國思想과 文化』58(한국사상문화학회, 2011), 169~193쪽.

당(祝壽願堂)으로 삼았다. 1659년(현종 즉위년)에 즉위한 현종은 즉위 초부터 강력한 억불정책을 감행하였으나 말년에는 어려서 죽은 명선공주(明善公主, 1660~1673)와 명혜공주(明惠公主, 1665~1673)의 명복을 빌기 위해 경기도 광주 성부산에 봉국사를 창건하였다.[35] 또한 인조의 계비 장렬왕후(莊烈王后) 조씨(1624~1688), 효종비 인선왕후(仁宣王后) 장씨(1618~1674), 현종비 명성왕후(明聖王后) 김씨(1642~1683) 등을 중심으로 한 신불활동도 계속 이어졌다.[36]

숙종은 왕실의 적극적인 후원과 재정적인 지원으로 1686년(숙종 12) 금산사 대적광전을 창건하고, 1699년~1702년 화엄사 각황전을 재건하였다.[37]

영조는 왕위에 즉위하기 전 연잉군(延礽君) 시절인 1704년(숙종 30, 11세)에 파계사에 자웅전(慈膺殿)이라는 편액을 써 주고 1707년(숙종 33)에 대웅전 영산회상도를 시주 조성한 것을 시작으로 1740년(영조 16) 9월 천불도를 희사하고 파계사를 원당으로 삼았다.[38] 1751년(영조 27)에는 우의정 이의현(李宜顯, 1669~1745)을 파견하여 기영각(祈永閣)을 세우고 생전의 수복과 사후의 명복을 기원하는 축원당으로 삼았다. 또한 1748년(영조 24)에는 봉원사가 지금의 터로 이전함에 친필로 쓴 '봉원사'라는 현판을 내렸으며, 친히 삼각산 태고사 원증국사비각(圓證國師碑閣)의 현판 글을 짓고, 생모의 축복을 기원하며 서울 부근의 진관사를

---

35 권상로 편, 『한국사찰전서』(동국대학교출판부, 1979), 167쪽.
36 『顯宗實錄』卷第8 顯宗 5年 2月 3日條; 이승희, 「17세기 불화제작후원에 관한 고찰」, 『佛敎美術史學』 2(불교미술사학회, 2004), 40쪽.
37 이강근, 「17세기 법주사의 재건과 양대 문중의 활동에 관한 연구」, 『講座 美術史』 26(한국불교미술사학회, 2006), 450~451쪽.
38 장희정, 「연잉군발원 파계사 석가모니불화의 고찰」, 『東岳美術史學』 5(동악미술사학회, 2004), 125~144쪽.

크게 수복하였다.

영조에 이어 정조는 1787년(정조 11)에 석왕사에 사신을 파견하여 백일기도를 드려 세자의 탄생을 기원하는 등 불사를 행하였으며, 1788년(정조 12)에는 석왕사를 중수하였다.[39] 또한 아버지 사도세자(思悼世子, 1735~1762)의 무덤인 현륭원의 능침사로 용주사를 창건하고 『불설부모은중경』 경판을 목판·동판·석판의 세 종류로 제작케 하여 법당에 봉안하였으며, 1796년(정조 20)에는 불교식 가사체로 「어제화산용주사봉불기복게(御製花山龍珠寺奉佛祈福偈)」를 직접 지어 재를 올렸다.[40] 1789년(정조 13)에는 선릉(성종)과 정릉(중종)의 능침사찰인 봉은사를 크게 중수하도록 지원하였으며, 1790년(정조 14) 6월 18일 왕자가 탄생하자 왕자 탄생 기원 백일기도를 드렸던 남양주 흥국사에 내탕금을 하사하여 중창불사를 후원하였다. 또 후궁인 수빈 박씨(綏嬪 朴氏)가 순조를 낳자 1794년(정조 18) 수락산 내원암에 칠성각을 짓고 어필(御筆)을 하사하였으며, 1796년(정조 20) 사성전(四聖殿)을 건립하였다. 1799년(정조 23)에는 대비의 하교로 순조의 열 번째 생일을 맞아 경남 옥천사에서 탄일불공을 드리고 『성절불공록(聖節佛供錄)』, 『성절불공절차(聖節佛供節次)』의 목판을 조성하였다.[41]

조선 말기의 대표적인 호불군주로는 고종을 꼽을 수 있다.[42] 고종은

39 정석종·박병선, 「조선후기 불교정책과 원당(1)—니승의 존재양상을 중심으로」, 『民族文化論叢』 18·19(영남대학교 민족문화연구소, 1998), 239쪽; 김준혁, 「조선후기 정조의 불교인식과 정책」, 『中央史論』 12·13(한국중앙사학회, 1999), 35쪽. 정조는 초기에 배불정책을 시행하였으나 용주사를 창건하면서 호불적으로 돌아선 것으로 추정된다.

40 『弘齋全書』卷55, 「花山龍珠寺奉佛祈福揭」.

41 김준혁, 「조선후기 정조의 불교인식과 정책」, 『中央史論』 12·13(중앙대학교 중앙사학연구소, 1999), 35~58쪽; 김종명, 「정조의 불교 이해」, 『韓國文化研究』 23(이화여자대학교 한국문화연구원, 2012), 193~225쪽; 오경후, 「정조의 불교정책과 범우고의 불교사적 가치」, 『佛敎學報』 63(동국대학교 불교문화연구원, 2012), 253~278쪽.

1879년(고종 16) 삼전[大殿·坤殿·東宮]의 안녕과 탄신을 위하여 금강산 건봉사를 원당으로 정하고 일체 잡역을 혁파하였으며, 1885년(고종 22) 4월에는 일본 니치렌종[日蓮宗]의 승려 사노[佐野]의 요구를 받아들여 승려들의 입성 금지령을 해제하였다. 1899년(고종 36)에는 동대문 밖에 원흥사를 세워 국내 수사찰로 삼고, 13도에 각각 1개의 대표 사찰을 두어 사찰의 사무를 총괄하게 하였다. 1900년(고종 37)에는 월초 거연(月初巨淵)에게 내탕금을 하사하여 수국사를 중창하였다. 고종은 1875년(고종 12)에 순종의 왕세자 책봉을 기념하며 평안도 묘향산에 축성전을 건립하였고,[43] 1879년(고종 16)에는 진관사의 33칸을 중건하였다.[44] 이 시기에는 명성왕후, 순헌황귀비 또한 불사에 적극적이었다.[45]

이처럼 고려시대와 조선시대에는 호불적인 왕과 비빈·대군·군·공주 등 왕실을 중심으로 국가와 개인의 안녕 및 망자의 영가천도·추선 공양을 위해 사찰이 창건되어 수륙재와 천도재 등 불교의식이 행해졌으며, 불경과 불상·탑·불화·범종 등을 시주 조성하는 불사가 꾸준하게 이루어졌다.

왕실에 의해 주도된 불사는 규모가 컸을 뿐 아니라, 왕실의 후원으로 제작된 불교미술은 규모나 재료에서 당대 최고의 미술품으로 손꼽을 정도로 질적인 면에서도 뛰어났다. 왕실의 불교미술은 같은 시기 불교미술의 양식을 주도하면서 불교미술의 수준을 끌어올리는 데 크

---

42 고종 대의 불사 후원에 대해서는 백승경, 「조선후기 용주사 및 인근 왕실원찰의 불화연구」(부산대학교 석사학위논문, 2005), 17~18쪽의 〈표 2〉 '용주사 및 인근 왕실원찰 주요 시주자' 참고.

43 묘향산 축성전에서 이루어진 불사에 대해서는 남희숙, 「조선후기 왕실의 불교신앙과 불서간행― 『불설장수멸죄호동자타라니경』의 간행을 중심으로」, 『國史館論叢』99(국사편찬위원회, 2002), 58쪽 참조.

44 이종익, 『진관사 연기비화』(진관사, 1978), 242쪽.

45 유경희, 「고종 대 순헌황귀비 엄씨 발원 불화」, 『美術資料』86(국립중앙박물관, 2014), 111~136쪽.

게 기여하였다. 따라서 고려시대와 조선시대에 불교를 지탱시키고 불교미술을 발전시킨 요인은 여러 가지가 있지만, 무엇보다도 왕실을 중심으로 이루어졌던 호불적 분위기에 힘입은 바가 크다고 할 수 있다.

II

기록을 통해 본
왕실불화

1. 삼국~통일신라시대

우리나라에서 언제부터 왕실불화가 제작되었는지는 확실하게 알수 없다. 372년(소수림왕 2) 고구려에서 공식적으로 불교를 수용한 이후 건립된 초문사(肖門寺)와 이불란사(伊弗蘭寺), 광개토왕 원년(391) 평양에 창건한 9사(九寺) 등은 모두 왕실에서 창건한 사찰이었다. 따라서 이들 사찰에는 왕실과 관련된 불화가 조성되었을 것으로 추정되지만, 현재 기록이나 유례는 남아 있지 않다.

백제에서는 384년(침류왕 원년) 남중국 동진에서 온 마라난타(摩羅難陀)에 의해 불교가 전래되었고, 불교를 수용한 이듬해인 385년(침류왕 2) 한성에 10곳의 사찰이 건립되었다. 백제에 "승니(僧尼)와 사탑(寺塔)이 매우 많다"01는 기록으로 보아 사찰을 장엄하고 예불하기 위한 불교미술이 일찍부터 발달했을 것으로 추정되나, 사찰에 불화, 특히 왕실관련 불화가 남아 있거나 알려진 예는 없다.

삼국 중 가장 늦게 불교를 받아들인 신라는 528년(법흥왕 15)에 불교를 공인하였으며, 544년(진흥왕 5)에 왕실사찰인 대흥륜사가 완공되면서부터 본격적으로 불교미술이 발전하였다. 사찰의 창건과 함께 불화도 조성되었겠지만 아쉽게도 기록이나 실물이 남아 있지 않아 당시 불화의 모습은 알 수 없다.02 그러나 신라 최초의 사찰이자 승려가

01 『周書』異域傳, "僧尼寺塔甚多".
02 신라시대의 불화에 대해서는 김정희, 「불교회화」, 『신라의 조각과 회화』(경상북도, 2016),

된 법흥왕이 머물렀을 정도로 중요한 왕실사찰이었던 대흥륜사의 금당에 금니벽화[03]와 보현보살벽화가 있었으며,[04] 왕실의 내불당이었던 내원[05] 남쪽 벽에 자씨상벽화(慈氏像壁畵)가 있었다는 기록이 전해온다. 흥륜사 금당의 금니벽화는 금으로 그렸다는 것만 알려져 있을 뿐 내용에 대해서는 전혀 알 수 없지만, 중앙에 미륵삼존상이 봉안되어 있었던 것을 보면 미륵불과 관련된 그림이었을 것이다. 또한 "주불인 미륵존상과 좌우보살을 소상(塑像)으로 만들고 금색으로 벽화를 그려 공양하였다"고 하여 불상과 함께 벽화를 조성했다고 했는데, 진평왕(재위 579~632) 때 흥륜사의 승려 진자(眞慈)가 항상 흥륜사 미륵불상 앞에서 미륵불이 화랑으로 화신하여 세상에 출현하여 줄 것을 발원했던 사실을 보면 벽화는 632년(진평왕 54) 이전에 제작되었음이 틀림없다.[06] 또 보현보살벽화에 대해서도 『삼국유사』의 기록을 제외하고는 전혀 알려진 바가 없어 벽화의 도상 및 벽화가 그려진 위치 등은 알 수 없지만, 8세기 중엽 석굴암 보현보살상처럼 귀부인 같은 천신의 모습으로 경책을 들고 있거나 불국사 석조보현보살상 대좌(8세기 중엽)·법수사지 석조보현보살상대좌(9세기)처럼 코끼리를 탄 모습이었을 것이다. 내원의 탑 남쪽 벽의 미륵벽화는 자씨상벽화라고 기록되어 있는데, 자씨는 보통 미륵보살을 지칭하는 것으로 볼 때 반가사유의 미륵보살이었을 것이다. 또 목탑의 남쪽에는 대부분 문이 있기 때문에

262~287쪽 참조.

03 『三國遺事』卷第5 神呪 第6 密本摧邪條. 흥륜사 吳堂의 벽화는 丞相 金良圖(?~670)의 시주로 塑造彌勒三尊像과 함께 조성되었다.

04 『三國遺事』卷第3 塔像 第4 興輪寺壁畵普賢條.

05 『三國遺事』卷第5 感通 第7 月明師兜率歌條. 내원에 대해서는 미륵보살이 머무는 도솔천의 내원궁을 지칭하는 것으로 보아야 한다는 견해와 신라시대 왕실의 내불당으로 內帝釋院이라고도 불렸던 경주 天柱寺가 바로 내원이라고 보는 견해가 있다.

06 『三國遺事』卷第3 塔像 第4 彌勒仙花 未尸郎 眞慈師條.

문 좌우로 벽화가 그려져 있었을 가능성도 배제할 수 없다.

통일신라시대의 승려화가로 알려진 솔거(率居)는 경덕왕 대(재위 742~765)인 8세기 중엽경에 활동했던 화가로, 황룡사의 노송도와 분황사 천수관음보살도[07] 등 왕실사찰의 벽화를 제작하였다. 『삼국사기』 열전을 비롯하여 이수광(李睟光, 1563~1628)의 『지봉유설(芝峰類說)』, 「백률사중수기(栢栗寺重修記)」 등에는 솔거가 그린 황룡사 노송도가 진짜인 줄 알고 새들이 날아들다 부딪혀 떨어지곤 했으며, 경주 분황사 관음보살도와 진주 단속사 유마거사도는 신화(神畵)라고 불릴 정도로 그림 솜씨가 뛰어났다고 기록하였다. 솔거는 산수화, 인물화와 함께 불화를 잘 그린 화가였던 것 같다. "솔거는 승려의 이름"(『지봉유설』)이라는 기록으로 보아 승려화가[畵僧]일 가능성도 있지만 신라시대의 도화 기관이었던 전채서(典彩署) 소속의 화원일 가능성도 있다. 그가 승려화가였는지 화원이었는지는 알 수 없지만, 왕실사찰이었던 황룡사와 분황사의 벽화를 그릴 정도로 뛰어난 실력을 가졌던 화가였음에 틀림없다. 또 "소나무의 줄기는 마치 물고기 비늘 같았으며 가지와 잎을 꼬불꼬불하게 표현했다"는 기록, 황룡사의 노송도를 보고 새들이 진짜 나무인 줄 알고 착각할 정도였다는 것에서 사실적인 필치와 색채를 겸비한 생동감 있는 화풍을 구사했던 것 같다. 솔거가 왕실사찰의 벽화를 제작하면서 청록산수 기법을 구사한 것은 사실적 양식이 당시 왕실의 취향이었음을 말해 준다. 즉 중국에서 7~8세기에 크게 유행했던 청록산수 기법이 신라왕실에도 전해져 솔거 같은 화가들이 그 기법을 따랐을 것으로 추정된다.

07 『三國遺事』卷第3 塔像 第4 芬皇寺千手大悲盲兒得眼條.

이 외에도 헌강왕(재위 875~886) 사망 후 왕비 권씨가 출가하여 왕을 위해 887년(진성왕 즉위년)에 불국사의 비구니 원해(圓海)에게 왕의 초상을 수놓아 불국사 광학장강실(光學藏講室) 벽에 안치하였다는 기록, 정강왕(재위 886~887)의 왕비 김씨가 887년에 돌아가신 부모를 위해 원해에게 석가여래상을 수놓은 깃발[繡幡]을 조성케 하여 불국사 광학장강실에 기증하였다는 기록[08]은 왕실사찰에 비단 벽화, 탱화뿐 아니라 수불화도 조성되었음을 말해 준다.

2. 고려시대

고려시대에는 919년(태조 2) 개경에 법왕사 등 10개의 왕실사찰을 창건한 것을 시작으로 500여 년 동안 꾸준히 왕실사찰을 건립했기 때문에 왕실불화가 어느 때보다도 많이 조성되었을 것이다. 『고려사』를 비롯한 고려시대의 문헌에는 왕실의 원찰 또는 왕실과 관련된 사찰에 봉안된 불화에 관한 기록이 남아 있어 왕실 관련 불화가 활발하게 제작되었음을 알려 준다. 또한 고려시대에는 개국 초부터 수도인 개경에 많은 왕실사원들이 조성되었는데, 이곳에 봉안된 탱화나 벽화는 왕실의 시주 발원에 의해 왕실화원들이 그렸음에 틀림없다.

먼저 개경의 궁성 서북쪽에 있던 시왕사의 시왕도에 관한 기록을 들 수 있다. 시왕사는 목종의 모후인 천추태후(千秋太后, 964~1029)의 외척으로 태후와 함께 당시 최고의 권력을 휘두르던 김치양(金致陽, ?~1009)

08 『佛國寺古今創記』繡肖像.

이 창건한 사찰이다. 『고려사』에는 "(김치양이) 농민을 사역시켜 동주(洞州)에 절을 세우고 성수사라 하였으며, 또 궁성의 서북쪽 모퉁이에는 시왕사를 세웠는데 그 도상이 기괴하여 이루 형용하기가 어려웠다. 남몰래 마음에 다른 뜻을 품고 이런 것으로 신명의 음조를 구하였다"[09]는 기록이 있다. 시왕사의 시왕도에 대해 구체적인 기록은 전하지 않으나 "도상이 기괴하여 이루 형용하기가 어려웠다"는 것으로 보아 참혹하고 끔찍한 지옥의 광경을 사실적으로 묘사한 그림이었던 것 같다. 시왕사는 김치양의 원찰이었으며, 당시 김치양의 위치로 볼 때 이곳에 봉안된 시왕도 역시 당대 최고의 화원이 그렸을 것으로 추정된다.

다음으로는 문종의 원찰로 1067년(문종 21)에 완공된 흥왕사의 벽화에 대한 기록이다. 『선화봉사고려도경』(이하 고려도경)에는 "흥왕사는 도성의 동남쪽 한 구석에 있다 … 절 가운데에 원풍연간(元豊年間, 1078~1085)에 내린 협저불상(夾紵佛像)과 원부연간(元符年間, 1098~1100)에 내린 대장경이 있고 양쪽 벽에는 그림이 있는데 숙종[王顒]이 숭녕연간(崇寧年間, 1102~1106) 때의 사신 유규(劉逵) 등에게 '이것은 문왕[문종]께서 사신을 보내어 신종황제께 고해 상국사를 모방하여 만든 것으로, 본국인들이 우러러볼 수 있게 되었습니다. 우러러 황은에 감사하기 때문에 지금까지도 소중히 여기고 아끼는 것입니다'라고 말한 적이 있다"[10]고 기록되어 있다. 즉 흥왕사의 양쪽 벽에 그림이 그려져 있었다는 것이다. 벽화에 대한 구체적인 내용이 없어 어떠한 모습이었는지 알 수 없지만 1076년(문종 30) 겨울에 사신 최사훈이 화공을 대동하고 상국사의

09 『高麗史』卷127 列傳卷第40 金致陽條.
10 徐兢, 『高麗圖經』卷第17 祠宇 王城內外諸寺條.

벽화를 모사하여 홍왕사에 그렸다는 기록[11]으로 보아 홍왕사 벽화는 왕실화원들에 의해 조성되었으며 상국사의 벽화와 동일한 주제였을 것이다.

상국사는 북송의 황실사원으로서, 수도인 개봉의 변하(汴河) 북쪽 기슭에 위치하고 있었다. 이곳에는 오대와 북송의 많은 화가들이 그린 벽화가 있었는데, 왕인수(王仁壽)의 정토(淨土)·미륵하생도(彌勒下生圖), 고익(高益)의 아육왕등변상도(阿育王等變相圖)·치성광도(熾盛光圖)·구요도(九曜圖), 고문진(高文進)의 항마변상도(降魔變相圖)·경탑천왕상(擎塔天王像), 왕도진(王道進)의 지공변십이면관음상(誌公變十二面觀音像), 이용급(李用及)과 이상곤(李象坤)의 노도차투성변상도(牢度叉鬪聖變相圖)·아육왕변상도(阿育王變相圖), 최백(崔白)의 치성광도(熾盛光圖)·십이요도(十一曜圖), 형호(荊浩)의 관자재보살상(觀自在菩薩像) 등의 화제가 알려져 있어[12] 홍왕사에 모사된 불교벽화의 내용을 살피는 데 참고가 된다. 그중 어떠한 그림이 홍왕사 벽에 모사되었는지는 알 수 없다. 다만 홍왕사는 문종이 12년에 걸쳐 완성한 원당으로 무려 2,800칸의 거대한 규모였으며 중문과 강당을 회랑이 둘러싸는 구조였던 것으로 볼 때, 아마도 양쪽 회랑 벽에 상국사 벽화가 그대로 전사되었을 것이다. 또 홍왕사가 어떤 종파에 소속된 사찰이었는지는 알 수 없지만 홍왕사를 완성한 3년 뒤인 1070년(문종 24) 절 안에 3층의 자씨전(慈氏殿)을 다시 지었다는 기록[13]은 미륵신앙과의 관련성을 시사하며, 상국사 벽화 중에 왕인수가 그린 미륵하생도가 있었다는 사실 또한 눈여겨볼 만하

11 郭若虛, 『圖畫見聞志』 卷6 高麗國條; 徐兢, 『高麗圖經』 卷第17 祠宇 王城內外諸寺條.
12 郭若虛, 『圖畫見聞志』 卷6 相國寺條.
13 『高麗史』 卷8 世家 卷第8 文宗 24年 2月條.

다. 만약 상국사 벽화가 그대로 흥왕사 벽에 전사되었다고 한다면, 불전고사도와 인연고사도 및 아육왕변상도, 노도차투성변상도, 지공변상도 등 그동안 고려시대의 불화 중에는 알려지지 않았던 도상 또한 왕실사찰에 그려졌던 듯하다.

흥왕사와 함께 고려왕실의 대표적 원찰이었던 안화사는 930년(태조 13) 8월, 태조 왕건의 동생 왕신(王信)의 원당으로 창건되었다. 안화사에는 "뜰 뒤에 전각이 있는데 그것을 미타당이라고 한다. 전각 사이에 두 곁채가 있는데 그중 하나에는 관음보살을 봉안하였고 또 하나에는 약사여래를 봉안하였다. 동쪽 회랑에는 조사상이 그려져 있고 서쪽 회랑에는 지장왕상이 그려져 있다"[14]고 하였다. 즉 안화사 미타당 전각 사이의 양쪽 복도에는 관음상과 약사여래상이 봉안되었으며 동쪽 회랑에 조사상, 서쪽 회랑에 지장왕상이 그려졌다는 내용이다.

안화사는 선종사찰로 알려져 있지만 본전이 무량수전이고 부속 전각으로 미타당이 있으며, 또 고려시대에 아미타의 권속으로 자주 등장하던 관음보살과 지장보살이 모두 갖추어져 있다는 점에서 사찰 내에 아미타정토신앙을 종합적으로 구현하고 있음을 확인할 수 있다. 더구나 사찰의 서쪽에 미타당을 두고 서쪽 회랑에 지장왕상을 그렸다는 점은 서방 극락정토를 의식한 배치일 것이다. 회랑에 그려졌던 조사상과 지장왕상은 벽화로 그려졌음이 확실하다. 동쪽 회랑의 조사상에 대해서는 12세기의 문인 김극기(金克己)가 "… 창밖에 가득 용상(龍象)들을 그렸으니 속객(俗客)이야 정결한 자리에 모실 수 있으리"라는 시를 남기고 있어 여러 조사를 함께 그린 그림으로 생각된다.

---

14 『高麗圖經』卷第17 祠宇 靖國安和寺條.

안화사는 선종사찰이었으며 사찰 내에는 중국 송 황제가 보내온 16나한소상(十六羅漢塑像)이 봉안되었던 사실을 볼 때 나한신앙 또는 조사신앙이 중요한 위치를 차지했으며, 이에 따라 여러 조사의 진영이 그려졌을 것이다. 또 서쪽 회랑의 지장왕상은 현존하는 고려시대 지장보살도와 유사한 그림이었을 것이다. 이처럼 안화사에는 아미타정토신앙과 관련된 벽화와 고려시대에 성행했던 나한신앙에 의한 조사상이 그려져 있었던 것으로 보아, 고려왕실의 불교신앙을 짐작할 수 있다.

이 밖에 왕이 직접 그린 불화도 있었다. 권근(權近, 1352~1409)이 지은 『양촌집(陽村集)』의 「덕안전기(德安殿記)」에는 "1401년(태종 원년)에 태상왕, 즉 태조가 명하여 덕안전을 짓고 절[興德寺]로 만들어 정전에 석가모니가 출산(出山)하는 그림을 걸어 두었다"[15]는 기록이 보인다. 그런데 흥덕사 석가출산도에 대해 『신증동국여지승람(新增東國輿地勝覽)』에는 "공민왕은 화격이 매우 높다. 지금 도화서에 소장된 노국대장공주 진영과 흥덕사 석가출산도는 모두 왕의 작품이다"[16]라는 기록이 있어 공민왕이 그린 것임을 알 수 있다. 만약 이 기록이 정확하다면 흥덕사 석가출산도는 공민왕이 승하(1374)하기 전에 제작되어 1401년(태종 원년) 흥덕사 창건 시 정전의 불화로 봉안되었으며, 성현(成俔, 1439~1504)이 『용재총화(慵齋叢話)』를 편찬할 당시인 1500년경까지도 흥덕사에 봉안되었던 사실을 확인할 수 있다. 위의 기록은 숭불왕으로 알려진 공민왕이 불화를 그렸던 사실을 알려 주는 동시에 고려시대에 석가출산도가 제작되었다는 사실을 말해 주는 중요한 자료이다. 공민왕은 이 외에도 달마절로도강도(達磨折蘆渡江圖), 동자보현육아백상도(童子普賢六牙

---

15 權近, 『陽村集』 卷13 記類 德安殿記條.
16 『新增東國輿地勝覽』 卷3 漢城府 佛宇 興德寺條; 成俔, 『慵齋叢話』 卷1.

白象圖) 등의 불화를 그린 것으로 알려져 있다. 또 1356년(공민왕 5) 노국대장공주가 봉은사에서 불공을 드릴 때 수놓은 비단으로 사찰을 장식하고 가사를 산처럼 시주했다는 기록[17]은 왕실에서 수번(繡幡)을 제작하여 사찰에 시주했던 사실을 알려 준다.

3. 조선시대

조선 초기 한성부에는 흥천사를 비롯하여 흥덕사·내불당·원각사·인왕사·금강굴·복세암·장의사·향림사·석적사·청량사·중흥사·승가사·삼천사·문수사·진관사·도성암 등의 사찰이 있었다.[18] 이들 사찰 중 상당수는 왕실의 원찰이었기 때문에 그곳에는 당연히 왕실 관련 불화가 봉안되었을 것이다. 그러나 태조가 창건한 흥덕사 정전에 공민왕이 그린 석가출산도가 걸려 있었다는 기록[19]을 제외하고는 당시 한성 소재 사찰의 왕실 관련 불화의 상황을 알려 주는 기록은 거의 남아 있지 않다. 왜냐하면 조선 초기에는 왕실의 억불정책으로 인해 공식적인 불화 제작이 활발하지 않았기 때문이다. 그럼에도 불구하고 몇몇 기록이 남아 있어 당시 왕실불화의 제작 상황을 짐작할 수 있다. 태종 대에 원경왕후(元敬王后) 민씨(1365~1420)는 주상 전하와 왕자들이 수명장수하기를 기원하며 천불도 1축과 팔난관음(八難觀音)·범왕(梵王)·제석(帝釋)을 각각 1축씩 수놓게 하여 부처에게 바쳤는데, 이때

---

17 『高麗史』卷89 列傳 卷第2 后妃2 魯國大長公主條.
18 『新增東國輿地勝覽』卷3 漢城府 佛宇條.
19 앞주 16번 참조.

만든 수상(繡像)은 정묘함이 두루 갖추어져 공덕이 매우 뛰어났다고 한다.[20] 이 기록은 불교 종파를 7종으로 축소하고[21] 사찰은 242개만 사격을 인정하고 사찰의 노비와 토지를 몰수하고 왕사제와 국사제를 폐지하는 등 억불정책이 극에 달했던 태종 대에도 여전히 왕실불화의 제작이 행해졌음을 말해 준다. 문종 대에도 각 궁에서 자수 잘하는 사람을 내전에 모아서 부처를 수놓게 하였다[22]는 기록이 있어, 통일신라시대 이래 고려왕실에서도 성행했던 궁중의 수불 제작이 조선시대 초기에도 계속 이어졌음을 알 수 있다.

조선 전기의 왕실불화에 대해서는 기록이 별로 없지만 현존하는 조선 전기의 왕실발원 불화 대부분이 15~16세기 작품인 것을 보면 당시 내불당을 비롯하여 자수궁·정업원·안일원 등 궁중 여성들이 귀의했던 비구니사찰에 이르기까지 왕실발원의 불화들이 제작, 봉안되었음을 짐작게 한다.

임진왜란, 병자호란을 겪고 난 조선 후기에 이르면 왕실발원 불화가 급격히 줄어드는 대신 민중발원의 불화가 활발하게 제작되었다. 광해군비 장렬왕후(章烈王后, 1576~1623)가 광해군과 세자·세자빈·본인 및 작고한 친정부모, 작고한 대군과 공주의 천도를 위해 조성한 불상 및 불화는 이 시기를 대표하는 왕실발원 불교미술이다.[23] 1622년

---

20 權近, 『陽村集』 卷22 跋記類 繡成願佛跋條.

21 『太宗實錄』 卷第11 太宗 6年 3月 27日條. 종파의 축소는 태종 6년 3월에서 7년 12월 사이에 단행되었는데, 曹溪宗·摠持宗·南山宗·天台疏字宗·天台法事宗·華嚴宗·道文宗·慈恩宗·中道宗·神印宗·始興宗 등 11개 종파를 총지종과 남산종은 총남종, 화엄종과 도문종은 화엄종, 중도종과 신인종은 중신종으로 통폐합하였다.

22 『文宗實錄』 卷第1 文宗 卽位年 2月 28日條.

23 장렬왕후의 불사에 대해서는 문명대, 「17세기 전반기 조각승 현진파의 성립과 지장암 木毘盧자나불좌상의 연구」, 『講座 美術史』 29(한국불교미술사학회, 2007), 355~380쪽 참조.

(광해군 14)에 장렬왕후가 발원, 조성한 목조비로자나불좌상[24]은 높이가 117.5cm에 달하는 중형의 불상으로, 벽암 각성(碧巖 覺性, 1575~1660)의 감수 아래 현진(玄眞)·응원(應元)·수연(守衍)·청헌(淸憲)·인균(印均) 등 당대 최고의 조각승 13명에 의해 조성되었다. 그런데 이 불상의 복장공에서 다라니와 『화엄경』, 『법화경』, 은제 후령통 등과 함께 불상 조성 발원문이 발견되었는데 거기에는 장렬왕후가 주상 전하와 세자, 세자빈 박씨, 본인의 성수만세와 선왕선후 등, 문양부원군 유자신(柳自新)·봉원부부인 정씨·임진생 공주 이씨·병신생 공주 이씨·경자생 대군 이씨·갑인생 군주 이씨·문릉군 유희갱(柳熙鏗)·문원군 유희담(柳熙聃) 등의 명복을 빌며 비로자나불 2구·석가여래 3구·노사나여래 2구·미타여래 2구·관음보살·대세지보살과 함께 삼신대영산회탱(三身大靈山會幀) 2점·용화회탱(龍華會幀) 2점·오십삼불탱(五十三佛幀) 1점·중단탱 1점·하단탱 1점 등을 조성하여 자인수(慈仁壽) 양사(兩寺)에 봉안했다는 내용이 적혀 있다.[25] 다시 말해 장렬왕후가 왕실과 친가의 안녕과 영가천도를 위해 비로자나불 2구를 비롯하여 노사나여래 2구·미타여래 2구·관음보살·대세지보살 등 불상 11구와 삼신대영산회탱 등 불화 7점을 조성했다는 것이다. 이것은 임진왜란, 정유재란 등의 전란으로 사회가 불안정했던 시기에도 왕실에서의 불상 및 불화 조성 불

---

24 이 불상은 서울 종로구 창신동 소재 지장암의 중창주인 강재희가 1924년에 지장암을 중창한 후 최근까지 대웅전에 삼신불상 중 하나로 봉안되었으나 2018년 국립중앙박물관으로 이관되었다. 강재희에 대해서는 김정희, 「조선말기 왕실발원 불사와 수국사 불화」, 『講座 美術史』 30(한국불교미술사학회, 2008), 194~198쪽 참고.

25 발원문: "毘盧佛願文 … 先王先后祖宗列位仙駕 文陽府院君柳自新仙駕 蓬源府夫人鄭氏仙駕 壬辰生公主李氏仙駕 丙申生公主李氏仙駕 庚子生大君李氏仙駕 甲寅生郡主李氏仙駕 贈文陵君進士和希鏗靈駕 贈文源君和希聃靈駕 先亡上世宗祖親姻眷屬之灵脫此三有生後九蓮 以此大願恭棺宝帑處募 良工敬造尊像毘盧遮那 佛二尊 釋迦如來三尊 盧遮如來二尊 彌陀如來二尊 觀音菩薩 大勢至菩薩兼圖畵像 三身大灵山會幀二 龍華會幀二 五十三佛幀一 中壇幀一 下壇幀一工手已畢奉安于慈仁壽兩寺 …."

사가 끊이지 않고 이어졌다는 사실을 말해 준다. 또한 이때 조성된 불상과 불화를 자인수 양사, 즉 자수궁과 인수궁에 봉안했다는 것은 여전히 후궁이나 왕실, 귀족의 부인들이 불교에 의지하면서 불화 불사를 계속 시행했음을 말해 준다.

기록이 많지 않지만 조선 말기에도 왕실 관련 불화가 많이 제작되었다. 조선 말기에는 서울·경기 일원의 왕실원찰을 중심으로 왕실불사 뿐 아니라 특히 상궁, 고위관료들이 왕실을 위해 불화를 조성하는 일이 활발하게 이루어졌다. 효명세자[익종 추존]빈이었던 신정왕후(神貞王后) 조씨(1808~1890)는 1830년(순조 30)에 남편인 효명세자[익종 추존]가 사망하고 이어 1849년(헌종 15)에는 아들인 헌종이, 1857년(철종 8)에는 순조비 순원왕후마저 승하하면서 50세에 대왕대비가 되었는데, 83세로 생을 마감하기까지 오랜 세월 동안 왕실의 최고 어른으로서 활발한 불사를 행하였다.[26] 그는 특히 삼각산 화계사의 불사에 적극적으로 동참하였다. 1870~1883년까지 대웅전·산신각·명부전 중건과 명부전 불량답·관음전 불량계 시주 등에 두루 참여하였고,[27] 1874년(고종 11) 겨울에는 궁중으로부터 관음수상(觀音繡像)을 이운하여 화계사에 봉안하였다. 이 자수상은 같은 해 2월 8일 순종의 탄생을 축하하며 순종의 수명장수를 빌기 위해 명성왕후·조대비·왕대비 등의 발원으로 궁녀들이 수를 놓아 조성했다고 한다.[28] 1895년(고종 32)에는 상궁 엄

---

26 1856년(철종 7)에 봉은사 화엄판전 건립에 시주로 참여한 것을 시작으로 용궁사와 파주 보광사, 흥천사, 화계사, 남양주 흥국사, 양평 용문사, 서울 옥수동 미타사 등을 중창하거나 전각을 건립하는 데 참여하였다.

27 신정왕후 조씨의 화계사 불사에 대해서는 유근자, 「화계사 불교미술의 성격과 시주자」, 『韓國佛敎史硏究』 4(한국불교사연구소, 2014), 240~289쪽 참조.

28 「華溪寺重刱丹艧記」 및 이철교 편, 「서울 및 근교 사찰지 봉은본말사지, 제3편–삼각산의 사찰」, 『多寶』 12(대한불교진흥원, 1994), 6쪽.

씨와 강씨에게 명하여 죽은 명성황후의 천도를 위해 불암사 괘불도를
조성하였다.[29]

---

29 화기: "… 大施主秩 奉命臣 尙宮甲寅生嚴氏 尙宮壬寅生姜氏 志心奉祝 大君主陛下 壬子生李氏 天
    體安寧聖壽萬歲 王太子殿下 甲戌生李氏王體安寧聖壽萬岑 王太妃殿下 壬申生閔氏寶體恒安聖壽齊
    年 大院君閤下 庚辰生李氏保體 安康聖壽無彊 先皇后陛下 辛亥生閔氏仙駕往生蓮花世界上品上生
    之大願 …."

III

왕실불화의 현황

고려와 조선왕실에서 발원한 불화를 살펴보기에 앞서 먼저 왕실의 개념과 범주를 이해하는 것이 필요하다. 일반적으로 왕실이라 하면 '왕의 집안'이라고 막연하게 일컬어질 뿐 왕실의 범위는 명확히 정의된 바 없다. 고려시대에는 왕과 비빈을 비롯하여 왕의 직계자녀인 왕자와 공주, 종실인 왕비의 아버지, 그들의 아들인 제왕(諸王)을 왕족이라고 칭하였다.[01] 조선시대에 이르러서 '왕실'은 좁은 의미에서 궐내에 거주하는 왕의 가족만을 지칭하기도 하고, 넓은 의미로는 왕의 조상과 후손을 아우르는 '가문'의 의미 등으로 다양하게 사용되었다.『경국대전』에는 왕실 친족 관련 용어인 '왕친(王親)'과 '의친(議親)'에 대해 '왕친'은 '종성(宗姓) 9촌과 이성(異姓) 6촌' 이내의 친족, 즉 동성 9촌은 같은 고조 자손인 8촌을 벗어난 범위이며, 이성 6촌은 같은 증조를 증조 또는 외증조로서 공유하는 친족지간,[02] '의친'은 황제의 단면 이상친(袒免 以上親), 태황태후와 황태후의 시마 이상친(總麻 以上親), 황후의 소공 이상친(小功 以上親)이라 기록되어 있다.[03] 간단하게 말하면, 왕실의 1차 구성원은 역대 왕의 왕자군, 공주, 옹주, 종친, 원친, 왕실과 혼인으로 맺어진 인척으로 국가로부터 봉작을 받고 다양한 특권을 부여받은 핵심 지배층이며, 2차 구성원은 봉작되지는 않지만 복친(服親)의 범위를 넘어선 왕의 원친과 외손, 왕비의 친족 등 왕실 구성원으로서 예우를 받는

01 황운용,「고려제왕고」,『우헌정중환박사환력기념논문집』(1974); 김기덕,「고려조의 왕족봉작제」,『韓國史研究』52(한국사연구회, 1986) 참조.
02 『經國大典』卷1 吏典 敦寧府.
03 『譯註 經國大典』註釋篇, 한국정신문화연구원, 1992.

사람들이라 할 수 있다.

여기에서는 왕실의 범주를 1차 구성원뿐 아니라 2차 구성원까지 포함한 넓은 의미로 보고자 한다. 따라서 왕실불화는 좁게는 왕실에서 직접 발원한 작품을 말하지만, 넓게는 왕실 주변의 인물들이 왕실을 위해 발원하거나 왕실화원들이 제작한 불화, 왕실사원에 봉안된 불화 등도 왕실불화라고 지칭하였다. 즉 직접 혹은 간접적으로 왕실과 관련을 갖고 제작된 불화를 '왕실불화'라고 명명하고, 왕실불화를 왕실에서 발원한 불화와 왕실을 위하여 발원한 불화로 나누어 살펴보고자 한다.

1. 왕실에서 발원한 불화

1) 고려시대

고려시대에는 개국 초기부터 말기까지 왕실과 귀족 및 무신·문신·지방향리·승려·일반 신도들에 의해 사찰 및 원당의 창건, 불교미술품의 제작 등 다양한 불사가 이루어졌다. 그중에서도 도성과 전국의 사찰, 귀족의 원당에 봉안하거나 법회와 도량 등 불교의식, 망자의 추선공양을 위해 많은 불화를 조성하였다. 현존하는 160여 점의 고려불화 가운데 명문이 남아 있는 작품은 30여 점이며, 시주자와 발원자, 화가 등을 알 수 있는 작품은 20여 점 정도여서, 이를 통해 불화 조성의 주체와 목적, 용도 등을 확인할 수 있다.[04]

고려왕실에서 직접 불화를 조성한 사실은 의종 대에 복자(卜者) 영의

---

04 고려시대의 왕실발원 불화에 대해서는 김정희, 「고려왕실의 불화제작과 왕실발원 불화의 연구」, 『講座 美術史』 17(한국불교미술사학회, 2001), 127~153쪽 참조.

(榮儀)의 말을 좇아 천제석도(天帝釋圖)와 관음보살도를 제작한 것을 비롯하여 몇 가지 예가 알려져 있으나 대부분 기록으로만 전하며, 실제 남아 있는 작품은 별로 없다. 그러나 고려시대에는 왕실에서 원당을 건립하는 일이 성행하였으며 왕실사찰에 불화를 조성하거나 봉안한 일이 빈번했던 것으로 보아, 개경과 그 주변의 사찰에는 왕실발원 불화가 다수 조성되었을 것으로 추정된다.

①『대보적경』사경변상도

왕실불화 가운데 가장 이른 작품은 목종(穆宗, 재위 997~1009)의 어머니 응천계성정덕왕태후(應天啓聖靜德王太后) 황보씨(皇甫氏=千秋太后)가 1006년(목종 9)에 외척 김치양과 함께 발원, 제작한 금자대장경 『대보적경(大寶積經)』사경의 변상도(도1)이다. 두루마리 형태의 사경 표지에는 은니(銀泥)의 보상화문이 유려한 필치로 그려져 있고, 그 안쪽에는 세 보살이 산화공양하는 모습이 그려져 있다. 정면을 향해 거의 같은 간격으로 나란히 서 있는 세 보살은 모두 보관을 쓰고 동일한 형태의 천의를 걸치고 있다. 중앙의 보살은 정면을 향해 오른손으로는 꽃이 가득 담긴 바구니를 가슴에 받쳐 들고 왼손으로 꽃을 뿌리고 있으며, 좌우의 두 보살은 중앙을 향해 꽃을 뿌리고 있다. 보살들은 균형 잡힌 늘씬한 체구, 둥글고 풍만한 얼굴에 작은 이목구비가 얼굴 중앙으로 몰려 있는 점이 특징이다. 특히 양어깨와 양팔을 감싸며 내려오는 천의자락은 매우 유려하면서도 정제된 아름다움을 보여 준다. 이와 같은 유려하면서도 풍만한 필치의 사실주의적 양식은 통일신라시대 불·보살상의 양식을 계승한 것으로 고려불화에 등장하는 대부분 보살들의 복식과도 상통하여, 이 변상도가 통일신라시대 사실주

의 양식의 전통을 계승한 왕실화가에 의해 그려졌음을 시사한다.⁰⁵

이 사경을 발원한 인물은 천추태후(千秋太后, 964~1029)와 김치양(金致陽, ?~1009)이다(도1-1). 천추태후는 경종(景宗, 재위 975~981)의 비이자 목종의 모후이며, 김치양은 천추태후의 외척이자 총신이었다. 『대보적경』 사경변상도는 천추태후와 김치양의 권세가 최고조에 달했던 1006년(목종 9)에 제작되었는데, 사경공덕을 통해 부처님의 가피로 둘 사이에서 태어난 아들을 왕위에 앉히기 위해 발원한 것으로 추정된다.

『대보적경』 사경으로 시작된 고려왕실의 사경 제작은 1058년(문종 12) 금은자 사경에 대한 기록을 비롯하여 1077년(문종 31) 국왕이 흥왕사에 행차하여 새로 완성된 금자 『화엄경』을 열람하였다는 기록,⁰⁶ 1101년(숙종 6) 국왕이 일월사(日月寺)에 행차하여 금자 『묘법연화경』의

05 박도화, 「고려금은니사경화의 양식고찰」, 『考古美術』 184(한국미술사학회, 1989), 25~26쪽.

도1-1 『대보적경』사경변
상도, 간기 부분.

완성을 경찬한 일,[07] 1102년(숙종 7) 현화사에 행차하여 『유가현양론(瑜
伽顯揚論)』을 은으로 쓴 것을 경찬한 일 등이 알려져 있다.[08] 이와 함께
1156년(의종 10)에는 원자의 탄생을 기념하여 왕이 금은자 『화엄경』2부
를 사경케 하고 홍왕사 홍교원을 수리하여 이를 보관하고 홍진원으로
고친 후 성대하게 법회를 열었다는 내용[09]에 이르기까지 다양한 기록
들이 산재한다.

금은자 사경의 제작은 사경원에서 이루어졌다. 사경원은 1181년(명
종 11) 명종의 발원에 의하여 사경원에서 은자대장경의 서사가 이루어
졌다는 기록에서 처음 보인다.[10] 『대보적경』사경을 비롯한 국왕발원의

06 『高麗史』卷8 世家 卷第8 文宗 12年條 및 世家 卷第9 文宗 31年 3月 甲寅條.
07 『高麗史』卷11 世家 卷第22 肅宗 6年 4月 戊申條.
08 『高麗史』卷11 世家 卷第11 肅宗 7年 5月 丙寅條.
09 『高麗史』卷18 世家 卷第18 毅宗 10年 4月 甲午條.
10 『高麗史』卷20 世家 卷第20 明宗 11年 正月 辛亥條.

사경들은 모두 관립사경소인 사경원에서 만들어진 것으로 생각되며, 따라서 사경 앞에 그려진 변상도도 왕실화가가 그린 것으로 추정된다.

②『불공견삭신변진언경』사경변상도 및『문수사리문보리경』사경 변상도

고려 후반기에 이르러서도 왕실에 의한 대장경의 사경 제작은 활발하게 이루어졌다. 1281년(충렬왕 7)에는 충렬왕 대의 고관인 염승익 (廉承益, ?~1302)의 저택에 금자대장사경소(金字大藏寫經所)가 설치되었는 데,[11] 이를 통해 왕실뿐 아니라 개인적으로도 사경을 조성하는 일이 성행하였음을 알 수 있다.

이 2점의 사경변상도는 충렬왕이 발원하여 조성하였다.[12]『불공견 삭신변진언경』사경변상도(도2)는 1275년(충렬왕 원년) 충렬왕이 즉위한 뒤 발원하여 은자대장도감(銀字大藏都監)에서 사성(寫成)케 한 사경의 변 상도로서, 보리류지(菩提流志)가 한역한 30권본『불공견삭신변진언경』 가운데 권13 사경 앞에 그려져 있다. 1축의 두루마리 형식이며, 국보 제210호로 지정되어 있다.

사경의 표지에는 보상당초문이 금니로 묘사되어 있고, 제첨 양식의 장방형 안에 '불공견삭신변진언경(不空羂索神變眞言經)'이라는 경명이 금 니로 쓰여 있다. 변상도는 테두리를 금강저 등으로 장식하고 그림을 그린 다른 사경들과 달리 테두리에 아무런 장식도 가하지 않고 유려한 필치로 단독의 신장상만을 그려 넣었다. 화염에 둘러싸인 용맹스럽고 위엄 있는 호법신의 모습을 활기차고 힘찬 필치로 깔끔하게 그려 낸

11　『高麗史節要』卷20 忠烈王2 忠烈王 7年 3月條.
12　이은희,「고려 충렬왕 대의 사경연구」,『文化財』20(국립문화재연구소, 1987), 219~238쪽.

모습, 신장의 양어깨와 팔을 따라 흘러내리는 천의자락의 동적이며 활
기찬 모습 등에서 화가의 능숙한 필력이 돋보인다. 이것은 화원 소속
의 화가가 사경소에 파견되어 그림을 그렸기 때문이라고 생각된다. 이
사경은 현존하는 충렬왕의 발원경 중 격식을 완전하게 갖춘 최상의 것
으로서 일본으로 유출되었던 것을 다시 찾아왔다. 권말 뒷면에는 '삼
중대사(三重大師) 안체서(安諦書)'라고 적혀 있어 은자대장도감의 사경승
인 안체가 이 경전을 필사했음을 알 수 있다.

　『문수사리문보리경』 사경변상도(도3) 또한 충렬왕의 발원으로 조성
된 은자대장경 중 한 권으로 『불공견삭신변진언경』 사경변상도보다
1년 늦은 1276년(충렬왕 2)에 조성되었다. 표지에는 금니와 은니로 『불
공견삭신변진언경』 사경변상도의 신장상과 유사한 모습의 신장상이
그려져 있다. 이 사경도 삼중대사 안체가 필사했다.

辨心得自在逮得已利盡諸有結正
智解脫菩薩万人皆從十方世界集
有大威德皆得諸忍諸陀羅足諸深
三昧具諸神通文殊師利菩薩觀世
音菩薩大勢至菩薩香象菩薩萬施
菩薩隨智行菩薩以為工首如是等
菩薩大眾百千万億其數無量并諸
天龍夜叉乾闥婆阿修羅迦樓羅緊
邦羅摩睺羅伽人非人等大眾圍繞
今時世尊入諸佛甚深三昧如智諍
觀諸法性相而作是念我得阿耨多
羅三藐三菩提得一切智慧除諸重
擔度三有險道滅元明得真明拔邪
箭斷渴愛成法鼓吹法螺建
法幢轉生死種示涅槃性閉塞邪道
開於正路離諸惡叢示于福田我今

③ 수월관음도

이 불화는 1310년(충선왕 2)에 충선왕의 총비였던 숙비 김씨(淑妃 金氏)가 발원한 수월관음도(水月觀音圖, 도4)이다. 세로 419.5cm, 가로 254.2cm의 거대한 화폭에 그려져 있으며 현존하는 고려불화 중 최대 규모이다.[13]

수월관음도는 『화엄경』 입법계품(入法界品)에서 선재동자(善財童子)가 보타락가산에 거주하는 관음보살을 친견하는 장면을 도상화한 것으로, 고려시대에 많이 그려졌던 불화 가운데 하나이다. 이 수월관음도는 다른 수월관음도와는 달리 관음보살이 화면의 오른쪽을 향하여 앉아 있다. 버드나무 가지가 꽂힌 정병, 그 아래에서 합장하고 관음보살

13 김정희, 「고려왕실의 불화제작과 왕실발원 불화의 연구」, 140~145쪽.

도3 『문수사리문보리경』
사경변상도, 1276년, 감지
은니, 25.8×357.3㎝, 일본
교토국립박물관 소장.

을 우러러 예배하는 선재동자, 보타락가산의 해변가 동굴에 앉아서 선
재동자의 방문을 받는 관음보살, 그 뒤로 솟아난 두 그루의 대나무, 투
명한 천의와 보관의 아미타불 및 대원광, 하단부 바닷속의 기화요초
등 고려 수월관음도의 도상이 거의 갖추어져 있다.

관음보살은 호화로운 금박무늬가 그려진 붉은색 군의를 입고 그 위
에 머리 위에서 발끝까지 속이 훤히 보이는 엷은 비단의 베일로 전신
을 감싼 채 대원광 안에 반가하였다. 풍만한 몸과 얼굴, 시원스러운 눈
매 등에서 자비로운 관음보살의 성격이 잘 드러나 있다. 관음보살의
얼굴과 몸에는 전체적으로 금니를 칠한 후 이목구비와 삼도(三道) 등은
가는 주선(朱線)으로 윤곽을 그리고 윤곽선을 따라 엷게 바림질을 하여
입체감을 표현하였다. 보살의 전신을 감싸고 있는 투명한 베일은 흰

도4 수월관음도, 1310년,
견본채색, 419.5×254.2㎝,
일본 가가미신사[鏡神社]
소장.

색으로 윤곽을 그리고 금니로 봉황과 구름 문양을 섬세하게 그려 넣었는데, 철선묘를 사용하여 견고하면서도 유려한 선묘의 효과를 내었다. 베일에 묘사된 보상당초문과 구갑문 등은 화려하면서도 섬세한 고려 불화의 문양을 보여 주며, 관음보살의 보관 내부에 묘사된 국화당초문은 고려 나전칠기의 아름다운 문양과 닮았다.

이 불화는 현재 화기가 남아 있지 않지만 1812년(순조 12) 9월 7일 가가미신사[鏡神社]를 방문한 과학자 이노 다다타카(伊能忠敬, 1745~1818)가 남긴 기진명에 의하면 1310년(충선왕 2) 5월 왕숙비(王叔妃)를 발원주로 하여 김우(金祐)·이계동(李桂同)·임순동(林順同)·최승(崔昇) 등 네 명의 화가가 제작했다고 한다.[14] 숙비가 이 수월관음도를 발원, 조성한 것은 1310년 5월로, 화기에는 발원 내용이 자세히 밝혀져 있지 않으나 1308년(충렬왕 34)에 충렬왕이 승하한 것으로 보아 왕의 영가천도를 위해 제작한 것으로 추정된다.[15]

2) 조선 전기

고려는 500여 년간 불교를 국시로 삼았던 불교국가였다. 반면 조선은 500여 년 동안 억불정책을 시행했던 유교국가였다. 이렇듯 사상적으로 다른 이념을 추구했던 고려와 조선의 왕실에서 발원하고 후원했던 불교미술, 특히 불화는 어떠했을까.

조선 전기에는 강력한 억불정책하에서 일부 호불적인 왕과 비빈·

---

14 이 寄進銘은 伊能忠敬의 『測量日記』에 기록되어 있었으며, 1979년 7월 唐津市圖書館長 富岡行昌의 제보에 의해 알려졌다. 전후의 사정에 대해서는 平田 寬, 「鏡神社所藏楊柳觀音畵像再考」, 『大和文華』 72(大和文華館, 1984.12), 1~18쪽 참조.

15 문명대, 「한국 괘불화의 기원문제와 경신사장 김우문필 수월관음도」, 『講座 美術史』 33(한국불교미술사학회, 2009).

대군·군·종친 등을 중심으로 다양한 불사가 이루어졌다. 궁궐 안에서는 문소전(文昭殿) 불당이 왕실불교의 중심이 되었으며, 왕비와 후궁, 군부인 등 왕실의 여성들은 비구니절[尼寺]인 정업원(淨業院)과 자수궁(慈壽宮) 등을 중심으로 왕과 대군 등의 명복을 빌며 불상과 불화 등을 제작, 봉안하였다.

조선시대 왕실을 중심으로 한 불교미술은 각 시기마다 특징을 갖고 있지만 왕실발원의 불화가 가장 활발하게 조성되었던 시기는 조선 전기인 15~16세기로, 130여 점의 불화 가운데 왕실발원 작품은 20여 점에 달한다.[16]

① 관경십육관변상도

1465년(세조 11) 효령대군(孝寧大君, 1396~1436)이 부왕 태종의 명복을 빌고 모든 고혼들이 극락에 왕생하기를 기원하며 영응대군(永膺大君, 1434~1467)의 부인 송씨, 월산대군(月山大君, 1454~1488) 등과 함께 시주하여 조성한 불화(도5)로서, 『관무량수경(觀無量壽經)』 정종분(正宗分)의 16관 내용을 도상화하였다. 이 그림은 도화서 화원 이맹근(李孟根)이 단독으로 그렸는데,[17] 세로 269㎝, 가로 201㎝의 거대한 화면 상단부에는 제1관 일상관(日想觀)에서 제7관인 화좌관(華座觀)까지, 중앙부에는 제8관 상상관(像想觀)에서 제13관 잡관(雜觀)까지, 하단부에는 상배관(上輩觀)·중배관(中輩觀)·하배관(下輩觀) 등 제14관~16관, 외연부에는 타방보

---

16 조선 초기 왕실의 불사에 관한 논고로는 정우택, 「조선왕조시대 전기 궁정화풍 불화의 연구」, 『美術史學』13(한국미술사교육연구회, 1999), 129~166쪽; 김정희, 「1465년작 관경16관변상도와 조선 초기 왕실의 불화」, 『講座 美術史』19,(한국불교미술사학회, 2002), 59~95쪽; 유경희, 「왕실발원 불화와 궁중 화원」, 『講座 美術史』26(한국불교미술사학회, 2006), 575~608쪽 등이 있다.
17 김정희, 「1465년작 관경16관변상도와 조선초기 왕실의 불화」, 59~95쪽.

도5 관경16관변상도, 1465년, 견본채색, 269×201㎝, 일본 지온인[知恩院] 소장.

살화생지(他方菩薩化生池), 보살성문화생지(菩薩聲聞化生池)의 모습이 도설되어 있다. 아미타불이 앉은 팔각의 화려한 대좌, 붉은 법의에 새겨진 금니의 원문양, 치레장식, 오른손에 걸쳐진 법의자락을 군의 안으로 여미 입은 착의법 등은 고려시대 양식을 계승하였지만, 신체에 비하여 얼굴이 크고 이목구비가 유난히 작은 점, 허리가 다소 길어 세장한 느낌을 주는 점 등은 조선 전기 불화의 특징을 잘 보여 준다. 묘법에서는 섬세한 필치가 줄어들고, 연두색·홍색·녹색·감청색·갈색·금채 등이 첨가된 밝고 부드러운 중간색을 많이 사용하였다. 문양은 고려불화에 특징적인 보상화문·연당초문·보상당초문 등이 거의 사라지고 문양을 아예 생략하거나 겹동심원문 같은 간단하면서도 단순한 문양을 사용한 점이 눈에 띈다. 이러한 특징은 조선시대 전반기 왕실 관련 불화에 공통적으로 보이는 특징으로 일종의 '궁정 양식'이라 할 수 있다.

② 수월관음도

이 불화는 함안군부인(咸安郡夫人) 윤씨가 발원한 것으로(도6), 일본 교토 인근의 후쿠이[福井]현 쓰루가[敦賀]시 근교의 사이후쿠지[西福寺]에 소장되어 있다. 자색으로 물들인 거무스름한 비단 바탕에 바다로 둘러싸인 암굴 속에 앉은 관음보살이 선재동자의 방문을 받는 장면을 섬세하고 활달한 금니로 그리고 부분적으로 채색을 가하였는데, 불화와 산수화가 결합된 독특한 형식을 보여 준다.

화면의 중앙에는 넓적한 바위 위에 관음보살이 결가부좌하였으며, 관음보살의 좌우와 위로는 섬세한 필선의 바위와 나무 등이 보살을 에워싸고 있어 마치 보타락가산의 동굴 속에 앉아있는 듯한 느낌을 준다. 관음보살의 바로 뒤로는 멀리 산이 희미하게 보이고 오른쪽 아래에는 넘실거리는 파도를 배경으로 선재동자가 관음보살을 향해 두 손을 모아 합장하고 서 있다. 선재동자의 맞은편에는 도적에게 화를 당하는 장면, 몽둥이를 들고 호랑이와 뱀을 쫓는 장면, 침상에 드러누운 병자, 집이 불에 타는 장면, 목에 칼을 차고 있는 장면 등이 금니로 정교하게 그려져 있다. 이 장면은 『법화경』「관세음보살보문품」에 등장하는 제난구제상(諸難救濟相)으로, 여러 재난으로부터 중생을 구제해 주는 관음보살의 현세이익적 성격을 표현하였다.

제난구제상의 향우측 긴 직사각형 안에는 세로로 길게 '공덕주 함안군부인 윤씨(功德主咸安郡夫人尹氏)'라고 적혀 있다. 조선 전기 왕실발원 불화의 특징인 금니선묘화라는 점이나 산수 표현에 보이는 뛰어난 화풍은 이 불화가 왕실과 관련 있음을 보여 준다. 이 불화를 발원한 공덕주 윤씨는 태종의 손자인 옥산군 이제(玉山君 李躋, 1429~1490)의 부인이며 첨지중추부사 증찬성 윤공신(尹恭信)의 딸인 윤씨(?~1497)로 추정된다. 옥산군은 1464년(세조 10) 원각사 건립 때 총감독을 맡았을 정도로 불교와 인연이 있었다. 윤씨는 1497년(연산군 3)에 사망했으므로 이 불화의 제작시기는 15세기 중엽~말경으로 추정된다.[18]

③ 약사삼존십이신장도

이 불화는 성종의 누이동생 명숙공주(明淑公主, 1455~1482)와 부마 홍상(洪常, 1457~1513)[19]이 성종과 자신들의 무병장수를 기원하며 1477년(성종 8)에 발원, 조성하였다.

---

18 이 불화의 발원자에 대해서는 이동주, 「여말선초불화의 특성─주야신도의 제작연대에 대하여」, 『季刊美術』 16(중앙일보사, 1980) 참조.
19 홍상은 1466년 명숙공주와 혼인하여 唐陽尉에 봉해지고 都摠官, 綏祿大夫를 지냈는데 1504년 갑자사화에 연루되어 귀양살이를 하다 1506년 중종반정으로 풀려나 原從功臣이 되었다.

도6 수월관음도, 15세기, 견본금니, 170.9×
90.9㎝, 일본 사이후쿠지[西福寺] 소장.

도7 약사삼존십이신장도, 1477년, 견본채색, 85.7×
56㎝, 일본 개인 소장.

　　화면 가운데 높은 대좌 위에는 손에 약합을 든 약사여래가 결가부좌
하였고, 좌우에 일광보살과 월광보살이 약사여래를 향해 합장하며 서
있으며, 약사십이신장이 이들을 둘러싸고 있다. 본존의 대좌 아래에
는 공양물이 놓인 불탁이 놓여 있다. 특히 대좌 앞면의 당초문과 대좌
앞에 따로 놓인 탁자의 꽃무늬 등은 고려불화의 문양을 능가할 정도로
아름답다. 십이신장은 각 상의 형상과 색감의 조화가 완숙해 당대 최
고의 솜씨를 가진 화공이 그렸을 것으로 짐작된다.

　　상부에는 천개와 서운(瑞雲), 시방불을 묘사하여 약사여래의 설법을
장엄하고 있다. 본존 머리에는 정상계주가 높게 표현되었으며, 얼굴
에는 이목구비가 작게 묘사되는 등 15세기 왕실발원 불화의 특징이 잘

드러나 있다. 반면, 편단우견의 대의와 아래로 처진 무릎, 앙복련이 묘사된 대좌 등은 고려 말~조선 초의 티베트식 불상과 유사하다.[20] 붉은색과 녹청, 군청을 주조색으로 한 뛰어난 색채와 배색, 섬세한 문양, 치밀한 세부 묘선 등 고려불화의 전통을 이었음을 볼 수 있다.[21]

붉은 바탕에 금니로 적은 화기에 의하면 이 불화는 명숙공주와 홍상이 아미타여래도, 치성광여래도, 관음보살도 등과 함께 조성했다고 한다.[22] 명숙공주는 세조의 큰아들인 덕종과 소혜왕후[인수대비]의 딸로 12세에 홍상과 혼인하여 1471년(성종 2)에 아들을 낳았으나 1482년(성종 13)에 28세로 요절하였다. 성종은 누이의 죽음을 슬퍼하며 쌀 60석, 콩 20석, 청밀 10두, 기름 15두, 밀 3석, 석회 50석을 특별히 하사하였고,[23] 어머니 인수대비는 외동딸인 명숙공주의 천도를 위하여 1482년에 『법화경』을 인출하였다.[24] 명숙공주는 약사삼존십이신장도 외에는 불사를 행한 흔적이 없지만 어머니 인수대비와 오빠인 월산대군이 불심이 깊어 많은 불사를 행했던 사실을 보면 그 역시 불심이 깊었던 것 같다.

④ 도갑사 관음보살32응신도

『법화경』「관세음보살보문품」과 『능엄경』에 등장하는 관음응신 및 제난구제를 소재로 하여 그린 불화(도8)로, 1550년(명종 5) 인종비 인성

---

20 박은경, 『조선 전기 불화 연구』(시공아트, 2008), 56쪽.
21 『국보전－동국대학교 건학 100주년 기념특별전』(동국대학교박물관, 2006), 20쪽.
22 화기는 박은경, 『조선 전기 불화 연구』, 480쪽 참조.
23 『成宗實錄』卷第109 成宗 10年 10月 24日條.
24 인수대비가 간행한 『법화경』(보물 제950호)은 1470년 세조비 정희대왕대비에 의하여 판각된 목판에서 찍어 낸 경전 중 하나로, 끝에는 판각 때 쓴 김수온의 발문과 인출 당시 먹으로 쓴 강희맹의 발문이 붙어 있다.

왕후(1514~1577)가 인종의 명복을 빌며 발원, 제작하였다.[25] 세로 235㎝, 가로 135㎝의 비단 바탕에 관음보살이 여러 가지 몸으로 변화하여 중생들을 구제하는 모습을 그렸는데, 관음보살의 응신에 관한 20장면과 관음보살의 중생구제에 관한 20장면이 묘사되어 있다.

화면 중앙에는 관음보살이 유희좌의 자세로 바위 위에 앉아 있고 위쪽에는 좌우에 합장한 여래 10구와 중앙에 2여래가 있으며, 그 밖의 공간에는 산수를 배경으로 한 관음의 응신처와 변신한 모습 및 공덕의 내용이 묘사되어 있다. 응신의 각 장면에 보이는 바위산의 모습, 나무의 묘법은 조선시대 불화에서는 보기 드문 수준 높은 기법이며, 각 응신의 모습도 사실적으로 묘사되어 있어 작가의 뛰어난 기량을 엿볼 수 있다. 응신 장면은 산수로 구획하여 산수 사이사이에 배치하였는데 각 장면마다 금니로 그림의 내용을 적어 이해를 돕고 있다.

화면 상단에는 "가정(嘉靖) 29년 경술 4월 그믐, 공의왕대비 전하가 인종영정대왕이 정토에 다시 태어나기를 바라며 양공을 모집하여 관세음보살삼십이응탱 1점을 그려 월출산 도갑사 금당에 보내 안치하고 영원히 향대례(香大禮)를 받들고자 한다"[26]는 내용이 적혀 있으며, 화면 왼쪽 하단에는 "신 이자실, 손을 씻고 향을 사르며 공경되이 그림을 그립니다"(臣李自實沐手焚香敬畵)라는 내용이 적혀 있다. 이 내용으로 볼 때 공의왕대비 전하가 인종의 명복을 빌며 관세음보살삼십이응탱을 제작하여 도갑사 금당에 봉안했으며, 화원 이자실(李自實)이 그렸음을 알 수 있다.

25 유경희, 「도갑사 관세음보살삼십이응탱의 도상 연구」, 『美術史學研究』240(한국미술사학회, 2003), 149~179쪽.
26 화기: "嘉靖二十九年庚戌四月旣晦 我恭懿王大妃殿下伏爲 仁宗榮靖大王仙駕轉生淨域 參募良工綵畵 觀世音菩薩三十二應幀一面 送安于月出山道岬寺之金堂永奉香大禮尒."

젊은 나이에 승하한 인종의 명복을 빌며 공의왕대비 전하, 즉 인종비 인성왕후가 제작한 이 불화는 도화서 화원의 솜씨를 반영하듯 산수묘사에 있어 일반 불화에서는 볼 수 없는 뛰어난 필치가 잘 드러나 있다. 뿐만 아니라 눈·코·입이 중앙으로 몰려 있는 관음보살의 얼굴과 활형의 눈썹, 눈꼬리가 위로 올라간 눈, 앵두처럼 작은 입술은 사불회도(1562), 문정왕후발원 약사삼존도(1565), 미국 보스턴 미술관 소장 약사십이신장도(16세기) 등 같은 시기 왕실불화와 동일한 양식을 보여 주고 있어, 16세기 왕실불화를 대표하는 작품 중 하나로 손꼽힌다.

도8　관음보살삼십이응신도, 1550년, 견본채색, 235×135㎝, 일본 지온인[知恩院] 소장.

⑤ 상원사 사불회도

이 불화는 풍산정(豊山正) 이종린(李宗麟, 1538~1611)이 외할아버지 권찬(權纘, ?~1560)과 숙원 이씨(淑媛 李氏) 등 망자의 영가천도와 정경부인 윤씨, 덕양군 등의 보체를 기원하며 1562년에 발원하여 함창 상원사에 봉안한 사불회도(도9)이다.

세로 90.5m, 가로 74㎝의 정사각형에 가까운 화면에 석가모니불·아미타불·약사불·미륵불 등 네 부처를 그렸는데, 네 부처를 한 화면에 그린 것도 희귀할뿐더러 채색과 형태, 문양 등에서 조선 전기 최고의 불화 중 하나라는 평가를 받고 있다.

화면의 향좌측 위쪽부터 시계 방향으로 아미타불과 약사불, 미륵불, 석가불과 권속들이 배치되었으며, 하단 양쪽에는 각 2구씩 사천왕이 배치되었다. 네 부처 모두 각각의 협시 및 권속들에 의해 둘러싸인 채 수미단 위 연화대좌 위에 결가부좌하였다. 아미타불의 옆으로는 여덟 보살(觀音菩薩·大勢至菩薩·文殊菩薩·普賢菩薩·彌勒菩薩·地藏菩薩·金剛藏菩薩·除障礙菩薩), 약사여래 옆으로는 일광보살, 월광보살과 약사십이신장이 각각 협시하였으며, 미륵불과 석가모니불의 옆으로는 20명의 불제자와 협시보살 및 범천, 제석천이 합장 또는 지물을 들고 협시하였다. 화면 아래쪽에는 사천왕이 합장한 채 무릎을 꿇고 공손한 모습으로 앉아 있다. 비록 화면은 크지 않지만 네 부처를 방위에 따라 배치한 후 아래쪽에 사천왕을 배치한 구성은 안정되면서도 탄탄한 구성력을 보여 준다.

화면 하단 중앙에는 붉은 바탕에 금니로 적은 장문의 화기가 적혀 있다. 가정 임술년, 즉 1562년(명종 17) 6월에 풍산정 이씨가 돌아가신 외할아버지 권찬과 정경부인 윤씨, 목사 박간 부부와 여 억춘, 남 이씨의 영가천도 및 할머니 숙원 이씨, 덕양군 부부, 성순 부부, 소주 박씨, 이백춘, 이경춘, 이연춘 등의 보체를 기원하며 서방아미타불 1점, 채화(彩畵) 사회탱 1점, 채화 중단탱 1점을 조성하여 함창 상원사로 보내 향화(香火)를 받들고 모두 불도를 이루기를 바란다는 내용이다.[27] 사불회

도는 조선 전기 왕실의 종친이 발원한 왕실불화의 대표적인 예로, 왕
실의 불교신앙을 잘 보여 주는 작품으로서 그 가치가 매우 높다.

27 화기: "嘉靖壬戌六月日豊山正李氏謹竭哀悼伏爲先考同知權贊靈駕淑媛李氏靈駕牧使朴諫兩位靈駕
女億春靈駕男李氏靈駕共脱生前積衆愆之因同證死後修九品之果現存祖母貞敬夫人尹氏保体德陽君
兩位保体成詢兩位保体小主朴氏保体李氏伯春保体李氏連春保体各難灾殃俱時無百害之灾日有千祥
之慶壽不中大黃金新畵成西方阿弥陀佛一幀彩畵四會幀一面彩畵中壇幀一面送安咸昌地上院寺以奉
香火云尔此功德普及於一切我等與衆生皆共成佛道", 『새천년 새유물전』(국립중앙박물관, 2000),
〈도판 59〉 및 184쪽 도판 설명 참조.

⑥ 문정왕후발원 불화

조선 전기에 제작된 왕실발원 불화 중 단연 주목할 만한 것은 문정왕후가 시주 발원하여 조성한 불화들이다.[28] 현재 문정왕후가 발원 제작한 불화는 모두 8점이 남아 있다. 그중 가장 이른 것은 1560년(명종 15)에 명종의 건강을 기원하며 제작한 영산회상도(도10)이다.[29]

이 불화는 세로 102㎝, 가로 60.5㎝의 자색 비단 바탕에 금선으로 그린 홍지금니불화(紅地金泥佛畫)이다. 본존을 비롯한 여러 권속들의 육신부에는 금분을 바르고 윤곽선은 가는 묵선으로 그렸으며, 머리카락 및 본존의 정상계주, 입술, 눈썹, 코와 턱의 수염 부분 등 극히 일부분에만 채색을 사용하였다. 화면 중앙에는 주존인 석가모니가 높은 대좌 위에 결가부좌하고, 그 좌우로는 협시보살을 비롯하여 10대 보살과 10대 제자·용왕 및 용녀·사천왕·팔부중(6구) 등 32구의 권속들이 본존을 빙 둘러싸고 있다. 화면 상부 중앙에는 커다랗고 화려한 반원형의 천개(天蓋)에서 좌우로 서기가 뻗어 나가며, 천개 좌우로는 시방제불이 괴운과 화문으로 장엄한 하늘에서 구름을 타고 내려오는 모습이 보인다.

석가모니는 오른쪽 어깨를 드러낸 편단우견의 착의법을 하고 오른손은 무릎 아래로 내리고 왼손은 무릎 중앙에서 손바닥을 위로 한 항마촉지인을 결하고 높은 대좌 위에 놓인 연꽃 위에 앉아 있다. 넓고 건장한 어깨에 안정된 무릎, 다소 긴 상체 등으로 인해 신체는 전체적으로

---

28 문정왕후의 발원불화에 대해서는 山本泰一, 「李朝時代文定王后所願の佛畫について—館藏藥師三尊圖を中心に」, 『金鯱叢書』 2(德川黎明會, 1975); 박은경, 「조선전기의 기념비적인 사방사불화: 일본 寶壽院 소장 〈약사삼존도〉를 중심으로」, 『美術史論壇』 7(한국미술연구소, 1998 하반기); 김정희, 「문정왕후의 중흥불사와 16세기의 왕실발원 불화」, 『美術史學研究』 231(한국미술사학회, 2001); 신광희, 「조선전기 명종 대의 사회변동과 불화」, 『美術史學』 23(한국미술사교육학회, 2009) 참조.

29 김정희, 「순금으로 그린 어머니의 마음—문정왕후발원 1560년작 영산회도」, 『한국의 고고학』 35호(주류성출판사, 2017), 134~137쪽 참조.

이등변삼각형을 이룬다. 머리에는 팽이모양의 육계와 뾰족한 정상계주가 표현되었으며, 둥근 얼굴에는 가늘게 치켜 올라간 눈, 아치형으로 뻗은 눈썹, 아주 작은 크기의 입술 등이 특징적이다. 전체적인 형태를 나타내는 부분에는 굵은 금선을 사용하고, 세부묘사는 가는 금선으로 세밀하게 묘사하는 기법은 의습선에서도 잘 드러난다. 법의에는 대원문과 국화문, 나선방형문 등의 다양한 문양이 가득하고, 승각기와 법의 가장자리는 나선원형문과 화문으로 장식되었다. 상·중·하 3단으로 이루어진 방형대좌에도 각 단마다 연화당초문, 모란당초문, 화문 등 다양한 무늬가 장엄되어 있다.

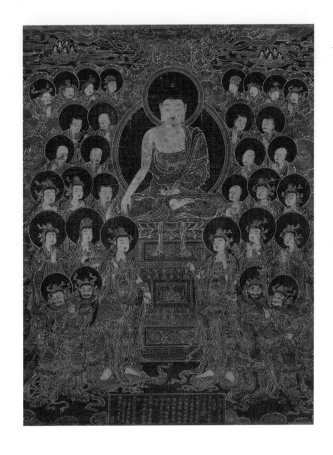

도10 영산회상도, 1560년, 홍지금니, 102×60.5㎝, 한국 개인 소장.
ⓒ 문화재청
(국외소재 문화재재단)

이 불화에서처럼 주존을 중심으로 좌우에 권속들을 좌우 대칭으로 구성하는 군도 형식은 미국 하와이 호놀룰루미술관에 소장된 영산회도(16세기) 및 1561년에 문정왕후가 발원한 약사불회도(도11)에서 볼 수 있다.

그림 하단에 금니로 적은 화기에는 가정 39년(1560)에 성렬인명대왕대비 전하, 즉 문정왕후가 주상 전하의 성수무병과 자손번창을 기원하며 순금의 영산회도 한 점을 조성한다는 내용이 기록되어 있다. 화기에 순금 영산회도 한 점을 조성한다고 되어 있듯이 이 불화는 자색 바탕에 오로지 금만을 써서 그렸다. 이처럼 채색은 거의 배제하고 단일한 바탕에 금니만을 사용하여 선묘 위주로 그린 그림을 순금화(純金畵) 또는 선묘불화(線描佛畵)라고 한다. 조선 전기에는 왕실을 중심으로 많은 순금화가 제작되어 순금화는 가히 조선 전기 불화, 그중에서도 16세기 왕실발원 불화의 한 특징을 이룬다.

1561년작 약사불회도 역시 명종의 수명장수를 기원하며 발원하였다. 약사여래와 일광보살, 월광보살 및 팔대보살, 약사십이신장 등 권속들을 함께 그렸는데, 화려하면서도 값비싼 금을 사용하여 제작한 왕실발원 불화의 특징을 잘 보여 준다. 화기에는 문정왕후가 주상 전하의 장수와 세자의 탄생을 기원하며 내탕금으로 약사여래도 5점과 진채화 2점 등 총 7점을 함께 그려 금전(金殿)에 안치했다고 기록되어 있어 당시 왕실의 불사가 얼마나 호화로웠는지 알 수 있다.

화면의 상단에는 반원형의 보개와 괴운(怪雲) 및 화문이 화면을 가득 메우고 있으며, 화면 하부 중앙에는 화기란이 구름에 둘러싸여 있다. 그 아래로 약사여래와 권속들이 좌우대칭으로 배치되었다. 약사여래는 여러 단으로 이루어진 수미대좌 위 연화좌 위에 커다란 광배를 배경으로 하여 결가부좌하였다. 사각형에 가까운 넓적한 얼굴에는 가는 눈과 올라간 눈꼬리, 작은 입 등 이목구비가 묘사되었으며 머리에는 뾰족한 육계가 높게 솟아 있다. 신체는 어깨가 넓고 각이 져서 전체적으로 건장한 느낌을 준다. 오른손은 가슴 앞에서 엄지와 중지, 약지를 맞대고 배 부분에 위치한 왼손에는 약함을 쥐었다. 법의 밖으로 노출된 오른발은 왼쪽 다리 위에 얹었는데, 발목 주위에 뾰족한 풀잎모양의 치견(侈絹)이 장식되었다.

도11 약사불회도, 1561년,
견본금선묘, 87×59㎝, 일
본 엔쓰지[圓通寺] 소장.

약사여래의 대좌 아래에는 일광보살과 월광보살이 본존을 향하여 두 다리를 약간 벌린 채 합장하고 서 있다. 좌협시인 일광보살의 보관에는 삼족오(三足烏), 우협시인 월광보살의 보관에는 절구 찧는 토끼가 각각 묘사되어 있다. 보살들은 얼굴에 비해 신체가 유난히 길어 보이는데, 이러한 특징은 15세기 왕실발원 불상과 불화에서도 볼 수 있어 전 시대의 전통을 그대로 이어받은 것으로 보인다. 협시보살의 뒤로는 십이신장상이 배치되었다. 신장들은 모두 갑옷에 투구를 쓰고 있는데, 화면 오른쪽 아래와 왼쪽 맨 위의 신장은 칼을 들고 있고 나머지 신장들은 합장을 한 채 약사여래 방향으로 몸을 틀고 있다. 이들 역시 금선묘로 유려하게 묘사되었다.

약사여래도를 발원한 다음 해, 문정왕후는 200여 점의 나한도를 발원하였다. L.A. 주립미술관에 소장된 향림사 제153덕세위존자도(德勢威尊者圖, 1562년, 도12)는 명종의 무병장수와 자손의 번창을 기원하는 목적으로 제작한 200점의 나한도 가운데 하나이다. 늘어진 소나무 가지 아래, 바위 위에 앉아 두루마리를 들여다보는 존자의 화려하게 꾸며진 가사에서 왕실불화의 모습을 볼 수 있다.[30]

두 손에 경권을 공손히 펼쳐 들고 소나무 아래에 걸터앉아 있는 나한의 향우측 상단에는 "제일백오십삼덕세위존자(第一百五十三德勢威尊者)"라는 묵서가 적혀 있어, 이 나한이 500나한 가운데 153번째 존자인 덕세위존자임을 알 수 있다. 금으로 만든 귀걸이를 착용한 나한의 얼굴에는 노나한으로서의 엄숙함과 고귀함이 엿보인다. 눈썹 하나, 머리카락 한 올까지도 세세하게 묘사하였으며, 금니의 원문이 장식된 가사

---

30 신광희, 「미국 L.A. County Museum of Art 소장 향림사 〈나한도〉」, 『東岳美術史學』 11(동악미술사학회, 2010), 261~284쪽.

와 신발 등에 부분적으로 붉은색을 칠한 것 외에는 모두 수묵으로 처리하여 차분하면서도 단정한 느낌을 준다. 나한에 보이는 차분한 필선과는 달리 화면 위로 길게 뻗은 소나무 가지와 바위 표면은 거칠게 표현되어 있어 상대적으로 대조를 이룬다. 이 나한도는 화면의 크기는 물론 나한만을 부각하여 그린 점, 구도 및 도상까지 고려시대의 오백나한도와 매우 유사하여 고려시대 나한도의 전통을 계승하고 있음을 알 수 있다.

무엇보다도 문정왕후의 열성적인 불사는 양주 회암사의 중수를 기념하며 제작한 400점의 불화에서 가장 잘 드러난다.[31] 1563년(명종 18) 명종의 외아들인 순회세자가 13세의 어린 나이로 요절하자 문정왕후는 명종의 무병장수, 왕비 인순왕후가 많은 아들을 낳아 왕실이 번영하고 순회세자가 다시 동궁에 태어나 원자가 되어 줄 것을 기원하며 1564년(명종 19)에 경기도 양주군 회암사의 재건을 계획하였다.[32] 이 공사는 1565년(명종 20) 4월에 완공되었고, 회암사에서는 낙성식을 겸하여 무차대회를 계획하였다.[33] 문정왕후는 회암사 중수를 앞둔 1565년

---

31 회암사 400탱에 대해서는 아래와 같은 논고가 참고된다. 熊谷宣夫, 「龍乘院藏 藥師三尊圖に就いて」, 『佛敎藝術』 69(每日新聞社, 1968); 山本泰一, 「李朝時代 文定王后所願の佛畵について—館藏 藥師三尊圖を中心に」, 『金鯱叢書』 2(德川黎明會, 1975); 홍윤식, 「조선 명종조의 불화제작을 통해서 본 불교신앙」, 『佛敎學報』 19(동국대학교 불교문화연구소, 1982); 박도화, 「조선조 약사불화 연구」, 『朝鮮朝 佛畵의 硏究—三佛會圖』(한국정신문화연구원, 1985); Kim, Hongnam, *The Story of a Painting—A Korean Buddhist Treasure from the Mary and Jackson Burke Foundation* (N.Y.: The Asia Society Galleries, 1991); 박은경, 「조선전기의 기념비적인 사방사불화—일본 보수원 소장 〈약사삼존도〉를 중심으로」, 『美術史論壇』 7(한국미술연구소, 1998); 노세진, 「16세기 왕실발원 불화의 연구」(동국대학교 석사학위논문, 2001); 박은경, 「회암사중수 경축불사—불화400탱」, 『묻혀 있던 조선 최고 왕실사찰, 회암사』(경기도박물관, 2003); 김정희, 「조선전반기 회암사의 왕실후원자와 왕실발원 미술」, 『회암사와 왕실문화』(회암사지박물관, 2015).

32 당시 회암사 중건의 전후 사정은 보우대사의 문집인 『懶庵雜著』의 「薦世子藥師精勤點眼法席疏」와 「檜巖寺重修慶讚疏」에 자세히 실려 있다.

33 『明宗實錄』 卷第31 明宗 20年 4月 5日條에는 무차대회를 중지시켰다는 내용과 함께 당시에 개최된 무차대회의 상황에 대하여 자세히 기록하고 있다.

(명종 20) 1월에 원주가 되어 명종의 병세 회복과 건강, 세자 탄생 등을 기원하며 석가·미륵·약사·아미타의 화상(畫像)을 각각 순금화 50점, 채색화 50점 등 모두 400점을 제작하여 회암사 중수 때 개안 공양하였다. 그러나 안타깝게도 무차대회를 하루 앞둔 4월 6일, "불교가 비록 이단이긴 하지만 조종조 이래로 있어 왔고 양종은 모든 승려들을 통솔하기 위해서 설립된 것이니 옛날처럼 그대로 두도록 하라"는 말을 내리고 타계하였다.[34]

문정왕후가 발원, 시주한 400점의 불화는 석가모니불과 아미타불, 약사불, 미륵불을 각각 100점씩 채색화와 금니로 그린 것으로, 이것이 바로 1565년(명종 20)에 일괄 조성된 회암사 400탱이다. 400점의 탱화 가운데 현재 남아 있는 것은 국립중앙박물관 소장의 약사여래삼존도(도13)를 비롯하여 일본 류조인[龍乘院] 소장 약사삼존도, 일본 호쥬인[寶壽院] 소장 약사삼존도, 일본 도쿠가와[德川]미술관 소장 약사삼존도 등 약사삼존도 4점과 일본 고젠지[江善寺] 소장 석가삼존도와 미국 버크(Burke)컬렉션 소장 석가삼존도(현 미국 뉴욕 메트로폴리탄 박물관) 등 석가삼존도 2점으로 총 6점뿐이다.

금니로 그린 것과 채색으로 그린 것이라는 차이는 있지만 불화의 도상은 6점 모두 동일하며, 크기 또한 세로 55㎝, 가로 30㎝ 정도로 거의 비슷하다. 또한 약사삼존도와 석가삼존도의 경우 각각 주존과 협시보살만 다를 뿐 본존과 협시로 구성된 삼존도 형식도 동일하다.

약사삼존도는 비단 바탕의 화면 중앙에 방형의 높은 수미단이 놓여 있고 그 위의 연화대좌 위에 약사여래가 결가부좌하였으며, 좌우에는

---

34 『明宗實錄』卷第31 明宗 20年 4月 6日條.

협시보살이 각각 시립한 삼존도의 구성을 보여 준다. 약사여래는 오른손을 가슴 앞으로 올려 첫째와 셋째 손가락을 마주 대고 있으며 왼손에는 약호를 들고 있다. 다소 긴 듯한 상체에는 대의를 입고 아래에는 군의(裙衣)를 입었는데, 군의를 묶은 두 가닥의 띠 매듭이 대좌 앞쪽으로 흘러내렸다. 여래의 좌우 아래쪽의 협시보살은 두 다리를 약간 벌린 채 본존 쪽으로 몸을 돌리고 서 있는데, 왼쪽 협시인 일광보살의 보관에는 삼족오, 오른쪽 협시인 월광보살은 절구를 찧는 토끼가 그려진 보관을 쓰고 있다.[35] 대좌는 수미단 모양으로 여러 단으로 구성되었으며, 각 단에는 칸마다 원권문, 국화문, 연판문이 장식되었다.[36]

높은 대좌 위에 결가부좌한 본존과 그 아래 좌우로 협시한 두 보살을 배치한 단순한 구도, 뾰족한 육계와 정상계주, 작은 이목구비, 허리가 긴 신체 등 공통된 양식을 보여 주고 있어, 이 불화들 역시 일련의 궁중화원들에 의해 그려졌음을 짐작게 한다.

현존하는 6점의 불화 모두 화면 좌우측 가장자리와 하단에 금으로 적은 화기가 남아 있다. 화기에 의하면 이 불화는 성렬인명대왕대비 전하, 즉 문정왕후의 발원으로 회암사 중수를 기념하며 1565년(명종 20)

---

35 국립중앙박물관 소장 약사여래삼존도는 일광보살과 월광보살의 보관장식이 서로 뒤바뀌어 있다. 이것은 동일한 도상을 반복적으로 그리는 과정에서 나타난 실수로 생각된다.

36 약사삼존도는 4점이지만 왕실발원 불화임에도 불구하고 寶壽院본을 제외하고는 모두 도상이 잘못되었다. 국립중앙박물관본과 德川美術館본은 협시보살이 잘못 배치되었고 日·月의 표지가 없으며, 龍乘院본은 도쿠가와 미술관본과 같이 본존이 약합을 들고 있지만 협시보살의 일·월의 표지가 없다. 당대 고승인 보우대사가 발문을 쓴 불화임에도 불구하고 무려 세 작품이나 도상학적으로 오류가 발생한 점은 쉽게 이해가 되질 않는다. 일본 如意寺 소장 금선묘 용화회도(1568)의 경우 미륵설법도의 도상이지만 본존의 손에 약합이 그려져 있어 일본에서 새로 그렸을 가능성이 제기된 바가 있다(정우택, 「조선왕조시대 전기 궁정화풍불화의 연구」, 139쪽). 그러나 국립중앙박물관본과 德川美術館본은 먼저 밑선 위에 금니선으로 윤곽선을 그린 뒤 존상의 머리와 약합에 채색을 하고 이후에 세부적으로 금니를 표현하였는데, 특히 약합과 각 보살의 보발은 채색 위로 금니선을 긋고 있어 如意輪寺본과 같이 후대에 새롭게 그려진 것은 아니라고 보고 있다.

도13　약사여래삼존도, 1565년, 견본금선묘, 54.2×29.7㎝, 국립중앙박물관 소장, 보물 제2012호.　ⓒ 문화재청

에 제작되었음을 확인할 수 있다. 화기에는 병약한 명종이 하루 빨리 왕자를 생산하길 바라는 간절한 바람이 잘 드러나 있는데, 그것은 명종의 외아들이던 순회세자가 1563년(명종 18)에 사망했기 때문이다. 이처럼 문정왕후에 의해 발원된 회암사 400탱은 회암사의 중수를 기념함과 동시에 외아들이던 명종의 건강 회복과 세자 탄생을 기원하는 문정왕후의 바람이 그대로 반영된 불사였다.

⑦ 자수궁정사 지장시왕도

숙빈 윤씨가 발원하여 자수궁의 사원인 자수궁정사(慈壽宮淨社)에 봉안했던 지장시왕도(도14)는 지장보살과 시왕 및 18가지의 지옥 장면을 한 화면에 표현한 작품이다. 윗부분에는 지장보살과 시왕을 비롯한 명부의 권속을, 아랫부분에는 18지옥에서 망자들이 벌을 받는 장면을 사실적으로 묘사하여 '지장보살본원경변상도' 또는 '지장시왕십팔지옥도'라고도 불린다.[37]

이 불화는 세로 209.5㎝, 가로 227.3㎝의 비단에 채색되었다. 상부에는 본존인 지장보살이 왼손에 보주, 오른손에 석장을 들고 대좌에 앉아 있고, 그 아래에 협시인 도명존자와 무독귀왕이 시립하였다. 보살의 좌우에는 시왕이 홀을 들고 서 있으며 판관과 옥졸, 갑옷을 입고 투구를 쓴 신장, 동자와 여인상 등이 둘러싸고 있다. 화면의 가장 윗부분에는 좌·우 3구씩 육광보살(六光菩薩)이 합장을 하고 서 있으며, 이들과

37 西上 實, 「地藏本願経変相図」, 『學叢』 5(京都國立博物館, 1983); 김정희, 「조선전기의 지장보살도」, 『講座 美術史』 4(한국불교미술사학회, 1992); 박은경, 『李朝前期仏画の研究—地藏菩薩画像を中心に』(九州大学大学院文学研究科博士学位論文, 1993); 정우택, 「조선왕조시대 전기 궁정화풍 불화의 연구」, 『美術史學』 13(한국미술사교육학회, 1999); 백은정, 「지은원소장 지장시왕18지옥도 연구」(동국대학교 석사학위논문, 2010); 백은정, 「지온인[知恩院] 소장 조선전기 〈지장시왕18지옥도〉 연구」, 『美術史學』 27(한국미술사교육학회, 2013).

도14　자수궁정사 지장시왕도, 1575~1577년, 견본채색, 209.5×227.3㎝, 일본 지온인 소장.

그 외 권속들은 구름으로 구분되어 있다. 육광보살을 비롯한 권속들은 좌우대칭으로 시립하고 있으며, 전체적으로 본존을 중심으로 타원형을 이루며 밀집하고 있는 구도를 취하고 있다. 지장보살은 승형의 머리에, 원형에 가까운 둥근 얼굴에 활 모양의 눈썹, 가늘고 길게 치켜 올라간 눈, 도톰한 입술 등이 특징적이다.

하단에는 예배·공양 장면과 18개의 방제가 달린 지옥장면이 묘사되어 있다. 지옥장면은 지옥문 안에 망자가 갇혀 있는 흑암지옥(黑闇地獄)을 비롯하여 눈과 추위로 고통받는 설산지옥(雪山地獄), 펄펄 끓는 가마 속에서 고통받는 확탕지옥(鑊湯地獄) 등 18지옥의 모습을 표현하였는데 섬세한 필치와 사실적인 묘사로 지옥의 고통스런 모습을 잘 보여준다.[38]

화기에는 숙빈 윤씨(淑嬪 尹氏)가 큰 서원을 세워 지장보살, 도명존자, 무독귀왕, 염라10성과 함께 18지옥을 그렸다고 적혀 있다. 또한 명종비 인순왕후의 명복을 빌기 위하여 비구니 지명(智明) 등이 참여하였으며, 시주자들이 재물을 각출하여 불화를 제작, 자수궁에 봉안하였다고 기록하였다. 이어서 지장보살의 이름을 듣거나 불화, 불상을 만들거나 예배하는 자는 천상에 태어난다는 공덕에 관하여 언급하며 숙빈 윤씨를 필두로 이 불화를 발원하였다는 내용과 인순왕후가 속세의 인연을 벗어나 도솔천으로 올라 극락에 도달하기를 바란다고 기록하였다. 다른 한쪽에도 화기가 적혀 있는데, 여기에서는 주상 전하[선조]·왕비 전하[선조비]·공의왕대비 전하[인종비]·덕빈 저하[순회세자빈] 등의 장수를 기원하였다. 즉, 이 불화는 인순왕후의 명복을 빌고 왕을 비롯한 왕실

---

38 이 불화와 동일한 도상을 갖는 작품이 일본 大福寺 및 京都國立博物館에 소장되어 있어 당시 이러한 도상이 유행했음을 알 수 있다.

의 장수를 기원하며 제작하여 자수궁에 봉안되었음을 알 수 있다.

이 불화의 봉안처인 자수궁은 주로 선왕의 후궁들이 거처하던 곳으로, 세종의 사망 후 문종이 세종의 후궁들이 지낼 거처를 마련하기 위해 무안대군의 거처를 수리하고 자수궁이라 하였던 데서 유래한다.[39] 성종 즉위 후에는 세조와 예종의 후궁을 자수궁으로 옮기게 하고 왕비였던 윤씨도 자수궁에 거처하도록 하였다. 후궁들이 머물면서 자수궁은 불당의 역할도 겸한 것 같다. 1494년(성종 25) 왕실 여성이 자수궁에서 불사를 크게 일으키고 향화를 일상으로 하여 불교 사찰화된 것에 대하여 조정에서 크게 비판한 기록이라든가 이 불화의 화기에 자수궁정사, 즉 자수궁의 절이라는 기록에서도 그러한 사실이 드러난다. 또한 연산군대에 자수궁을 비롯하여 수성궁, 창수궁 등 세 궁의 부처를 모두 다른 곳으로 옮겨 두게 하라는 기록 또한 자수궁이 불당의 역할을 했던 사실을 말해 준다. 연산군대에 일시적으로 황폐화되었던 자수궁은 중종 대, 특히 문정왕후의 수렴청정과 더불어 크게 중창되었다. 중종은 즉위 직후부터 자수궁을 재건하기 시작하였으며, 인종 대에도 자수궁에는 전대와 마찬가지로 비구니와 후궁들이 섞여 거주하였다. 이곳에 거주하는 여성 중에는 왕실 여성이 아닌 일반 비구니도 함께 있었으며, 예불과 불교 행사를 주관하는 사실상의 불당 역할을 수행하였다.

명종 즉위와 문정왕후의 수렴청정 이후 자수궁은 중건, 확장되었으며, 불교 의례도 활발히 거행되었다. 1554년(명종 9) 10월에는 자수궁

---

39 자수궁에 대해서는 김용국, 「자수궁과 인수궁」, 『鄕土서울』 27(서울특별시 시사편찬위원회, 1966), 3~38쪽; 양만우, 「이조 비빈 숭불 소고」, 『全州敎育大學論文集』 2(전주교육대학교, 1967), 81~103쪽; 김정희, 「조선시대 왕실불사의 재원」, 『講座 美術史』 45(한국불교미술사학회, 2015), 229~259쪽 참조.

내에 종루와 나한전을 증축하였고, 1557년(명종 12)에는 내수사에 있는 나무와 돌을 이용하여 자수궁을 수리할 것을 전교하였으며, 1563년(명종 18)에는 자수궁의 신축 공사가 이어졌다. 선조 대에 자수궁 소속의 비구니가 금강산에 불사를 올리다 적발된 기록을 보면 자수궁에는 여전히 비구니들이 거주하며, 때로는 다른 지역으로 불사를 나가기도 했던 것으로 보인다.

⑧ 약사십이신장도

이 작품은 약사삼존과 약사여래를 수호하는 약사십이신장을 그린 약사십이신장도(藥師十二神將圖, 도15)이다. 화기가 일부 박락되어 조성 연대는 알 수 없지만, '대비 전하'가 주상 전하의 장수복록을 기원하며 제작하였다.[40]

정사각형에 가까운 화면에는 약합을 든 약사여래가 높은 대좌 위에 결가부좌하고 있다. 여래의 좌우로는 여래를 향해 두 손을 모아 합장한 일광보살과 월광보살 및 갑옷에 투구를 쓰고 각종 무기를 든 약사십이신장이 대칭으로 배치되어 있다. 불·보살의 둥근 얼굴과 작은 이목구비, 뾰족한 육계, 건장한 어깨와 안정된 자세 등에서 16세기 왕실불화의 특징이 잘 드러나 있으며, 고려불화 못지않게 화려하고 정교한 금니의 문양과 섬세한 필선 등에서 조선시대 왕실불화의 품격을 엿볼 수 있다.

이처럼 이 불화는 조선 중기의 왕실발원 불화의 양식을 보이는 것으로 보아 조선 중기의 작품으로 추정되지만, 발원자가 대비 전하라고만 밝혀져 있어 누구를 가리키는지 명확하지 않다. 조선 중기 당

---

40 堀岡智明, 「ボストンン美術館藏 朝鮮佛畵について」, 『佛敎藝術』 83(佛敎藝術學會, 1972), 54~55쪽.

시 대비의 지위에 있었던 왕후는 왕대비 윤씨[문정왕후]와 공의왕대비[인종비 인성왕후], 의성왕대비[명종비 인순왕후] 등 3명인데, 왕대비 윤씨[문정왕후]는 1544~1545년 사이, 공의왕대비[인종비 인성왕후]는 1545~1577년, 의성왕대비[명종비 인순왕후]는 1567~1575년 사이에 각각 대비로 봉해졌으므로 이 불화는 대략 1544~1577년 사이에 제작된 것으로 추측할 수 있다.

화기에는 채화(彩畵) 석가수도회도(釋迦修道會圖) 2점, 지장보살도 1점, 순금 치성광회도(熾星光繪圖) 1점 등과 함께 이 불화를 조성했다고 기록되어 있다. 이 불화처럼 채화와 순금화가 같이 제작된 예는 문정왕후발원 약사여래도(1561)와 회암사 400탱(1565)에서도 볼 수 있다. 십이신장의 얼굴을 검은색으로 칠한 점이라든가 약사여래의 얼굴 형태, 붉은 대의를 오른쪽 어깨를 넓게 감싼 착의법, 3단으로 이루어진 화려한 대좌의 형태 등은 문정왕후발원 불화 및 보우대사 발원 청평사 지장시왕도(1562)와 매우 흡사하다. 뿐만 아니라 화기의 내용과 구성이 문정왕후가 발원하고 보우대사가 발문을 쓴 불화들과 동일하여, 이 불화의 화기 역시 보우대사가 쓴 것으로 추정된다. 따라서 이 불화는 적어도 문정왕후와 보우대사가 사망한 1565년(명종 20) 이전에 제작되었다고 본다. 그렇다고 한다면 이 불화를 발원한 대비 전하는 1565년(명종 20) 이전에 대비로 봉해진 왕대비 윤씨[문정왕후]와 공의왕대비[인종비 인성왕후]로 좁혀진다. 왕대비 윤씨[문정왕후]가 대비로 있었던 1544년(중종 39)은 아직 보우대사가 왕대비 윤씨[문정왕후]에게 발탁되기(1548) 이전이므로, 보우대사가 화기를 쓴 것으로 가정한다면, 이 작품은 공의왕대비[인종비 인성왕후]가 대비 전하로 봉해졌던 1545~1577년 중 보우대사가 활동했던 시기, 즉 1548~1565년 사이에 제작되었을 것이며, 따라서 이 불화의 발원자는 인성왕후로 추정된다.

⑨ 삼제석천도

일본 에이헤이지[永平寺] 소장 삼제석천도(三帝釋天圖, 도16)는 왕대비 혹은 대왕대비가 1483년(성종 14)에 주상 전하와 왕비 전하의 복을 기원하며 제작하였다. 이 작품은 제석천 3위가 함께 표현되었는데, 금자로 적은 화기에도 '삼제석(三帝釋)'이라 기록되어 있는 등 독존의 제석천상과는 도상 구성에서 차이를 보여 매우 흥미롭다. 화면 상단에는 봉황좌에 앉은 제석천 좌우에 번을 든 협시상이 각각 시립하고, 하단에도 제석천과 그 좌우에 번을 든 협시상이 좌우 측에 나란히 위치하고 있다. 제석천은 화려한 머리장식에 보관을 쓰고 가슴에는 화문과 주옥으로 장식된 화려한 영락장식을 드리운 모습으로 의자에 앉아 정면을 향하고 있다. 좌우에는 협시들이 배치되었는데 제왕을 비롯하여 일월천자, 천동상, 주악천인상, 당번(幢幡)과 천선(天扇)을 든 천인상들이 제석천을 에워싸고 있다. 제석천은 한쪽 손을 어깨까지 들어 올려 천선의 지지대 중간을 살짝 잡고 다른 손은 부채의 끝을 받치고 있다.

선성부원군 노사신(盧思愼, 1427~1498)이 발문을 쓴 화기는 앞부분이 지워져 확실하지는 않지만 "□□비 전하(□□妃殿下)가 왕과 왕비 전하 모두 복을 받고 대가 끊어지지 않기를 바라며 약사여래도와 치성광여래도·천수팔난관음도·십육성중도를 함께 그리고, 아울러 『약사경』과 『칠성경』을 각각 15건씩 모두 30건을 간행한다"고 적혀 있다. 이 불화가 조성된 1483년은 성종 14년이다. 따라서 화기에 기록된 왕은 성종이며, 왕비는 1479년(성종 10) 연산군의 생모 윤씨가 폐위된 뒤 11월에 계비가 된 정현왕후 윤씨(貞顯王后 尹氏)를 지칭한다.

이 불화를 발원한 '□□비 전하'는 누구일까. 성종 대에 왕대비로는 자성왕대비(정희왕후, 1418~1483)와 인수왕대비(덕종비 소혜왕후, 1437~1504), 인혜왕대비(예종비 안순왕후, ?~1498)가 있었다. 이 불화는 1483년(성종 14) 계묘년 맹춘, 즉 1월에 조성되었는데, 안순왕후는 1469년(예종 원년) 11월 28일, 예종이 승하함에 따라 선왕의 왕비이자 성종의 법모로서 인혜왕대비가 되었으며, 소혜왕후는 요절한 남편 의경세자가 1474년(성종 5) 덕종으로 추존되면서 인수왕대비가 되었다. 3명의 비 가운데 성종의 할머니인 자성왕대비와 모후인 인수왕대비가 불심이 매우 깊어 많은 불사를 행했기 때문에 손자 혹은 아들 내외

를 위해 복을 빌며 불화를 발원했을 가능성이 있다. 그러나 자성왕대비는 이 불화가 제작된 1483년(성종 14) 음력 3월 30일에 66세로 승하했기 때문에 아무래도 자성왕대비보다는 인수왕대비가 불화를 발원했을 가능성이 더 높다. 더구나 화기에 대가 끊어지지 않기를 바라며 불화 5점과 불경 30부를 인출했다는 내용이 있는데, 당시 성종에게는 이미 세자[연산군]가 있었으나 1479년(성종 10) 폐비 윤씨 사건이 일어난 후 인수대비가 세자[연산군]가 아닌 정현왕후와의 사이에서 태어날 새로운 손자[진성대군]가 성종의 뒤를 잇기를 바라는 마음에서 이 불화를 발원한 것으로 추정된다.

도16 삼제석천도, 1483년, 견본채색, 115,5×76,7㎝, 일본 에이헤이지 소장.

이 밖에 1435년(세종 17)에 조성된 것으로 추정되는 일본 지온지[知恩寺] 소장 관경16관변상도는 천태종사를 지냈던 행호(行乎)와 태종의 셋째 아들 온녕군 이정(溫寧君 李裎, 1407~1453)의 처 익산군부인 순천 박씨가 함께 발원하였으며, 일본 쥬린지[十輪寺] 소장 오불회도(15세기 후반)[41]는 화기 앞부분이 많이 훼손되어 정확한 조성연대를 알 수 없으나 왕비 전하가 발원한 것으로 추정된다.

41 오불회도를 1483년 삼제석천도 등의 양식과 유사한 15세기 말~조선 중기 초경의 작품으로 보고, 이 불화에 그려진 젊은 왕과 왕비를 성종과 그의 첫 왕비인 공혜왕후로 보고 불화의 발원자를 인수대비로 보는 견해도 있다. 강소연, 『잃어버린 문화유산을 찾아서』(부엔리브로, 2007).

3) 조선 후기, 말기

조선 후기는 임진왜란과 병자호란을 겪은 후 많은 사찰들이 중창 또는 중수되면서 불교미술이 새롭게 꽃을 피웠다. 왕실에서의 불사는 현저히 줄었지만 왕과 비빈, 대군 등의 원찰을 중심으로 불사 후원이 이루어졌다. 왕실에서는 당쟁이나 반정 등으로 인해 실추된 왕권의 회복과 열성조에 대한 효를 다하기 위하여 원당을 설치하고, 죽은 사람들의 영혼을 위무하고 극락왕생을 기원하며 기신재·천도재·수륙재 등을 성대히 개최하였다. 정조가 사도세자를 위해 건립한 능침사찰이었던 용주사는 조선 후기 왕실의 불사를 가장 잘 보여 주는 곳 가운데 하나다.

조선 말기는 1895년 명성황후시해사건, 1896년의 아관파천, 1897년 대한제국 성립, 1905년의 을사조약, 1907년 헤이그밀사사건 등으로 이어진 숨 가쁜 정국 속에서 서울 인근 사찰을 중심으로 왕실 불사가 성행하였다. 19세기에 들어 칠장사·흥천사·봉은사·망월사·불암사·고양 흥국사·수국사·개운사·진관사·청룡사 등 서울·경기 지역의 사찰을 중심으로 이루어진 왕실의 불사는 조선 말기 불교미술의 양적 성장뿐 아니라 질적 성장을 가져오는 데에도 크게 기여하였다. 불화에서는 금박이나 금니 같은 값비싼 안료를 많이 사용하였으며, 당시 궁중에서 애용하였던 민화 속에 등장하는 기물들이 그대로 반영되어 있어 왕실 취향의 불화 양식을 엿볼 수 있다.

이 시기 왕실 불사 가운데 특히 주목할 것은 왕비와 상궁들의 불사 후원이 두드러졌다는 사실이다. 현등사·보문사·견성암·용문사·봉은사·경국사·망월사·청룡사·불암사·전등사·청암사·직지사 등에는 명성황후, 순화궁 김씨, 엄비 등 왕비·후궁을 비롯하여 상궁들이 시주하고 발원한 불상, 불화들이 다수 전해 온다. 조선 말기 불교신도들은 여성들이 대부분이었고, 그중에서도 돈과 권력을 가진 왕실의 여성들은 불교와 불교미술의 든든한 후원자였다. 또한 조선 말기 왕실 불사의 특징은 주로 서울과 경기도 주변의 사찰을 중심으로 불사가 이루어졌다는 사실이다. 이 시기의 왕실 불사는 불상과 불화, 범종, 경전 간행 등 다양하지만 불화 불사가 압도적이다.[42] 그것은 불화 조성 불사의 제작 기간이 비교적 짧고 비용도 적게 들기 때문인 듯하다.

① 화엄사 영산회괘불도

화엄사 영산회괘불도(도17)는 1653년(효종 4)에 효종의 차녀 숙안공주(淑安公主, 1636~1673)와 부마 홍득기(洪得箕, 1635~1673) 부부의 시주로 조성되었다.[43] 24폭의 삼베를 이어 만든 세로 1,009㎝, 가로 731㎝에 이르는 대형의 화면에 항마촉지인을 결한 석가모니가 커다란 광배를 배경으로 권속들에게 빙 둘러싸인 채 연화대좌 위에 결가부좌하였다. 석가모니의 둥근 얼굴에는 눈과 코, 입이 큼직하게 그려져 있고 코와 턱 밑, 입술 아래에는 녹색의 가는 수염이 그려져 있으며, 뾰족하게 솟아오른 머리는 나발로 가득 차 있다. 오른발을 위로 하여 결가부좌한 자세는 안정감이 있으며, 오른손은 무릎 위에 놓아 손가락을 가지런히 아래로 향하고 왼손은 배 가운데로 들어 올려 엄지와 셋째 손가락을 맞대고 있다. 넓게 트인 가슴에는 녹색의 내의와 붉은색의 대의를 걸쳤는데, 왼손은 손목까지 옷이 덮어 내렸으나 오른손은 팔꿈치 아래가 그대로 드러나 있다. 대의의 가장자리에는 알록달록한 꽃무늬가 화려

---

42 현재까지 조사된 바에 의하면 서울 인근의 사찰에서 80여 건에 달하는 왕실 관련 불화가 조성되었음을 확인할 수 있는데, 특히 고종 대에 집중적으로 조성된 것이 특징이다.

43 김정희, 「벽암 각성과 화엄사 영산회괘불도」, 『講座 美術史』 52(한국불교미술사학회, 2019.6), 99~141쪽.

하다.

석가모니 좌우로는 화려한
보관을 쓰고 한 다리를 내린
편안한 자세의 문수보살과
보현보살이 시립하였다. 두
보살의 신광에는 아름다운
꽃무늬가 가득하며, 이들 위
로는 좌우에 각 5구씩 십대제
자가 배치되어 있다. 화면의
하단 좌우와 상단 좌우 모퉁
이에는 갑옷에 투구를 쓴 사
천왕이 칼, 용과 보주, 탑 등
을 들고 서 있다. 석가모니의
앞에는 꽃무늬가 가득한 덮
개로 치장된 불탁 위에 향로
와 공양물이 담긴 그릇이 놓
여 있어 마치 법회가 열리는
현장을 보는 듯하다. 이 모습

도17 화엄사 영산회괘
불도, 1653년, 마본채색,
1,009×731㎝, 전남 구
례 화엄사 소장, 국보 제
301호.

ⓒ 문화재청

은 바로 영산재의 주불인 석가모니의 설법 장면, 즉 영산회(靈山會)를 표
현한 것이다.

화면 중앙에는 붉은 바탕에 묵서로 화기가 적혀 있는데, 축원문에
이어 시주질이 적혀 있다. 시주질에는 괘불도 제작에 필요한 물품을
시주한 승속(僧俗) 65명의 이름이 열거되어 있는데, 그중 향낭시주(香囊
施主)[44]에 익평위양위(益平尉兩位), 즉 숙안공주 부부라고 적혀 있어[45] 이

들이 괘불도 조성 당시 향낭을 시주하였음을 알 수 있다.

②파계사 영산회상도

이 작품은 대구시 파계사 원통전의 후불화로 봉안되어 있는 영산회상도(도18)로서 영조(재위 1724~1776)가 연잉군(延礽君)이던 시절에 왕과 왕비, 세자의 만수무강을 위해 시주한 왕실불화이다.[46] 세로 길이가 340㎝에 달하는 거대한 비단 바탕에 큼직하게 배치된 석가모니를 중심으로 문수보살과 보현보살을 비롯한 육보살, 범천과 제석천, 사천왕, 십대제자, 타방불, 금강신, 사천왕이 좌우 대칭으로 묘사되어 있다.

커다란 주형(舟形) 광배를 등지고 수미좌 위 연화대좌에 결가부좌한 석가모니는 오른손을 아래로 내려 항마촉지인을 결하였으며, 양쪽 어깨에는 붉은 대의를 걸쳤다. 결가부좌한 두 무릎 사이로 늘어진 부채꼴의 옷자락에는 금니 바탕에 작은 원문이 시문되어 화려함을 더하며, 거신광배 가장자리에도 영락문과 화문이 화려하게 시문되었다. 좌우 협시인 문수보살과 보현보살은 각각 여의(如意)와 경책을 얹은 연꽃을 들고 본존을 향해 몸을 돌리고 서 있다. 그 뒤로는 관음보살과 대세지보살, 연꽃을 든 2구의 보살이 서로 마주 보고 서 있으며, 이들 옆으로 범천과 제석천이 합장한 채 서 있다. 보살과 천부상 위로는 합장하거나 지물을 든 10명의 제자가 상반신을 드러낸 채 석가모니를 향해 협시하였으며, 하단부에는 비파를 연주하는 다문천왕, 칼을 든 지국천

---

44 향낭시주는 말 그대로 향낭, 즉 불화의 상단이나 뒷면에 복장물을 넣어 봉안하는 복장낭을 시주한 사람을 뜻한다.

45 화기에 향낭시주가 적혀 있는 것으로 보아 화엄사 영산회괘불도에는 복장낭이 있었던 것으로 추정되지만 현재는 남아 있지 않다.

46 장희정, 「연잉군발원 파계사 석가모니불화의 고찰」, 『東岳美術史學』 5(동악미술사학회, 2004), 125~144쪽.

도18　파계사 영산회상도, 1707년, 견본채색, 340×254㎝, 대구 파계사 원통전 소장. 보물 제1214호.

왕, 용과 여의주를 든 증장천왕, 탑과 당을 든 광목천왕이 배치되었다. 이 불화는 17세기 후반~18세기 초반에 팔공산 자락에서 이름을 떨쳤던 의균(義均)이 수화승이 되어 조성하였다.

③ 불국사 영산회상도 및 사천왕벽화

불국사의 대웅전에 봉안된 영산회상도(도19-1)와 사천왕벽화(도19-2)는 1769년 영조의 딸 화완옹주(和緩翁主, 1737~1808)가 대시주가 되어 자신의 보체 및 상궁 김씨·시녀 정씨·차씨·김씨·이씨 등의 보체를 기원하며 조성하였다.[47] 영산회상도는 탱화로, 사천왕도는 벽화로 이루어진 독특한 구성을 보여 준다.

영산회상도는 세로 498㎝, 가로 447㎝의 정사각형에 가까운 화면에 여러 권속들이 본존 석가모니를 둥글게 에워싸고 있다. 석가모니는 원형의 두광과 신광을 지니고 대좌 위에 결가부좌하였으며, 머리에는 육계가 뾰족하게 솟아 있고 정상계주와 중간계주가 장식되어 있다. 건장한 신체에는 편단우견으로 붉은색의 법의를 걸치고 있으며, 둥근 얼굴에 가늘고 길게 뜬 눈과 활형의 눈썹, 작은 입술 등이 조화를 이룬다. 본존의 좌우로는 모두 10구의 보살들이 광배를 따라 아래위로 길게 늘어서 있다. 좌우협시인 문수보살과 보현보살은 각각 여의(如意)와 연꽃을 들었으며, 나머지 보살들은 합장하거나 연꽃을 들고 있다. 보살들

---

47 사천왕벽화에는 조성 연대가 적혀 있지 않지만 향좌측 벽화에 "良工比丘 抱冠", 향우측 벽화에 "良工 智瞻 有誠, 良工 有誠"이라고 적혀 있어 포관과 지첨, 유성이 함께 조성하였음을 알 수 있다. 지첨은 영산회상도의 수화사였으며 포관과 유성은 塗金良工 목록에 이름이 보이는 것으로 보아 사천왕벽화는 1769년에 영산회상도와 함께 제작된 것으로 추정된다. 영산회상도의 수화승인 지첨은 이 작품 외에 다른 화적이 확인되지 않아 활동 연대와 지역 등을 알 수 없다. 포관은 18세기 중반 통도사를 중심으로 활동하던 화승으로 통도사의 화승 임한과 함께 활동하였고, 1770년경 수화사가 되어 통도사 및 포항 보경사, 은해사 등의 불화를 제작하였다. 유성은 18세기 중후반에 경주 불국사에 거주하면서 안동 봉정사와 양산 통도사 등에서 불화를 제작하였다.

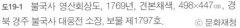

도19-1 불국사 영산회상도, 1769년, 견본채색, 498×447㎝, 경북 경주 불국사 대웅전 소장, 보물 제1797호.　ⓒ 문화재청

도19-2 불국사 사천왕벽화, 1769년, 토벽채색, 경북 경주 불국사 대웅전, 보물 제1797호.　ⓒ 문화재청

역시 본존과 마찬가지로 둥근 얼굴에 양감 있는 신체 표현이 돋보이는데, 일부 보살의 옷에는 화려한 금니의 봉황무늬가 그려져 있어 왕실발원 불화로서의 품격이 잘 나타나 있다. 보살의 위로는 화면 가장자리에 범천과 제석천이 합장하고 본존을 향하였으며, 석가모니의 좌우에는 아난존자와 가섭존자, 화면 상부에는 십대제자 중 여덟 존자와 2구의 타방불이 배치되었다. 제자들은 다른 권속들에 비하여 얼굴에 음영 표현이 강하게 드러나는데, 특히 가섭존자의 얼굴은 눈 주위를 비롯하여 이마와 코의 양쪽, 입 주변에 음영을 강하게 표현하여 입체감이 잘 드러나 있다.

　향좌측 벽화는 서방 광목천왕과 남방 증장천왕을 중심으로 금강신 2구와 용녀가 배치되었으며, 향우측 벽화는 동방 지국천왕과 북방 다문천왕을 중심으로 금강신 2구와 용왕이 배치되었다. 이 불화를 제작한 화승들은 18세기 중·후반 통도사와 봉정사 등 경상도 지역을 중심으로 활동하던 화승들로서, 특히 화려하면서도 차분한 색감과 안정적인 구도 등 경상도 지역의 화풍을 잘 보여 준다.

④ 흥천사 비로자나삼신괘불도

이 불화(도20)는 1832년(순조 32)에 순조와 순조비, 효명세자빈인 빈궁[훗날 조대비(趙大妃)], 효명세자의 아들인 세손[훗날 헌종] 등의 만수무강을 기원하며 정조의 딸 숙선옹주(淑善翁主, 1793~1836)와 부마 영명도위 홍현주(洪顯周, 1793~1865), 순조의 장인 영안부원군 김조순(金祖淳, 1765~1832), 순조의 장녀 명온공주(明溫公主, 1810~1832)와 부마 동녕도위 김현근(金賢根, 1810~1868), 셋째 딸 복온공주(福溫公主, 1818~1832)와 부마 창녕도위 김병주(金炳疇), 넷째 딸 덕온공주(德溫公主, 1822~1844), 상궁 최씨·서씨 등 공주와 종친, 상궁이 함께 시주하여 조성하였다. 서울·경기 지역에서 활동한 화담 신선(華潭 愼善) 등 17인의 화승이 제작하였다.

세로 556㎝, 가로 403㎝의 화면 상단에는 비로자나불과 노사나불, 석가불의 비로자나삼신불이 화면에 꽉 차게끔 배치되었으며, 중단에는 합장한 가섭존자와 아난존자, 하단에는 사자를 탄 문수동자와 코끼리를 탄 보현동자가 배치되었다.

이와 같은 도상은 19세기 서울·경기 지역에서 성행하던 괘불도 형식으로, 서울 봉은사 석가모니괘불도(1886) 및 봉국사 아미타괘불도(1892) 등과 동일한 도상을 공유하면서 상단 부분만 비로자나삼신불로 바꾼 것이다. 즉 앞 시대의 삼신불도상에 19세기 서울·경기 지역에서 성행한 가섭존자와 아난존자, 사자를 탄 문수동자와 코끼리를 탄 보현

동자를 결합한 것이다. 상단의 비로자나삼신불입상 중 노사나불이 여
래형으로 표현된 점은 경기도 청계사 비로자나삼신괘불도(1862)와 동
일하다. 비로자나불은 왼손을 오른손으로 감싼 특징적인 지권인을 하
고, 노사나불의 두 손은 가슴 앞으로 모아 설법인을 취하였으며, 석가
불은 왼손을 가슴 앞에서 엄지와 중지를 맞대고 오른손은 내렸다. 채
색은 적색·녹색·감색·황색·백색 등 밝고 은은한 파스텔톤이 지배적
이며 동자의 옷 등에 금이 약간 사용되었고, 문양 등 세부 묘사가 섬세
하여 왕실불화로서의 특징을 잘
보여 준다.[48]

⑤ 운수암 아미타불도 및 현왕도

1873년(고종 10)에 조성된 아미
타불도(도21)와 현왕도(도22)는 운
수암에서 관음보살상을 개금하
면서 조성한 3점의 불화 중 2점이
다.[49] 아미타불도는 대원군 부부
와 장자 이재면(李載冕, 1845~1912)

48 흥천사에는 이 불화 외에도 상궁들이 조성한
   극락전 아미타불회도(1867)가 전해 오고 있
   어, 조선 초 이래로 왕실의 원찰이었음을 알
   수 있다.
49 운수암 아미타불도와 현왕도의 화기에는
   1873년 6월에 관음존상을 개금하고 미타회
   1부, 옹호회 1부, 명부회 1부를 조성했다고
   적혀 있다. 이 가운데 미타회는 아미타불도,
   명부회는 현왕도를 지칭하는 것으로 생각되
   며, 옹호회는 신중도를 말하는 것으로 생각
   되나 현재는 남아 있지 않다.

부부, 이재면의 딸, 상궁 문씨와 김씨 등이 시주로 참여하였으며, 등삼 (等森)을 수화사로 하여 금곡 영환(金谷 永煥), 한봉 창엽(漢峰 瑲燁), 경월 긍엽(景月 亘燁) 등 19세기 후반 서울·경기 지역을 중심으로 활동하던 대표적인 화승들이 조성하였다.[50]

가로로 긴 화면에 하품중생인(下品中生印)을 결하고 연화대좌 위에 결 가부좌한 아미타불을 중심으로 관음보살과 세지보살을 비롯한 여섯 보살, 십대제자, 타방불, 사천왕 등이 좌우대칭으로 배치되었다. 가로 로 긴 화면, 흰색과 청색의 두드러진 사용, 사천왕의 과장된 몸놀림, 형 식화된 채운 등은 19세기 말 불화의 형식을 잘 보여 주는 한편 둥근 얼 굴에 세밀한 필선, 안정된 구도 등은 남양주 흥국사의 화승으로 19세 기 후반 서울·경기 지역의 불화화단을 이끌었던 영환과 창엽의 화풍 이 잘 드러나 있다.[51]

현왕도 역시 같은 화승들에 의해 제작되었다. 화면 중앙에는 왼쪽으 로 비스듬히 앉아 오른팔을 탁자에 기댄 자세의 현왕을 배치하고 좌우 에 4구의 성왕(聖王)과 판관, 녹사, 공양 천인과 동자를 대칭적으로 배 치하였다. 현왕은 책관을 쓰고 홀을 들었다. 이러한 형식은 남양주 흥 국사 현왕도(1846), 미타사 칠성전 현왕도(1899), 미타사 무량수전 현왕 도(1900) 등 19세기 후반 서울·경기 지역에서 유행한 현왕도와 거의 유 사하다. 금곡 영환이 미타사 칠성전 현왕도를 제작한 보암 긍법(普庵 亘 法), 미타사 무량수전 현왕도를 제작한 청암 운조(淸庵 雲照)와 함께 작

---

50 화기에는 "金魚 等森 金谷永煥 模像都料匠 漢峰 瑲暉 比丘兢燁"이라고 쓰여 있는데, 여기에서 模像 都料匠이라는 용어는 초본에 의해 존상을 그리고 색을 칠한 장인이라는 의미로 사용된 듯하다. 따 라서 등삼과 영환은 초본을 그리고, 모상과 채색은 창엽과 긍엽이 한 것으로 보인다.

51 금곡 영환과 창엽에 대해서는 김창균, 「19세기 경기지역 수화승 금곡당영환, 한봉당창엽 연구」, 『講座 美術史』 34(한국불교미술사학회, 2010), 107~140쪽 참조.

도21　운수암 아미타불도, 1873년, 견본채색, 158×229.5㎝, 경기
도 안성 운수암 소장.　　　　　　　　ⓒ 성보문화재연구원

도22　운수암 현왕도, 1873년, 견본채색, 106×103㎝, 경기도 안
성 운수암 소장.　　　　　　　　　ⓒ 성보문화재연구원

업한 적이 있어 이들의 공동 작업을 통해 초본이 전승되었을 가능성이
크다.[52]

　⑥ 봉은사 괘불도

　봉은사 괘불도(도23)는 1886년(고종 23)에 원통불사(圓通佛事)를 기념
하며 헌종의 후궁인 순화궁 김씨(順和宮 金氏)를 비롯한 여러 상궁들의
시주에 의해 조성되었다. 19세기 서울·경기 지역의 대표 화승 가운에
하나인 대허 체훈(大虛 體訓)이 출초하고 영명 천기(影明 天機)와 긍조(亘
照), 돈조(頓照)가 함께 제작하였는데, 세로 686㎝, 가로 394.5㎝의 거대
한 화면에 1불 2보살, 2제자만을 그린 간단한 구도를 취하였다.

52　김윤희, 「조선후기 명계불화 현왕도 연구」, 『美術史學硏究』 270(한국미술사학회, 2011), 67~95쪽;
　　김정희, 「조선후기 명부계 불화의 초본」, 『밑그림이야기―불화초』(동아대학교박물관, 2013), 266쪽.

중앙에는 석가모니불을 큼직하게 배치하고 왼쪽에 가섭존자, 오른쪽에 아난존자, 각각 사자와 코끼리 위에 올라타 있는 문수보살[동자형]과 보현보살[동자형]을 배치하였다. 여기에서처럼 화면을 압도할 만큼 큰 석가모니불 또는 삼세불을 중심으로 가섭존자와 아난존자, 문수동자와 보현동자 등을 배치한 간략한 구성은 흥천사 괘불도(1832)에서 시작되어 봉은사 괘불도(1886), 화장사 괘불도(1901), 연화사 괘불도(1901), 고양 흥국사 괘불도(1902), 미타사 괘불도(1915) 등으로 이어지는 19세기 후반~20세기 초반 서울·경기 지역의 전형적인 괘불도에서 많이 볼 수 있다.[53]

석가모니는 화형(花形)의 두광과 신광을 배경으로 정면을 향해 당당하게 서서, 오른손은 어깨 높이로 들어 올려 활짝 핀 백련을 들고 있으며 왼손은 가슴 가운데로 당겨 손가락을 맞대고 있다. 꽃을 들고 있는 석가모니의 모습은 석가모니가 연꽃을 들어 보이니 가섭존자만이 그 뜻을 알고 빙그레 웃었다는 염화시중(拈花示衆)을 상징하는 것으로,[54] 이 작품에 앞서 선석사 괘불도(1702), 용문사 괘불도(1705), 오덕사 괘불도(1768), 남장사 괘불도(1788), 개운사 괘불도(1879)[55] 등에서 볼 수 있다. 이후 이러한 도상은 화장사 괘불도(1901)로 이어졌다.

얼굴은 이마 부분이 넓고 턱 부분이 둥근 편으로 이목구비가 작게 묘사되었으며, 육계가 높고 뾰족하며 중간계주와 정상계주가 뚜렷하

---

53 조선 말기 서울·경기 지역의 괘불도 도상에 대해서는 유마리, 「조선후기 서울, 경기지역 괘불탱화의 고찰」, 『講座 美術史』 7(한국불교미술사학회, 1995), 21~53쪽; 이은희, 「조선말기 괘불의 새로운 도상 전개」, 『文化財』 38(국립문화재연구소, 2005), 223~284쪽 참조.

54 연꽃을 들고 있는 석가모니는 拈花佛이라고 불리기도 한다. 장충식, 「조선조 괘불의 양식적 특징」, 『芝邨金甲周教授華甲紀念史學論叢』(논총간행위원회, 1994), 667~674쪽.

55 개운사 괘불도의 제작에 참여한 태허 체훈과 萬波 頓照가 봉은사 괘불도의 조성에도 관여하고 있어 유사한 도상이 적용되지 않았나 생각된다.

다. 신체는 어깨가 넓고 건장한데, 안에 군
의를 입고 왼쪽 어깨에 붉은 대의를 걸친 후
대의자락을 오른쪽 어깨에 살짝 걸쳤다. 대
의에는 화형의 원문 안에 파도문이 정교하
게 그려진 황색의 문양이 그려져 있으며, 청
색의 내의에도 잔잔한 꽃문양이 시문되어
아름다움을 더한다.

화기에 의하면 1886년(고종 23) 5월 26일
원통불사(圓通佛事)를 시작하여 6월 5일에 회
향하였다고 한다. 원통불사는 관음보살과
관련된 불사이므로, 이 괘불도는 19세기에
활발하게 시행되었던 수월도량공화불사(水
月道場空花佛事)[56]와 관련하여 제작된 것으로
추정된다.[57]

⑦ 진관사 칠성도

한일합방이 이루어진 해인 1910년(순
종 3)에 조성된 진관사 칠성도(도24)는 고종과 순헌황귀비(純獻皇貴妃,
1854~1911)가 함께 시주하여 제작하였다. 이 불화는 현재 진관사 칠성
각의 후불탱으로 봉안되어 있는데, 가로가 긴 화면에 치성광불을 중심

도23 봉은사 괘불도,
1886년, 면본채색, 686×
394.5㎝, 서울 강남구 봉
은사 소장.

ⓒ 문화재청

---

56 수월도량공화불사는 중생들의 업장을 소멸해 주는 불사이다. 괘불도와 수월도량공화불사의 관련
  에 대해서는 이은희, 「조선말기 괘불의 새로운 도상 전개」, 262~271쪽 참조.
57 이러한 추정이 가능한 것은 봉은사 괘불도와 동일한 도상으로 제작된 화장사 괘불도(1901)의 발원
  문에 수월도량공화불사 때 괘불도와 팔상도를 함께 조성했다는 데에서도 봉은사 괘불도에 기록된
  원통불사는 바로 수월도량공화불사라고 볼 수 있다.

으로 칠성과 성군 등이 묘사되어 있다.

중앙의 청련화 위에 결가부좌한 치성광불은 붉은 법의를 걸치고 오른손은 가슴 부근에, 왼손은 무릎 위에 대었는데, 유난히 뾰족한 육계 위에는 원형의 정상계주가 표현되어 있다. 치성광불의 좌우에는 향우측에 4구, 향좌측에 3구 등 모두 7구의 칠성여래가 치성광불을 향하여 합장하고 서 있다. 7구 모두 붉은 법의를 입고 있으며 치성광불과 같이 뾰족한 육계가 돋보인다. 치성광불의 아래쪽에는 협시인 일광보살과 월광보살이 각각 금빛으로 칠해진 여의를 들고 붉은 해(일광보살)와 흰 달(월광보살)이 그려진 보관을 쓰고 본존을 시립하고 있다. 이들 옆으로는 도교식으로 표현된 칠원성군(七元星君)이 홀을 들고 서 있다. 붉은색이 두드러진 색감, 갈색과 백색을 이용한 얼굴 표현, 두터운 설채법, 두드러진 청색의 표현 등에서 20세기 초반의 불화 양식이 잘 드러나 있다.

화기에는 대시주 건명임자생이씨(乾命壬子生李氏), 곤명갑인생엄씨(坤命甲寅生嚴氏), 곤명갑술생이씨(坤命甲戌生李氏), 곤명갑오생윤씨(坤命甲午生尹氏), 동자정유생이씨(童子丁酉生李氏) 등의 이름이 적혀 있다. 여기에서 건명임자생이씨는 1852년 임자년에 출생한 고종을 가리키며, 곤명갑인생엄씨는 순헌황귀비 엄씨, 갑술생이씨는 순종, 갑오생윤씨는 순종비 윤씨, 동자 정유생이씨는 순종과 순헌황귀비의 아들 이은(李垠)을 지칭한다. 1902년(고종 39)에 조성된 청룡사 가사도의 화기에도 같은 내용이 적혀 있어 이 불화의 시주자가 고종과 순헌황귀비 등임을 알 수 있다. 청룡사 가사도에는 대황제 폐하, 황태자 전하 등으로 기록한 데 반하여 이 불화에서 건명임자생이씨 등으로 기록한 것은, 이 불화가 1910년 8월 25일의 경술국치가 얼마 지나지 않은 10월에 조성되었기 때문이다. 즉 경술국치 후 고종과 순헌황귀비 등이 예로부터 왕실의 원찰이었던 진관사에 불화를 시주, 발원하면서 일본의 눈을 피하기 위해 황제, 황태자 등의 호칭을 쓰지 않은 것으로 추정된다.

도24 진관사 칠성도, 1910년, 면본채색, 91.6× 153㎝, 서울 은평구 진관사 칠성각 소장.
ⓒ 문화재청

2. 왕실을 위해 발원한 불화

1) 고려시대

『고려사』에는 1169년 2월 유방의(劉邦義)와 진득문(秦得文) 등이 환관들과 결탁해 왕에게 잘 보이기 위하여 일삼아 절을 짓고 부처의 화상(畵像)을 그려 재를 차리고 왕의 수명을 기원하였다는 기록[58]이 있다. 또 충선왕 때의 공신인 조인규(趙仁規, 1227~1308)가 청계불사를 창건하고 임금을 위하여 복을 축원할 때 묘전(妙典, 묘법연화경)을 먹으로 쓰고 해장(海藏, 대장경)을 먹으로 인쇄하고 불상을 그림으로 그렸다는 기록[59]도 남아 있다. 이처럼 고려시대에는 왕실 혹은 국왕을 위하여 불화를 제작하는 경우가 빈번하였으리라고 생각되지만 문헌이나 작품으로 전하는

---

58 『高麗史』卷19 世家 卷第19 毅宗 23年 2月 己卯條.
59 「趙貞肅公祠堂記碑」(의왕 청계사소장); 李穀, 『稼亭集』卷3 記「趙貞肅公祠堂記碑」수록.

경우는 많지 않다.

①아미타내영도

왕실을 위하여 왕의 측근인 고위관료가 발원, 제작한 불화 중 가장 대표적인 작품으로는 염승익(廉承益) 발원 아미타내영도(도25)를 들 수 있다. 이 작품은 세로 203.5㎝, 가로 105.1㎝에 이르는 대형의 화면에 왼쪽을 향해 나아가는 아미타여래의 모습을 그렸다. 충렬왕의 총신이었던 봉익대부좌상시(奉翊大夫左常侍) 염승익이 발원, 제작하였으며, 현존하는 고려불화 중 가장 오래된 채색불화이다.[60]

세로로 긴 화면에 꽉 차게끔 크게 그려진 아미타불은 오른손을 앞으로 쭉 뻗으며 오른쪽을 향하여 얼굴을 돌리고 오른쪽 아래에 있는 무엇인가를 쳐다보는 듯한 자세를 취하고 있다. 연꽃이 활짝 핀 바닥에 견고하게 디디고 있는 두 발은 왼쪽을 향하고 있어 왼쪽을 향해 나아가다 얼굴을 돌려 오른쪽을 쳐다보는 듯하다. 이와 같은 자세는 일본 하기와라지(萩原寺) 소장 아미타내영도에서도 볼 수 있어 두 불화 간의 관련성을 생각게 하는데, 이 두 작품은 자세뿐 아니라 바닥에 그려진 연꽃, 옷을 입은 모습 등에서도 유사하다.

본존은 붉은색의 대의 아래 녹청색의 하의를 입고 있다. 붉은색 바탕에 금니의 화려한 보상화문이 그려진 대의는 오른쪽 어깨를 살짝 덮은 후 오른쪽 겨드랑이 밑을 지나 왼쪽 어깨를 덮은 특이한 착의법을 보여 준다. 전반적으로 자연스러운 화풍을 보여 주는 이 작품에서 오른쪽 겨드랑이 밑에서 왼쪽 어깨로 걸쳐 입은 대의자락은 앞으로

---

60 김정희, 「고려불화의 발원자 염승익고」, 『美術史學報』 20(미술사연구회, 2003), 135~162쪽.

쭉 뻗어 내민 오른손과 함께 다소 경직되고 어색한 느낌을 준다. 그러나 대의의 아름다운 금니 보상화문과 하의의 능숙한 필치로 그려진 운문, 잎맥까지 섬세하게 묘사한 연꽃 등의 표현기법은 이 불화를 그린 화가의 솜씨가 평범치 않았음을 여실히 드러내고 있다. 충렬왕과 왕비[齊國大長公主]의 측근이자 1281년(충렬왕 7) 자신의 집에 금자사경소를 설치할 정도로 권세가 막강하였던 염승익이 왕과 왕비의 복수무강을 기원하며 제작한 그림이라는 것을 생각해 본다면, 이 불화는 당시 최고의 화원이 그렸을 것임은 분명하다. 화기에는 "선사 자회필(禪師 自回筆)"이라고 적혀 있어 자회가 그림을 그린 것으로 추정된다.

② 아미타독존도

화려하게 장식된 대좌 위에 결가부좌한 아미타여래 1구를 그린 아미타독존도(도26)로서, 현재 일본 네즈[根津]미술관에 소장되어 있다. 대덕(大德) 10년(1306)에 제작되었으며, 세로 162.2cm, 가로 92.2cm의 비단바탕에 그려져 있다. 이 불화는 60여 점에 달하는 고려시대 아미타불화 가운데에서도 가장 뛰어난 작품 가운데 하나로 알려져 있다.[61]

본존인 아미타여래는 짙은 갈색바탕을 배경으로 금니의 원형 두광과 거신광 안에 결가부좌하였다. 머리는 육계가 낮고 넓적하며 육계 중간에는 중간계주가 표현되었는데, 계주의 가장자리에 금색이 칠해져 있어 마치 육계에서 빛이 퍼져 나오는 듯한 느낌을 준다. 얼굴은 사각형에 가까워 넓적하며 이마 부분이 약간 넓다. 가늘고 약간 치켜 올

---

61 김정희, 「1306년 아미타여래도의 시주 '권복수'고」, 『講座 美術史』 22(한국불교미술사학회, 2004), 45~63쪽.

도25　아미타내영도,
1286년, 견본채색,
203.5×105.1㎝, 일본 니
혼은행 소장.

라간 눈과 콧방울이 넓고 큼직한 코, 굳게 다문 입술, 길고 큼직한 귀 등은 아미타불의 위엄 있는 모습을 잘 나타내고 있다.

장대하고 큼직한 신체는 특히 어깨가 넓어 안정된 느낌을 준다. 양 어깨에는 금니의 식물문이 화려하게 시문된 붉은 법의를 걸쳤는데, 아미타불이 앉아 있는 연화대좌 위에까지 옷자락이 길게 늘어져 있다. 통견의 법의 안에는 승각기를 수평으로 걸쳐 입고 그 위로 녹색의 군의를 입은 후 위에 붉은 법의를 걸쳤으며, 왼쪽 가슴 부분에서 금구장식으로 내의를 묶었다. 법의에 그려진 꼼꼼하면서도 세밀한 금니의 문양은 고려불화의 화려하면서도 정치한 기법을 어김없이 보여 준다.

수인은 오른손은 가슴 안쪽으로 들어서 첫째, 셋째 손가락을 맞대고 왼손 역시 배 부분으로 당겨 첫째, 셋째 손가락을 마주 잡은 아미타구품인을 결하였다. 외장한 오른손 손바닥에는 법륜, 넓게 틔운 여래의 가슴 한 가운데에는 금니로 卍자문이 그려져 있는데, 卍자는 고려불화에서 흔히 보이는 좌우가 바뀐 모습이다.

이 불화의 하단, 아미타불이 앉아 있는 대좌 좌우에는 금니로 "伏爲皇帝萬年三殿行李速還本國之願新畵成彌陀一幀(향우측), 施主 權福壽 法界生生兼及己身超生安養 同願道人戒文同願朴孝眞 大德十年(향좌측)"이라는 화기가 적혀 있다. 대덕 10년(1306)에 황제의 만수무강을 기원하고 세 전하가 속히 본국으로 돌아오기를 바라며 새로 아미타도 1점을 그려 완성하였는데, 시주는 권복수(權福壽)이며 법계중생들과 자신의 몸이 함께 극락에 태어나기를 바라면서 도인 계문 및 박효진과 함께 발원하였다는 내용이다. 시주자인 권복수는 『고려사』를 비롯한 고려시대 문헌기록에는 보이지 않지만, 이 불화의 격조라든가 불화의 명문 내용으로 보건대 당시 유력한 권문세족으로 성장하였던 안동 권씨 가

도26 아미타독존도, 1306년, 견본채색, 162.2×92.2㎝, 일본 네즈 미술관 소장.

문의 권부(權溥, 1262~1346)로 추정된다.[62]

2) 조선 전기

① 청평사 지장시왕도

이 지장시왕도는 1562년에 청평산인(淸平山人)이 명종과 인순왕후, 문정왕후, 인성왕후, 세자[暊], 세자빈[德嬪] 등 궁중일가의 성수를 기원하며 제작한 것으로(도27), 일본 고묘지(光明寺)에 소장되어 있다.[63] 세로 94.5cm, 가로 85.7cm의 거의 직사각형에 가까운 비단 바탕에 그려졌는데, 중앙에 지장보살을 중심으로 도명존자와 무독귀왕, 시왕이 시립한 간단한 구도이다.

지장보살은 결가부좌한 좌상으로 오른손은 엄지와 셋째, 넷째 손가락을 맞대고 무릎 위에 올려 놓았으며, 왼손은 어깨 부근까지 올려 손바닥을 밖으로 하였으나 지장보살의 특징적인 지물인 보주나 석장을 들지 않았다. 원형에 가까운 동안의 얼굴에는 눈에 띄게 작아진 이목구비가 한가운데로 몰려 표현되었는데, 이것은 당시 왕실발원 불화의 공통된 특징으로서 이 불화 역시 왕실화원들에 의해 제작된 것임을 보여 준다. 도명존자와 무독귀왕은 콧날과 이마를 흰색으로 강조하여 입

---

62 권복수를 권부의 아버지 權㫜(1228~1311)으로 보는 견해(井手誠之輔, 「高麗佛畵の世界-宮中周邊における願主と 信仰」, 『日本の美術 3』 No.418, 至文堂, 2001.3, pp.92~94) 또는 권부의 아들 權載(1296~1349)로 보는 견해(문명대, 「1306년 작 계문발원 근진미술관 소장 아미타독존도의 종합적 연구」, 『講座 美術史』51, 한국불교미술사학회, 2018, 259~279)도 있다. 權溥는 권부 또는 권보로 읽는다.

63 이 불화에 대해서는 홍윤식, 「조선 명종조의 불화제작을 통해 본 불교신앙」, 『佛敎學報』19(동국대학교 불교문화연구원, 1982); 김정희, 「조선조 명종 대의 불화연구—청평사 지장시왕도를 중심으로」, 『歷史學報』110(역사학회, 1986); 박은경, 「尾道市光明寺所藏地藏十王圖」, 『デ·アルテ』8(九州藝術學會, 1992); 박은경, 「조선시대 15·6세기 불교회화의 특색—지장시왕도를 중심으로」, 『石堂論叢』20(동아대학교 석당학술원, 1994); 신광희, 「조선전기 명종 대의 사회변동과 불화」, 『美術史學』22(한국미술사교육학회, 2009) 등 참조.

도27 청평사 지장시왕도, 1562년, 견본채색, 94.5×85.7㎝, 일본 고묘지 소장.

체감을 표현하였다. 이러한 기법은 일본 사이호지[西方寺] 소장 지장보살도(16세기)라든가 이야다니데라[彌谷寺] 소장 지장보살도(1546)에서도 볼 수 있는 이 시기 인물 표현의 특징이다. 또한 무독귀왕은 운룡문이 수놓아진 관복을 입고 원유관을 쓴 제왕의 모습으로 표현되어 있는데, 이 또한 이 불화가 왕실화원들에 의해 그려졌음을 암시한다.

본존의 대좌 아래의 붉은색 화기란에 금니로 쓰인 화기에는 1562년에 청평산인 나암(懶庵)이 주상 전하 및 왕비, 성렬인명대왕대비 전하(聖烈仁明大王大妃殿下), 공의왕대비 전하(恭懿王大妃殿下), 세자 저하, 덕빈 저하 등 왕실 일가의 성수를 기원함과 동시에 불법이 널리 행해지기를 바라는 마음에서 시왕도탱(十王都幀) 한 폭을 청평사에 봉안했다고 적혀있다. 이 불화의 원주이며 화기의 필자인 나암은 바로 문정왕후와 함께 조선 중기 불교 중흥을 이끌었던 허응당 보우(虛應堂 普雨)이다.

보우대사가 명종과 인순왕후, 문정왕후, 인성왕후, 세자와 세자빈 등 왕실 일가의 성수를 기원하며 제작한 이 불화는 한때 권력의 가운데 있었던 보우대사의 위력을 보여 주듯 황금을 사용한 화려한 채색과 16세기 왕실불화 양식이 잘 드러나 있다.

② 사라수탱

일명 안락국태자전변상도(安樂國太子傳變相圖)라고 알려진 이 불화(도28)는 『월인석보(月印釋譜)』(1477) 권8에 나오는 안락국태자전을 저본으로 해서 그린 것으로, 서천국의 사라수왕(沙羅樹王)과 왕비 원앙부인(鴛鴦夫人)이 출가하여 겪게 되는 불행한 이야기를 소재로 하였다. 1576년(선조 9)에 제작되었으며, 세로 108.8cm, 가로 56.8cm으로 현재 일본 세이잔분코[青山文庫]에 소장되어 있다.[64]

화면에는 안락국태자가 아버지를 찾아가는 과정이 총 26개의 장면으로 묘사되어 있다. 향우측 하단 서천국 사라수대왕의 궁전에서 시작하여 상단 향좌측 범마라국의 광유성인 장면으로 이어지면서 다시 중간 왼쪽의 자현장자의 집, 오른쪽 위 사라수대왕과 안락국태자의 만남으로 이어지다가 용선접인(龍船接引) 장면을 마지막으로 원앙부인과 안락국태자가 극락왕생하는 장면으로 끝을 맺고 있다. 화려한 채색과 치밀한 묘법, 섬세한 문양 등은 16세기 왕실발원 불화의 특징을 잘 보여준다. 각 인물들의 표현은 금니로 칠해진 아미타여래를 제외하고는 모두 갈색으로 칠하였으며, 이마와 콧잔등, 턱에 흰색을 칠하여 입체감을 표현하였다.

화면의 상부에는 금니의 화기가 적혀 있다. 1576년(선조 9)에 비구니 혜국(慧國, 또는 혜원[慧圓])과 혜월(慧月) 등이 사라수탱이 낡은 것을 보고 궁중에서 약간의 재물을 얻어, 주상 전하[선조]와 왕비 전하의 복록장수, 세자 저하의 탄생을 기원하고, 공의왕대비 전하와 덕빈 저하, 인종의 후궁 혜빈 정씨(惠嬪 鄭氏) 등의 장수와 보체를 기원하며 제작했다는 내용이다. 여기에서 불화의 제작을 발원한 혜국(또는 혜원), 혜월 등 비구니가 누구인지는 알 수 없으나 "궁중에서 재물을 얻어 불화를 조성하였다"고 한 것으로 보아 왕실과 밀접한 관계가 있었던 것은 확실하다. 이들은 아마도 궁궐 내의 대표적인 비구니절이었던 인수궁(仁壽宮) 또는 자수궁(慈壽宮)의 비구니였을 것으로 추정된다.

---

64 사재동, 「안락국태자전연구」, 『語文硏究』 5(어문연구회, 1967); 김정교, 「조선초기 변문식불화—안락국태자경변상도」, 『空間』 208(공간사, 1984); 허상호, 「조선 후기 기림사 사라수왕탱 도상고」, 『東岳美術史學』 7(동악미술사학회, 2006) 등 참조.

도28 사리수탱, 1576년, 견본채색, 108.8×56.8㎝, 일본 세이간분쿠 소장.

③ 아미타정토도

1582년에 비구니 학명(學明)이 인종의 후궁인 혜빈 정씨의 수명장수와 인종 및 인종비 인성왕후, 찬의(贊儀) 정씨의 영가천도, 세 전하[선조·선조비·세자]의 성수를 기원하며 제작한 금선묘 아미타정토도(도29)로서, 일본 라이고지[來迎寺]에 소장되어 있다.[65] 화면은 크게 상하로 나뉘었는데, 상단에는 아미타불이 협시보살, 10대 제자, 보살권속을 거느리고 설법하는 모습이 묘사되어 있다. 이들 주변으로는 보각과 연지, 극락조 등이 그려져 있어 아미타극락정토세계를 나타내고 있다. 하단에는 바다 위 용선(龍船) 위에 아미타불과 팔대보살이 줄지어 서 있는 모습이 그려져 있다. 아미타불과 팔대보살 아래, 즉 아미타불이 손끝으로 가리키는 곳에는 합장하고 앉아 있는 여인의 모습이 보이며, 용선 앞머리 부근에는 두 손을 머리 위로 들어 올린 인물이 보인다. 화기에서 1582년(선조 15) 혜빈 정씨의 수명장수를 기원하며 불화를 발원했다고 한 것으로 보아 아미타불이 가리키는 곳에 앉아 있는 인물은 혜빈 정씨를 묘사한 것으로 추정되며, 용선 앞머리의 인물은 극락을 향해 배를 몰고 가는 인도자인 듯하다. 또 학명이 재물을 내어 순금의 서방구품용선접인회도(西方九品龍船接引會圖)를 제작했다고 한 것으로 보아 이 불화는 용선을 타고 서방극락으로 접인하는 모습을 그린 것임을 알 수 있다.

학명 역시 누구인지는 알 수 없으나 혜국(또는 혜원), 혜월 등과 같이 니원의 비구니였을 것이다. 발원 대상자인 혜빈 정씨는 인종의 후궁으로, 인종 사후 별원에 들어가 비구니와 다름없는 생활을 했다는 기록

65　정우택, 「내영사 아미타정토도」, 『佛教美術』 12(동국대학교박물관, 1994), 51~71쪽.

도29 아미타정토도,
1582년, 견본금선묘,
115.1×87.8㎝, 일본 라이
고지 소장.

이 남아 있어 후궁들의 귀의처였던 자수궁에 기거했을 가능성이 크다.
따라서 이 불화는 자수궁의 비구니였던 학명이 혜빈 정씨의 수명장수
를 기원하면서 발원한 것으로 추정된다.

3) 조선 후기, 말기

① 봉선사 비로자나삼신괘불도

경기도 남양주 봉선사에 전해 오는 괘불도(도30)는 1735년(영조 11)에 상궁 이성애(李性愛)가 숙종의 후궁 영빈 김씨(寧嬪 金氏, 1669~1735)의 명복을 빌며 제작하였다.[66] 세로 144.4㎝, 가로 95㎝의 종이를 각각 세로 폭에 6매씩, 가로 폭에 5매씩 총 30매를 이어 붙여 만든 것으로, 비로자나불, 석가모니불, 노사나불이 주축이 되어 그려진 삼신불 형식을 취하고 있다. 전체적으로 상하 2단 구도로 나뉘어져 있으며, 화면 상단의 화염광배 안으로 법신 비로자나불과 보신 노사나불, 화신 석가모니불이 전 화면에 꽉 차게 배치되었다. 비로자나불은 지권인을 결하였으며, 비로자나불 왼쪽으로는 보관을 쓴 보살형의 노사나불이 양손을 어깨까지 올려 설법인을 취하고 있다. 오른쪽에는 엄지와 중지를 맞댄 채 왼손을 가슴까지 올리고 오른손을 배에 두어 설법인을 결한 석가모니불이 서 있다. 화면 하단에는 6대보살·제석·범천·10대제자를 비롯하여 각종 악기를 연주하고 있는 천인들과 설법을 경청하는 인물 등이 배치되었다. 맑은 담채의 황색·청색·양록색·녹색·하늘색 등 밝고 화사한 색, 대담하며 능숙한 묵선으로 묘사된 인물들의 움직임과 옷자락의 자연스러운 주름 표현, 힘찬 동세 등이 전체적으로 조화를 잘 이루고 있어 왕실불화의 높은 수준을 보여 준다.

영빈 김씨는 숙종의 후궁으로 청음(淸陰) 김상헌(金尙憲, 1570~1652)의 현손녀이자 성천부사 김창국(金昌國, 1644~1717)의 딸로, 숙종의 다른 후궁인 희빈 장씨나 숙빈 최씨 등과는 달리 명문가의 여식으로서 정식

66　고승희, 「양주 봉선사 삼신불괘불도 도상 연구」, 『講座 美術史』 38(한국불교미술사학회, 2012), 309~324쪽.

간택되어 입궁한 후궁이
었다. 입궁 후 3개월 만인
1686년(숙종 12) 소의(昭儀)
로 진봉되고 같은 해 귀인
(貴人)에 봉해졌다. 1689년
(숙종 15) 4월, 왕의 동정을
염탐하여 궁중의 기밀을 친
정에 알리고 이모부 홍치상
(洪致祥)과 작당하여 희빈 장
씨의 어머니와 조사석(趙師
錫)에 대한 유언비어를 날
조해 유포한 죄로 폐출되었
다가[67] 1694년(숙종 20) 인현
왕후가 왕비로 복위하면서
다시 귀인으로 복위하였다.

1701년(숙종 27) 8월 인현왕후가 승하하고 1702년(숙종 28) 9월 인원왕후
김씨가 계비로 입궐하면서 정1품 영빈(寧嬪)에 봉해졌으며,[68] 1735년(영
조 11)에 67세의 일기로 사망했다.[69] 이 불화는 영빈 김씨가 사망하던
해 그의 명복을 빌기 위해 제작되었다. 따라서 발원자인 상궁 이성애
는 영빈을 가까이서 모시던 상궁이었을 것으로 추정된다.

---

67 『肅宗實錄』卷第20 肅宗 15年 4月 24日條.
68 『肅宗實錄』卷第37 肅宗 28年 10月 18日條.
69 『英祖實錄』卷第40 英祖 11年 1月 12日條.

② 청계사 비로자나삼신불괘불도

이 괘불도는 상궁 차씨가 왕[철종]과 왕비[철인왕후 김씨(哲仁王后 金氏)]의 만수무강을 기원하며 1862년(철종 13)에 시주, 조성하였다(도31). 세로 600㎝, 가로 330㎝에 달하는 화폭에 법신 비로자나불과 보신 노사나불, 화신 석가모니불 등 삼신불만을 그린 비로자나삼신괘불도이다. 삼존은 모두 여래형으로, 중앙의 비로자나불은 두 손을 모아 가운데 손가락을 맞댄 지권인을 취하였다. 석가모니불은 오른손은 아래로 길게 내리고 왼손은 가슴 부근으로 올려 첫째와 셋째 손가락을 맞잡고 있으며, 노사나불은 두 손을 어깨높이로 들어 올려 첫째와 셋째 손가락을 맞댄 채 밖으로 벌린 설법인을 취하고 있다. 삼신불을 표현하면서 이 불화에서처럼 3존 모두 여래형으로 표현한 것은 홍천사 괘불도(1832)와 백련사 괘불도(1868), 수국사 괘불도(1908) 등에서도 볼 수 있다.

이마가 넓고 턱 부분이 갸름한 역삼각형의 얼굴에 가늘고 길게 뜬 눈과 큼직한 코, 두터운 입술 등에서 다소 경직된 모습을 보여 주지만 가는 선묘를 이용한 윤곽선의 구사라든가 얼굴에 비해 약간 짧은 듯하지만 균형 잡힌 신체의 비례감 등 전체적으로 안정감이 있다.

이 괘불도는 화승인 화남 총선(化南 摠善)과 윤익(潤益)이 조성하였다. 수화승 총선은 이 작품 외에는 알려진 작품이 없지만 윤익은 1880년대부터 1905년까지 강화도 전등사·정수사·남양주 홍국사·불암사·봉은사·봉원사 등 서울·경기 지역에서 활발하게 활동했다. 시주자인 상궁 차씨는 법명을 밝히지 않아 누구인지 정확히 알 수 없지만 괘불도를 시주할 만큼 경제적으로도 부유하고 신심이 강했으며 주상 전하와 왕비 전하의 만수무강을 기원하고 있다는 것에서 볼 때, 왕과 왕비

를 가까이에서 모시는 상궁이었을 가능성이
높다.

③ 남양주 흥국사 대웅전 지장시왕도

1868년(고종 5)에 김실상화(金實相花)와 노경
련화(盧景蓮花), 홍청□화(洪淸□花), 장□광화
(張□光花), 김도덕심(金道德心), 박□화(朴□華)
등 6명의 상궁이 뜻을 모아 왕대비 효정왕후
의 건강과 안녕을 기원하며 발원, 조성하였
다(도32).

중앙에 지장보살 삼존을 배치하고 시왕과
판관·동자·옥졸·지옥장군 등을 화면 가득
배치하였는데, 시왕이 의자에 앉은 모습이 이
례적이다. 이러한 도상의 지장시왕도는 19세
기 후반 서울·경기지역의 화승들이 즐겨 그
리던 것으로 지장보살의 신광 부분을 금색으
로 칠하여 화려함을 더하였다.

이 불화의 발원대상인 효정왕후는 1844년
(헌종 10) 헌종의 정비인 효현왕후가 승하하
자 계비로서 중궁에 책봉되었으나 5년 뒤인
1849년(헌종 15)에 남편 헌종이 승하하고 철종
이 즉위하자 19세의 어린 나이로 대비가 되었
으며, 1857년(철종 8) 시조모 대왕대비 순원왕
후가 승하하자 왕대비가 되었다.

도31 청계사 비로자나삼신불괘불도, 1862년, 견본채색, 600×
330㎝, 경기도 하남시 청계사 소장.　　ⓒ 성보문화재연구원

도32 흥국사 지장시왕도, 1868년, 견본채색, 170,3×199,4㎝,
경기도 남양주 흥국사 대웅전 소장.　　ⓒ 성보문화재연구원

④ 불암사 삼세불괘불도

불암사 삼세불괘불도(도33)는 18
95년(고종 32) 고종의 명을 받은 상궁
엄씨와 강씨가 고종과 왕태자[순종],
왕태자비[순명효황후] 및 대원군의 수복
강령을 기원하고 그해 여름 사망한 명
성황후가 극락세계에 상품상생으로
태어나기를 기원하며 제작하였다.[70]

세로 573cm, 가로 346cm로 괘불도로
서는 크지 않은 편이며, 삼존불만을 간
단하게 배치하였다. 화면 중앙에는 두
손을 가슴 앞으로 모아 연꽃을 든 석가
모니불이 정면을 향해 서 있다. 향좌
측에는 오른손을 길게 늘어뜨리고 왼
손을 가슴 앞으로 들어 손가락을 마주
잡은 아미타불, 향우측에는 두 손을 배
앞으로 모아 붉은 약합을 든 약사불이
화면에 꽉 차게끔 큼직하게 묘사되었

도33 불암사 삼세불괘
불도, 1895년, 면본채색,
573×346cm, 경기도 남양
주 불암사 소장.
ⓒ 문화재청

다. 삼존의 배치는 중앙에 석가모니불보다 아미타불과 약사불이 앞으
로 나오고 본존이 뒤쪽으로 물러난 배치인데, 이러한 기법은 19세기 서
울·경기 지역 불화에서 많이 볼 수 있는 특징 가운데 하나이다.[71]

---

70 화기에는 "先皇后陛下辛亥生閔氏仙駕往生蓮花世界上品上生之大願"이라고 적혀 있는데, 여기서 신
    해생 민씨는 바로 그해 8월에 사망한 명성황후 민씨를 지칭한다.
71 원통사 괘불도(1806), 청계사 괘불도(1862), 구 한국미술박물관 소장 괘불도(1882), 봉원사 괘불도
    (1901), 남양주 흥국사 괘불도(1902) 등에서도 볼 수 있다.

삼존 모두 얼굴은 넓적하여 사각형에 가까우며 뾰족한 육계에는 중
간계주와 정상계주가 장식되었다. 이목구비는 가는 선으로 그려졌는
데 눈은 길고 작은 반면 코와 입은 큼직한 편이다. 석가모니불과 약사
불은 두 어깨를 모두 가린 통견식 법의를 착용하였으며, 아미타불은
오른쪽 어깨를 드러낸 편단우견식 착의법으로, 붉은색과 녹색 및 청색
으로 대비된 법의가 강렬한 느낌을 준다.

⑤ 보광사 명부전 지장시왕도

1872년(고종 9)에 조성된 보광사 명부전 지장시왕도(도34)는 상궁과
고위관료가 함께 발원하여 제작하였다. 화기에는 이 불화를 시주한
인물이 '영상 김병학, 부사 이창호, 목사

도34 보광사 명부전 지장
시왕도, 1872년, 견본채색,
187.7×187.7㎝, 경기도 파
주 보광사 명부전 소장.
ⓒ 성보문화재연구원

신석희, 상궁 윤대심화·홍대원각, 신녀
정보덕화, 신상철, 윤덕원'72이라고 기록
되어 있어 2명의 상궁과 3명의 고위관료
가 함께 발원 조성했음을 알 수 있다.73

정사각형에 가까운 화면에는 지장보
살 삼존을 중심으로 6보살과 사천왕만이
간단하게 배치되었다. 전체적으로 적색
이 많이 사용된 점에서 19세기 서울·경
기지역의 특징이 잘 드러나 있다.

72 화기: "檀越 領相 金公炳學, 府使 李公昌浩, 牧使 申公錫熙, 尙宮 尹氏大心花, 尙宮 洪氏大圓覺, 信
女 鄭氏普德化, 申祥哲, 尹德源."
73 이 불화의 발원자에 대해서는 〈Ⅴ. 왕실불화의 발원자〉에서 상세히 서술하고자 한다.

⑥ 봉은사 불화 일괄

서울 봉은사에서는 19세기 중엽~19세기 말에 많은 불화 불사가 이루어졌다. 당시 불사에는 헌종의 후궁인 순화궁 김씨(順和宮 金氏, 1832~1907)를 비롯하여 궁중의 상궁들, 조선 말기 문신인 민두호(閔斗鎬) 등이 함께 참여하였다.

1844년작 신중도(도35)는 같은 해 현왕도와 함께 조성되었다. 화면의 위쪽에는 9곡 병풍을 두르고 향우측에 위태천과 천룡팔부 등 신장, 향좌측에 범천과 제석천을 비롯한 천부중이 배치되었다. 적색을 주조색으로 하여 녹색과 흰색, 갈색, 금색 등을 함께 사용하였는데, 특히 권속들의 보관과 옷, 무기, 지물 등에 금색을 많이 사용하고 얼굴에 흰색을 칠하여 화면이 화려하면서도 환한 느낌을 준다. 화기가 일부 박락되었지만 상궁들이 불화의 조성에 함께 참여하였음을 확인할 수 있다.

같은 해에 함께 조성된 현왕도는 2002년 명부전 화재로 소실되어 현재는 남아 있지 않지만, 8곡 병풍을 배경으로 현왕이 대륜성왕(大輪聖王)·전륜성왕(轉輪聖王)·판관·사자 등 권속들과 함께 망자의 죄업을 심판하는 모습을 묘사하였다. 상궁 □씨 묘각화(妙覺華)가 동참 발원하였다.

또 1886년(고종 23)에 조성된 괘불도는 헌종의 후궁인 순화궁 김씨를 비롯한 김대각화(金大覺華)와 김청정화(金淸淨華), 1892년(고종 29)에 조성된 대웅전 삼세불도는 이대각화(李大覺華), 태묘덕운(太妙德雲), 감로도는 신경덕화(申景德華), 1895년(고종 32)에 조성된 영산전 영산회상도는 김청정화, 이대각화, 정유생 이씨[74] 등 상궁들이 함께 참여하였다. 이들은 대부분 법명을 갖고 있는 것으로 보아 불심이 매우 깊었으며, 순화

궁 김씨와 민두호 등 왕실 및 세도가와 함께 불사를 했던 것으로 볼 때
제조상궁 또는 지밀상궁이 아니었나 생각된다.[75]

⑦ 수국사 불화 일괄

현재 수국사에는 1907년(순종 즉위년)에 일괄 조성된 불화 6점과

---

74 돌아가신 은사 春潭 世恩과 남편 金在龍, 상궁 劉最□花 등의 영가천도를 위하여 제작하였다.
75 김정희, 「서울 봉은사 불화고」, 『講座 美術史』 28(한국불교미술사학회, 2007), 133~138쪽.

1908년(순종 원년)에 조성된 괘불도 등 7점의 불화가 전하고 있다.[76] 이 불화들은 조선 왕조 최말기 때의 작품들로서 왕실의 후원에 의해 황제·황태자·황태자비·황귀비·의친왕·의친왕비·영친왕의 안녕과 천수를 기원하며 제작되었다. 현존하는 불화는 7점에 불과하지만, 아미타불도(1907)의 화기에 의하면 대웅전 상단탱·대료 상단탱·영산탱·독성탱·칠성탱·구품탱(도35)·중단탱·감로탱·산신탱·신중탱(2점)·현왕탱·조왕탱 등 13점의 불화를 일괄 조성했다고 한다.

수국사는 1459년(세조 5)에 세상을 떠난 세조의 맏아들 숭(崇, 德宗으로 추존)의 극락왕생을 위해 창건된 정인사의 옛터에 세워진 사찰이다. 1471년(성종 2) 성종의 모후인 인수대비 한씨가 중창하였으며 이후 신현(信玄)선사가 주석하면서 왕실의 원찰이 되었다. 1721년(경종 원년)에는 숙종과 인현왕후를 모신 명릉의 능찰이 됨에 따라 수국사로 불리게 되었고, 이후 한동안 폐사되었다가 1897년(고종 34) 월초 거연(月初 巨淵, 1858~1934)이 왕태자[純宗]의 병을 낫게 한 공으로 왕실로부터 거금을 하사받아 1900년(고종 37)에 중창불사를 이루었다. 당시의 불사에 대해서는 1930년에 건립된 수국사비에 자세하게 기록되어 있는데, 황실에서 24만 9천 920냥, 심순택(沈舜澤, 1824~1906)을 비롯해 이재순(李載純, 1851~1904), 민영환(閔泳煥, 1861~1905), 조동완(趙東完, 1876~?) 등 조정 관료 59명과 상궁 13명이 수국사 불사에 1만 8천 80냥을 쾌척하였다고 한다.

1907년(순종 즉위년)과 1908년(순종 원년) 수국사에서 불화를 조성할 때 중심이 되었던 시주자는 관료인 강재희(姜在喜)와 강문환(姜文煥), 상

---

76 김정희, 「조선말기 왕실발원 불사와 수국사 불화」, 『講座 美術史』 30(한국불교미술사학회, 2008), 175~207쪽.

도36 수국사 극락구품
도, 1907년, 견본채색,
158.7×254㎝, 서울시 은
평구 수국사 소장.
ⓒ 문화재청

궁 등이었다. 강재희는 풍경궁 참서관(豐慶宮 參書官), 은역소 감동(銀役
所 監董) 등을 역임한 인물로 1907년(고종 44)에 아미타불도·극락구품
도·감로왕도·16나한도·현왕도·신중도 등 6점과 1908년(순종 원년)의
괘불도 등 현존하는 수국사의 불화 전부를 시주하였다. 강재희의 이름
앞에는 모두 "상축 봉명 신(上祝 奉命 臣)"이라고 적혀 있어 왕명을 받들
어 불화의 대시주를 맡았던 것임을 알 수 있다.

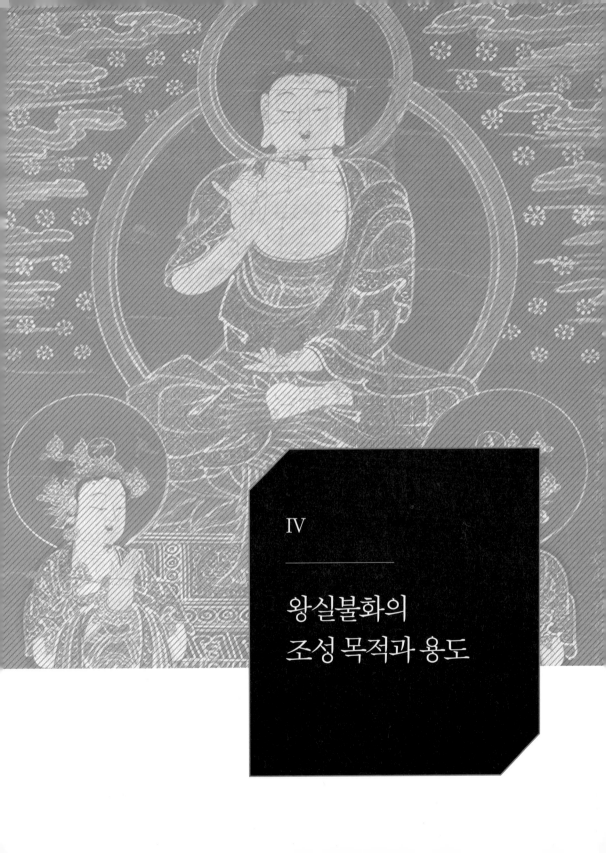

IV

왕실불화의
조성 목적과 용도

고려시대와 조선시대의 왕실발원 불화는 과연 어떠한 용도로 제작되었을까. 이 장에서는 고려 및 조선시대 왕실발원 불화의 용도와 목적에 대해 문헌에 보이는 불화관계 기록 및 화기, 현재 봉안상태 등을 검토하여 왕실불화의 기능과 용도를 살펴보고자 한다.

1. 예배용

1) 법당 봉안용

고려시대의 왕실불화 가운데 예배용으로 봉안되었던 예는 알려져 있지 않다. 반면 조선 초기인 1398~1404년 사이에 정전(正殿)에 왕실불화가 봉안되었던 사실을 보여 주는 기록이 몇 개 남아 있다. 그 가운데 주목되는 것이 권근(權近, 1352~1409)의 「오관산성등암중창기(五冠山聖燈庵重創記)」이다. 이 글은 경기도 장단군 오관산에 있던 왕실사찰 성등암을 중수한 직후인 1399년(정종 원년)에 권근이 왕명을 받들어 지은 것으로서, 성등암의 역사와 중수 당시의 법당배치, 법당에 봉안된 불화 등에 대하여 기록하였다. 이 중에서 주목되는 것이 바로 다음의 불화봉안에 관한 내용이다.

건문 원년(1399) 기묘(己卯) 겨울 11월 신미일에 도승지 신 문화(文和)가 왕명으로써 첨서중추원사 신 근(近)을 불러서 전지하기를, "오관산

성등암은 대개 전조 태조 왕씨가 처음 설치한 것이다. 내가 잠저에 있으면서 이 집을 신축할 것을 도모하여 이제야 완성하고 전지와 노비를 시주하였으니 너는 마땅히 (이 사실을) 글로 만들어서 영원한 (세대에) 보이게 하라"하였다.(중략) 이에 무인년(1398) 초봄에 이 암자를 신축하기 시작하였다.(중략) 영건한 불당 3칸에 새로 그린 석가삼존·16나한·10대제자·오백성중이 모여 있는 화상을 걸었고, 동쪽에 붙은 익랑 3칸은 승려들이 거주하고, 서쪽에 붙은 3칸은 부엌으로 쓸 곳이며, 밭 100결과 노비 19명을 내려 주신 것은 성등을 이어 가며 영원토록 식륜(食輪)을 보살피도록 한 것이다.[01]

위 기록에 의하면 1398년(태조 7) 봄 성등암을 중창한 후 새로 지은 3칸의 법당에 새로 불화를 그려 봉안했다고 한다. 이 글에서는 다만 '영건한 불당 3칸'이라고만 하였을 뿐 불화를 봉안한 전각의 명칭을 기록하지 않았다. 권근의 글에 의해 볼 때 성등암은 암자 1동과 승려들이 거주하는 요사채 및 부엌으로 이루어진 작은 규모의 사찰이었던 것으로 생각되며, 따라서 새로 그린 탱화는 성등암의 주법당 중앙에 예배용으로 봉안되었을 것이다. 그림의 형식에 대해서는 "석가삼존·16나한·10대제자·오백성중이 모여 있는 화상"이라고 했는데, 이것은 일본 지온인 소장 오백나한도(고려)처럼 석가삼존을 중심으로 16나한과 10대제자, 오백나한 등 제자들이 둘러싸고 있는 석가오백나한도 형식을 지칭한 것이라 생각된다. 성등암은 고려 태조 왕건이 창건한 사찰이었으며 조선 태조 때 왕명으로 중창되었던 것을 볼 때 이곳에 봉안

---

01 權近, 『陽村集』 卷13 記 「五冠山聖燈庵重創記」.

된 불화는 왕실화원들에 의해 그려졌을 가능성이 크다.

개성의 법왕사 조사당에도 예배용의 불화가 봉안되었음을 말해 주는 기록이 남아있다. 역시 권근이 지은 「법왕사조사당기(法王寺祖師堂記)」에

법왕사의 서쪽 장실(丈室) 남쪽에 빈터가 있었는데 뜨락이 무너지고 주초가 깨어져서 묵은 풀밭으로 된 지 오래였다. 판화엄침공(判華嚴砧公)이 주석한 다음 해에 내가 가서 보았는데 불당을 우뚝하게 지었더니 두어 달이 못 되어 가서 본즉 단청이 찬란하게 빛났으며, 세 번째 가서 보니 비로자나불·문수보살·보현보살이 모인 그림을 불당 중앙에 걸었는데 새로 그린 것이고 좌우에는 화엄종의 여러 조사의 유상(遺像)을 걸었으니 옛것을 수리한 것이었다.[02]

라는 기록이 보인다. 즉 법왕사 조사당에 비로자나삼존도와 화엄조사진영이 걸려 있었는데, 조사당은 계미년(1403) 5월에 짓기 시작하여 10월에 준공하였다고 한다. 법왕사를 중건한 화엄침공이 누구인지는 알 수 없지만 919년 왕건에 의해 창건된 10대사 중의 하나인 법왕사를 억불정책이 강하게 추진되었던 조선 초기에 중창할 정도의 인물이라면 왕실 구성원이었음에 틀림없다. 따라서 법왕사에 봉안되었던 비로자나불화는 왕실 구성원이 발원한 불화였으리라고 추정된다.

조선시대 왕실불화 가운데 예배화로 전각에 봉안되었던 대표적인 불화로는 파계사 영산회상도를 들 수 있다. 앞에서도 살펴보았듯이,

02 權近, 『陽村集』 卷80 記 「法王寺祖師堂記」.

이 불화는 영조(재위 1724~1776)가 연잉군(延礽君)이던 1707년(숙종 33)에 왕과 왕비, 세자[경종]의 만수무강을 위해 시주한 불화로 현재 대구시 파계사 원통전 후불화로 봉안되어 있다. 세로 길이가 340㎝에 달하는 거대한 비단 바탕에 석가모니를 중심으로 문수보살과 보현보살을 비롯한 육보살·범천·제석천·사천왕·십대제자·타방불·금강신을 좌우 대칭으로 묘사한 군도형식으로, 후불탱화의 형식을 잘 갖추고 있어 조성 당시부터 전각 봉안 예배화로 조성되었음을 알 수 있다.

파계사는 조선 전기부터 왕실과 인연이 있었던 듯 1447년(세종 29)에 영응대군과 신빈 김씨, 영해군이 대시주로 건칠관음보살좌상을 중수한 적도 있는데, 연잉군이 파계사에 불사를 하게 된 것은 중창주 현응(玄應)의 백일기도에 의해 최씨가 연잉군을 잉태했기 때문인 듯하다. 이러한 연유로 영조는 즉위하기 전부터 파계사 불사를 후원하였다. 1704년(숙종 30)에 파계사에 자응전(慈應殿)이라는 편액을 써 주고, 1707년(숙종 33)에 대웅전 영산회상도를 시주 조성한 것을 시작으로 1740년(영조 16) 9월 천불도를 희사하고 원당으로 삼았으며, 1751년(영조 27)에는 우의정 이의현(李宜顯, 1669~1745)을 파견하여 기영각을 세우고 생전의 수복과 사후의 명복을 기원하는 축원당으로 삼았다.

영조의 딸 화완옹주와 상궁 김씨 등이 시주하여 제작한 불국사 대웅전 영산회상도 및 벽화(1769)와 1790년(정조 14) 정조가 창건한 용주사 대웅전의 삼세불회도·삼장보살도·감로도 등도 대표적인 전각봉안용 왕실불화이다. 조선 말기에는 1892년(고종 29) 문신인 민두호(閔斗鎬)와 상궁들의 시주로 조성된 봉은사 대웅전 영산회상도를 비롯하여 많은 후불탱이 왕실발원으로 조성되어 전각에 예배용으로 봉안되었다.

이처럼 왕실불화가 봉안되었던 법당은 대부분 왕실의 원찰이었다.[03] 원찰은 죽은 사람의 명복을 빌기 위하여 건립된 사찰로, 궁궐 안에 있던 내원당과 달리 궁 밖에 건립되었다. 일찍이 신라시대에는 왕실 원찰로 황룡사와 영묘사 등이 있어 나라에서는 원당전(願堂典)이라는 관청을 설치하여 왕실의 원찰을 관리하였다. 통일신라시대에 들어서도 감은사·봉덕사·봉은사 등이 왕의 명복을 빌기 위해 건립되었으며, 송화방·장의사·자추사 등 귀족들의 명복을 빌기 위해 건립된 원찰도 존재하였다. 원찰의 건립이 유행했던 시기는 고려시대였다. 왕실에서는 왕과 왕비의 진영을 모실 진전사원(眞殿寺院)을 세웠으며, 왕실뿐 아니라 귀족들과 관인들까지도 원찰을 건립하는 일이 성행하였다. 억불시대였던 조선 초기에도 원찰의 건립이 이어졌으며, 역대 왕이나 왕비의 능 근처에는 대부분 원찰이 지어졌다. 왕실 원찰에서는 억불적인 분위기에도 불구하고 선왕선후의 기신재(忌晨齋)를 시행하는 사찰로서 왕실의 배려 아래 호화로운 불사가 많이 이루어졌다.

2) 내불당 봉안용

궁중의 내불당에도 왕실발원 불화가 봉안되어 예배용으로 사용되었음을 확인할 수 있다. 내불당은 궁궐 내에 설치되어 다양한 불교행사, 즉 도량과 각종 재회(齋會)가 행해지던 곳으로, 내원당(內願堂)이라

---

03 조선시대 원찰에 관해서는 정석종·박병선, 「조선후기 불교정책과 원당(1)─니승의 존재양상을 중심으로」, 『民族文化論叢』 18·19(영남대학교 민족문화연구소, 1998), 223~255쪽 참조. 김준혁은 조선 후기에 왕실 원당으로 기능한 인수원·자수원의 니승들이 사회적 물의를 빚게 됨에 따라 이들 니원을 철폐하는 과정을 통해 당시 비구니들의 존재 양상과 정부의 대불교정책에 관한 내용을 다루었으며(김준혁, 「조선후기 정조의 불교인식과 정책」, 『中央史論』 12·13, 한국중앙사학회, 1999, 35~58쪽), 탁효정은 정조의 불교정책을 승역감면정책·원당정책·용주사창건 등으로 구분하고, 정조의 왕권 강화정책의 일환으로 불교정책이 수행되었음을 강조하였다(탁효정, 「조선시대 왕실원당 연구」, 한국정신문화연구원 한국학대학원 박사학위논문, 2012, 35~58쪽).

고도 한다.[04] 궁궐 안에 불당을 설치하는 전통은 고려시대부터 있었는데, 1228년(고종 15) 7월 "내원당의 홰나무에 벼락이 쳤다"[05]는 기사에서 가장 먼저 등장하는 것으로 보아 적어도 13세기 초반에는 개성의 궁궐 안에 내불당이 설립되었음을 알 수 있다. 이후 1269년(원종 10) 12월 "내원당에서 관정도량(灌頂道場)을 열었다"[06]는 기록이 보이는데, 이 시기는 강화도에 천도했던 시기(1239~1270)로 개성의 내불당과는 또 다른 내불당이 강도(江都)에 있었던 것으로 보인다. 강화도에서 환도한 후에도 내불당은 계속 존립되었으며, 14세기 전반경에는 궁중 불당으로 확고하게 자리 잡은 것 같다.

고려 인종 때(재위 1122~1146)의 문인인 임춘(林椿)의 『서하집(西河集)』에는 1158년 상서 이윤수(李允脩)가 절을 창건하고 공사가 모두 끝난 다음 나라에 보고를 올리니 임금이 궁중에 모셨던 관세음보살의 화상을 특별히 내렸다는 기록이 보인다.[07] 당시 사찰을 짓고 나라에 보고하였다는 것으로 보아 이 사찰은 왕실원찰 또는 내불당이었음이 분명하다. 이어 임금이 궁중에 모셨던 관음보살도를 특별하게 하사했다고 했는데, 이때 하사한 관음보살도는 왕실불화였음에 틀림없다.

일반적으로 내불당은 1418년(세종 즉위년) 경복궁 안의 문소전 뒤에 세워졌으며 홍천사 석탑에 안치되어 있던 석가모니의 진신사리 4과·두골·패엽경·가사 등을 옮겨 봉안한 데서 유래한 것으로 알려져 있으나, 이상의 기록에 의해 볼 때 고려시대에도 궁중에서 이루어졌던

---

04 이하 내원당 및 내불당 관련 기록은 이기운, 「조선시대 내원당의 설치와 철폐」, 『韓國佛敎學』 29권 (한국불교학회, 2001), 258~260쪽을 참고하였다.

05 『高麗史』 卷53 志 卷第7 7月 7日條.

06 『高麗史』 卷26 世家 卷第26 元宗 10年 12月 8日條.

07 林椿, 『西河集』 卷5 序 記 傳 「逸齋記」(『東文選』 卷56 記).

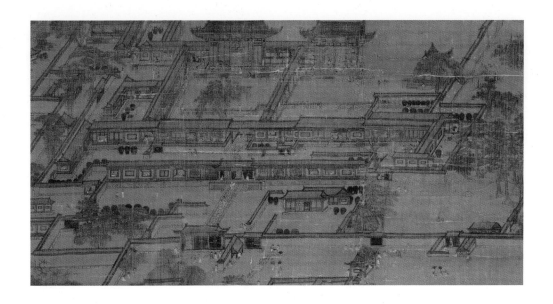

도37 궁중숭불도, 조선
전기, 견본채색, 46.5×
91.4㎝, 삼성미술관 리움
소장.

ⓒ 삼성미술관 리움

수많은 법회를 주관하는 내불당이 있었으며, 이곳에는 불화가 봉안되
었음을 알 수 있다.

삼성미술관 리움에 소장된 궁중숭불도(宮中崇佛圖, 도36)는 조선 전기
내불당의 모습을 보여 주는 작품으로 주목된다. 이 그림은 궁궐도의
한 부분이었을 것으로 추정되는데,[08] 당시 내불당의 모습이 어떠했는
가를 보여 주는 한편 궁중 내의 활발했던 호불 분위기를 엿볼 수 있다.
그림은 부감법으로 그려졌으며, ㄱ자로 꺾인 복잡한 담으로 둘러싸인
건물군과 회랑이 계속 이어져 있다. 화면 중심부 상단의 주 건물은 정
면 5칸의 팔작지붕 전각으로 그 안에는 수미단 위에 결가부좌한 불좌
상과 보살입상 2구가 봉안되어 있다.[09] 이 건물은 여러 전각 중 가장

[08] 궁중숭불도에 대해서는 문명대, 「〈내불당도〉에 나타난 내불당 건축고」, 『佛敎美術』 14(동국대학교
박물관, 1997), 153~170쪽 참조. 이 작품은 일본에서 발견되어 삼성미술관 리움에 소장된 것으로,
현 상태로 볼 때 화재로 인해 북, 서, 남면이 절단되었고 동면은 약간 절단된 것으로 보고 있다.
[09] 문명대는 이 불상을 내불당에 봉안되었던 金三尊像으로 추정하였다. 문명대, 앞의 논문, 161쪽.

규모가 크고 푸른 감색의 지붕 내림마루에 잡상이 배열되어 있어 중요한 건물로 추정되는데, 회랑 안과 마당 안에는 여러 명의 인물들이 그려져 있어 건물 앞에서 어떤 의식을 행하고 있는 것처럼 보인다. 또 이 건물 왼쪽의 회랑에는 가사와 장삼을 걸친 승려가 있어 이 건물이 바로 내불당의 주 법당일 것으로 생각된다.

이 건물의 오른쪽 회랑과 이어져 있는 건물 역시 내불당의 일부인 것으로 보이는데, 주 법당처럼 정면 5칸의 팔작지붕이다. 그 안에는 회색 옷을 입은 인물들이 다수 배치되었으며 건물 앞에는 4기의 붉은 탁자가 놓여 있고, 건물 안에는 중앙에 위패, 좌우 양쪽에 불상이 봉안되어 있어 내불당의 전각 가운데 하나로 추정된다.[10] 이 그림에 보이는 두 동의 건물이 1448년(세종 30)에 중건된 내불당의 모습인지는 확실치 않다. 그렇지만 전각 안에 불상을 봉안한 모습과 주변에 묘사된 승려의 모습 등으로 볼 때 당시 어떤 형태로든지 궁궐 옆에 내불당과 같은 예배원이 존재했으며, 이곳에 왕실불화가 봉안되었던 것만은 분명하다.

2. 법회용

전각에 봉안되는 불화 외에 상당수 불화들은 법회에 사용하기 위하여 제작된 것이 많다. 왕실발원 불화 또한 예외가 아니다. 특히 고려불화의 경우, 불화의 규모나 주제 등으로 볼 때 전각에 봉안하는 불화였다기보다는 법회용으로 제작되었을 가능성이 높다. 즉 현존하

---

10 문명대는 중앙에 있는 건물은 내불당의 주불전, 향우측의 건물은 위패를 모시고 있는 것으로 보아 원당적 구실을 하는 건물로 추정하였다. 문명대, 앞의 논문, 160~162쪽.

는 160여 점의 고려불화는 몇몇 작품들을 제외하고는 대부분 가로 40~60㎝, 세로 1m 정도의 소규모 불화들이 많은데 이것은 여러 폭의 불화를 죽 걸어 놓고 의식을 진행하는 법회의 성격상, 규모가 큰 불화보다는 작은 규모의 불화를 선호했기 때문으로 생각된다.

고려시대에 왕실에서 법회용으로 불화를 제작했던 대표적인 사례는 『고려사』 열전(列傳) 영의조(榮儀條)에서 볼 수 있다.

영의는 점쟁이다 … 11년(1157) 정월 초하루에 서북방으로부터 바람이 불었는데, 태사(太史)가 점을 쳐 보고 왕에게 아뢰기를 "나라에 근심이 있을 것입니다"하므로 왕이 두려워하였다. 영의가 그 기회를 이용하여 기도로써 화를 물리칠 수 있다고 말하니 왕이 그것을 믿고 영통사, 경천사 등 다섯 절에 명하여 그해 1년간을 불공하여 그 근심을 물리치게 하였다. 영의는 매양 왕이 근심하거나 두려워하는 기색을 엿보고는 곧 왕에게 모년 모월에 재화가 있을 것 같은데 만약 어떠어떠한 방법으로 기도하면 무고하리라고 말하니 왕이 관원을 두고 기도를 해서 요행히 무고하면 영의가 말하기를 "다 나의 힘이다"하였다. 또 왕에게 아뢰기를 "만일 수명을 연장시키고자 하시면 천제석(天帝釋)과 관음보살을 섬겨야 합니다"라고 하니 왕이 그 화상을 많이 그려 각 처[中外]의 사원에 나누어 보내고 또 축성법회(祝聖法會)라는 불사를 널리 베풀고, 주, 군의 창고를 열어 그 비용을 충당하였다.[11]

위의 내용은 고려 의종(1146~1170) 때 복자(卜者)인 영의의 건의에 의해 의종이 수명장수를 위하여 천제석과 관음보살의 화상, 즉 제석천도와 관음보살도를 그려 중외의 사원에 나누어 주고 축성법회를 열었다는 것이다. 이것은 왕실에서 법회를 열 때 법회용으로 불화를 제작했던 사실을 말해 준다. 이때 제작된 제석천도와 관세음보살도의 형식에 대해 알 수는 없지만, 현재 고려불화 중에는 제석천도로 추정되는 작품과 다수의 관음보살도가 남아 있어 그 형식을 추정해 볼 수 있다.

제석천도는 2점(일본 聖澤院 및 靜嘉堂文庫美術館)이 남아 있는데, 두 그림 모두 보관을 쓰고 두 손에 부채[天扇]를 들고 용과 봉황장식이 있는 의자에 앉아서 정면을 향하여 앉아 있는 제석천을 그린 것이다. 고려시대에는 919년(태조 2)에 왕건이 창건한 10대 사찰 중 내제석원(內帝釋院)이 있었으며 제석에 대한 신앙이 성행하였고[12] 고려말에 제석도량이 많이 설치되었던 것을 생각해 볼 때, 이러한 그림들 역시 법회용으로 조성되었던 것이 아닐까 생각된다.

축성법회 시 천제석도와 함께 제작된 관음보살도는 수월관음도였을 것이다. 수월관음도는 아미타여래도와 함께 고려불화 가운데 가장 많은 수를 차지하는 불화 중의 하나로서 현재 40여 점이 남아 있다. 그림의 형식은 대부분 향좌측을 향하여 반가좌로 앉아 있는 관음보살과 버들가지가 꽂힌 정병, 관음보살의 등 뒤에 솟아난 2그루의 대나무, 아래쪽 구석에서 합장하고 서 있는 선재동자 등 동일한 도상을 보여 준다. 작품의 규모 또한 가로 50~80㎝, 세로 100~150㎝의 작품들이 대부분이어서, 법회용으로 제작되었을 가능성이 많다. 서구방필(徐九方筆)로 전해오는 관음보살도가 왕실화원인 서구방에 의해 그려진 것을 보더라도 현존하는 관음보살도 중에는 왕실의 법회용으로 제작된 것이

---

11 『高麗史』卷123 列傳 卷第36 嬖幸1 榮儀條.
12 안지원, 「고려시대 제석신앙의 양상과 그 변화」, 『國史館論叢』 78 (국사편찬위원회, 1997), 219~258쪽.

있을 가능성이 높다.

축성법회뿐 아니라 팔관회와 더불어 가장 대표적인 불교행사였던 불탄일(佛誕日)에도 불화를 봉안했다. 의종 대의 환관 백선연(白善淵)은 1146년(의종 즉위년) 4월 초파일에 일찍이 왕의 나이대로 금동불 40여 구를 만들고 관음보살화상 40구를 그려 별원(別院)에서 등불을 켜 놓고 왕의 복을 빌었는데, 왕이 밤에 평범한 의복을 입고 가서 그것을 참관했다고 한다.[13] 이 내용은 고려시대에 항례적으로 개최되었던 불탄일에 금동불과 관음보살도를 봉안한 사실을 말해 준다. 왕의 측근이었던 백선연이 불탄일에 이처럼 많은 불상과 불화를 조성하였던 것을 본다면 국가에서 개최했던 1,000여 회가 넘는 법회[14]에 소용되었던 불화가 얼마나 많았는가는 미루어 짐작할 수 있다.

이 외에도 "부처와 관세음보살의 화상 12구를 그려 궁중에 법석을 베풀고 황제를 위하여 복을 빌었다"[15]는 기록, 충렬왕이 중국 승려 소경(紹瓊)을 궁중에 불러 불화에 점안(點眼)하고 『화엄경』을 읽게 하였던 사실,[16] 강화도에서 환도하던 해(1275) 부처와 관세음보살상을 그리고 궁중에 법석을 마련하였다는 기록[17] 등은 모두 법회용으로서 불화가 제작되었음을 보여 주는 예이다.

조선 전기에는 숭유억불정책으로 인해 나라에서 주관하는 법회는 급격하게 줄어들었다. 대부분의 불교법회는 없어졌으며, 대신 각종의

---

13 『高麗史』卷122 列傳 卷第35 白善淵條.
14 고려사에 보이는 법회와 도량의 수는 총 1,038회에 이른다고 한다. 서윤길, 「밀교적 각종 의례와 도량의 개설」, 『韓國密敎思想史硏究』(불광출판부, 1994), 314~367쪽.
15 『高麗史』卷28 世家 卷第28 忠烈王 元年 11月條.
16 『高麗史』卷104 列傳 卷第17 韓希愈條.
17 『高麗史』卷28 世家 卷第8 忠烈王 元年 乙亥條.

법회는 국행수륙재(國行水陸齋)로 통합되었다.[18] 반면 조선 후기에는 사찰에서 영산재라든가 수륙재, 만일염불회, 수월도량불사 등이 활발하게 개최되면서 법회용 불화 또한 성행하였다. 이에 사찰에서 이루어진 특정한 법회를 위해 왕실에서도 불화를 발원하고 시주했던 사실이 확인된다.

영산재에 봉안되었던 괘불도 가운데 화엄사 영산회괘불도(1653)는 효종의 차녀인 숙안공주(淑安公主, 1636~1673)와 남편인 홍득기(洪得箕, 1635~1673) 부부가 시주자로 동참하였다. 괘불도는 워낙에 규모도 크고 비용도 많이 소요되는 불사라서 많은 사람들이 함께 사주자로 동참하는 경우가 많은데, 숙안공주 부부는 괘불도에 현괘하는 향낭을 시주하였다.[19]

조선시대에 개최된 법회 가운데 가장 대표적인 것으로는 만일염불회(萬日念佛會)와 수월도량공화불사(水月道場空花佛事)를 들 수 있다. 보광사 십육나한도(1877)는 상궁 계유생 원씨가 수월도량공화불사 때 고종·명성황후·대왕대비 조씨·왕대비 홍씨·대비 김씨·순종 등의 수만세를 기원하며 영산전에 봉안하였다. 수월도량공화불사란 "물에 비친 달 그림자, 허공 중의 꽃과 같이 텅 비어 공한 도량의 불사"라는 말이다. 물속에는 실제 달이 없고 허공 중에는 본래 꽃이 없으므로 볼 수 없는데 본래 실재하지 않는 것을 실재하는 것이라고 잘못 아는 것은 망상이라는 것을 깨우치는 불사다.[20] 조선 중기에 보우(普雨)가 도량의

---

18 한상길, 「조선전기 수륙재 설행의 사회적 의미」, 『韓國禪學』 23(한국선학회, 2009), 671~710쪽; 강호선, 「조선전기 국가의례 정비와 '국행'수륙재의 변화」, 『韓國學研究』 44(인하대학교 한국학연구소, 2017), 485~515쪽.

19 김정희, 「벽암 각성과 화엄사 영산회괘불도」, 『講座 美術史』 52(한국불교미술사학회, 2019.6), 116~120쪽.

20 김정희, 「조선 말기의 정토신앙과 아미타계 괘불화」, 『講座 美術史』 33(한국불교미술사학회,

식의 관법(觀法)에 관하여 요점을 문답 형식으로 서술한 「수월도량공화불사여환빈주몽중문답(水月道場空花佛事如幻賓主夢中問答)」이 전하는 것으로 보아 조선 중기부터 시작된 듯하다. 조선 후기에 이르러서는 수월도량공화불사 때 불화를 조성한 것을 자주 볼 수 있다. 1901년(고종 38)에는 귀빈 엄씨 등이 돌아가신 부모를 위해 봉원사 수월도량공화불사 때 괘불도를 시주하였으며, 또 같은 해 화장사에서도 두 명의 상궁이 수월도량공화불사 때 괘불도와 팔상도를 시주하였다.[21]

봉은사 괘불도는 1898년(고종 35)에 헌종의 후궁인 순화궁 김씨를 비롯한 여러 상궁들의 시주에 의해 조성된 것으로, 원통불사(圓通佛事)를 기념하며 제작되었다. 화기에 의하면 1886년(고종 23) 5월 26일 원통불사를 시작하여 6월 5일에 회향하였는데, 원통불사는 관음보살과 관련된 불사라는 점에서 수월도량공화불사와 관련하여 제작된 것으로 추정된다. 이 불화는 헌종의 후궁인 순화궁 김씨를 비롯, 19세기 말의 세도가인 민두호, 궁중의 상궁 등 왕실과 고위관료가 시주로 참여하였다. 또한 망월사 괘불도는 만일회(萬日會)를 기념하여 하정덕혜(河淨德慧)·김수혜월(金修慧月)·홍화경생(洪華鏡生)·배홍련화(裵紅蓮華)·홍묘혜월(洪妙慧月)·박법성화(朴法性華)·이보상화(李寶相華) 등 7명의 상궁이 함께 발원하였다. 만일회는 만일염불회라고도 하는데, 1만 일의 기간을 정하여 뜻을 같이하는 불자들이 염불당에 모여서 염불하는 법회이다. 통일신라시대 경덕왕(재위 742~765) 때 진주에 거주하는 수십 명의 거사들이 서방정토에 뜻을 두고 미타사를 창건하여 1만 일을 기약하며 수

2009), 160~162쪽.

21 화장사는 수월도량공화불사를 거행한 사찰로 유명하였다고 한다.

행하는 만일계(萬日契)를 만들었던 것에서부터 시작되었다.[22]

조선시대에 이르면 『염불작법(念佛作法)』, 『미타참절요(彌陀懺節要)』, 『예념왕생문(禮念往生文)』 등 염불과 관련된 저서가 간행되면서 아미타 신앙이 크게 유행함에 따라 만일염불회가 성행하였다. 만일염불회는 특히 19세기 말~20세기 초에도 지속되어 고양 흥국사·울진 불영사· 북한산 화계사·신촌 봉원사·안암동 개운사·청도 운문사·해인사 원 당암·통도사 극락암·도봉산 망월사·강남 봉은사 등 전국 여러 사찰 에서 성황을 이루었다고 한다.[23] 따라서 망월사 괘불도는 19세기 후반 망월사에서 개최된 만일염불회를 기념하여 상궁이 시주 조성한 작품 으로, 당시 상궁들의 불교신앙을 잘 보여 준다.

3. 기원용

왕실불화의 조성 목적 중 가장 빈번한 예는 왕실의 수명장수와 세자 의 탄생 등을 기원하며 제작한 경우이다. 1169년(의종 23) 2월, 유방의 (劉邦義)와 진득문(秦得文) 등은 환관들과 결탁하여 왕에게 잘 보이기 위 하여 일삼아 절을 짓고 부처의 화상을 그려 재를 차리고 왕의 수명을 기원하였다.[24] 또한 충선왕 때의 공신인 조인규(趙仁規, 1227~1308)는 청 계불사를 창건하고 임금을 위하여 복을 축원할 때 불경을 먹으로 쓰고

---

22 『三國遺事』卷第5 感通 第7 郁面婢念佛西昇條.
23 정병삼, 「19세기의 불교계의 사상적 추구와 불교예술의 변화」, 『韓國思想과 文化』16(한국사상문화 학회, 2002), 164~165쪽.
24 『高麗史』卷19 世家 卷第19 毅宗 23年 2月條.

해장(海藏)을 먹으로 인쇄하고 불상을 그림으로 그렸다.[25]

1286년(충렬왕 12)에 충렬왕의 총신이었던 봉익대부좌상시 염승익이 왕의 수명장수를 위하여 발원, 제작한 아미타내영도 또한 이와 같은 용도로 제작된 불화 가운데 가장 대표적인 작품이다. 이 작품은 세로 203.5cm, 가로 105.1cm에 이르는 대형 화면에 왼쪽을 향하여 나아가는 아미타여래의 모습을 그렸는데, 충렬왕과 왕비[齊國大長公主]의 측근으로 1281년(충렬왕 7) 자신의 집에 금자사경소를 설치할 정도로 권세가 막강하였던 염승익이 왕과 왕비의 복수무강을 기원하고 자신이 임종시 아미타불을 만나 극락에 왕생하기를 기원하며 조성하였다.[26]

고려시대의 오백나한도 중 제125존자도(국립중앙박물관소장)와 제427존자도(국립중앙박물관 소장)는 1236년(고종 23)에 대정(隊正) 김의인(金義仁)이 국왕의 수명장수와 함께 왕자의 탄생을 기원하며 제작하였다.[27] 화기에는 '태자(太子)'라는 용어가 주목된다. 을미년(1235) 정월 원자가 태자에 책봉되고 6월에 혼례를 올리고 다음 해인 병신년(1236)에 아들 심(諶=忠烈王)을 낳았던 사실을 볼 때 태자가 아들을 얻게 된 것을 경축하며 나한도를 제작한 것 같다. 1156년(의종 10) 원자의 탄생을 기념하여 왕이 금은자『화엄경』2부를 사경케 하고 흥왕사 홍교원을 수리하여 이를 보관하고 홍진원으로 고친 후 성대하게 법회를 열었다는

---

25 李穀,「趙貞肅公祠堂記」(『東文選』, 卷70 記 所收).

26 화기: "特爲國王宮主福壽無疆 願我臨欲命終時 盡除一切諸障碍 兼及己身不達難 面見彼佛阿彌陀 即得往生安樂刹 奉翊大夫左尙侍廉承盆." 이 작품에 대해서는 吉田宏志,「至元二十年銘高麗阿彌陀如來像をめぐつて」,『月刊文化財』186(弟一法規出版, 1979.3); 정우택,「日本銀行藏(東京國立博物館寄託)の阿彌陀如來圖」,『Museum』453(東京國立博物館, 1988); 김정희,「고려불화의 발원자 염승익고」,『美術史學報』20(미술사학연구회, 2003) 참조.

27 화기: "國土大平 聖壽天長 太子千□ 令壽萬年之願 校尉□□ 丙申□□ 棟梁 隊正金義仁"(第125尊者), "國土大平 聖壽天長 太子千□ 令壽萬年之願 丙申七月日 棟梁 隊正金義仁"(第427尊者).

기록[28] 또한 원자의 탄생을 축하하며 불화를 제작한 좋은 예이다.

조선시대에도 왕실의 무병장수와 세자 탄생을 기원하며 왕실에서 불화를 제작했던 사실을 확인할 수 있다. 1477년(성종 8) 성종의 누이동생 명숙공주(明淑公主, 1455~1482)와 부마 홍상(洪常, 1457~1513)은 성종과 자신들의 무병장수를 기원하며 약사삼존십이신장도를 발원, 조성하였다.[29] 또 1483년(성종 14)에는 왕대비 혹은 대왕대비가 주상 전하와 왕비 전하의 복을 기원하고 대가 끊어지지 않기를 바라며 삼제석천도·약사여래도·치성광여래도·천수팔난관음도·십육성중도를 조성하고 불경 30부를 인출하였다.[30]

왕의 수명장수를 기원하며 제작한 불화 중 가장 대표적인 것은 문정왕후가 조성한 일련의 불화이다. 문정왕후는 1560년(명종 15) 순금 영산회도를 시작으로 1561년(명종 16)에는 순금 약사여래도와 순금화 5점, 진채화 2점 등 7점의 탱화를 조성하였고, 1562년(명종 17)에는 향림사 나한도 200점, 1565년(명종 20)에는 양주 회암사의 중수를 기념하여 무려 400점이나 되는 불화를 조성하였다. 화기에는 문정왕후의 불화 조성이 모두 아들인 명종의 무병장수와 왕비 인순왕후 심씨가 아들을 낳아 왕실이 번영할 것, 순회세자가 다시 동궁에 태어나 원자가 되어 줄 것을 기원하는 내용으로 이루어져 있는데, 이것은 명종이 매우 허약했으며 1563년(명종 18)에는 외아들이던 순회세자가 13세의 어린 나이로 요절하여 후사를 잇지 못하는 것에 대한 어머니로서의 간절한 기원을 담은 것이라 할 수 있다.[31] 문정왕후와 함께 조선 중기의 불교

28　『高麗史』卷18 世家 卷第18 毅宗 10年 4月 23日條.
29　앞의 63~65쪽 참고.
30　이 부분에 대해서는 82~84쪽 삼제석천도에 관한 내용 참고.
31　앞의 76~80쪽 참고.

중흥불사를 이루었던 보우대사가 제작한 지장시왕도(일본 고묘지[光明寺] 소장, 1562) 또한 명종·인순왕후·문정왕후·인성왕후·세자[暊]·세자빈[德嬪] 등 궁중일가의 성수를 기원하며 조성된 것이다.[32]

미국 보스턴미술관 소장의 약사십이신장도는 화기가 일부 박락되어 조성연대는 알 수 없지만 '대비 전하'가 주상 전하의 장수복록을 기원하며 제작하였다.[33] 이 불화는 양식적 특징으로 볼 때 발원자는 중종의 뒤를 이어 즉위하였으나 1년도 못되어 승하한 인종의 비인 인성왕후로 추정된다.[34]

이 밖에도 비구니 혜국(또는 혜원)과 혜월 등이 궁중에서 약간의 재물을 얻어서 주상 전하[선조]와 왕비 전하의 복록장수와 세자의 탄생을 기원하고 공의왕대비 전하·덕빈 저하·혜빈 정씨 등의 장수, 보체를 기원하며 제작한 사라수탱(일본 세이잔분코[靑山文庫] 소장, 1576),[35] 비구니 학명이 혜빈 정씨의 수명장수와 인종대왕·인종비 인성왕후·찬의 정씨의 영가천도, 세 전하[선조와 선조비, 세자]의 성수를 기원하며 제작한 아미타정토도(1582),[36] 광해군비 장렬왕후가 왕실과 친가 등의 안녕과 영가천도를 위해 조성한 삼신대영산회탱 2점·용화회탱 2점·오십삼불탱 1점·중단탱 1점·하단탱 1점 등 불화 7점, 1769년(영조 45)에 대시주화완옹주(1737~1808)의 보체와 상궁 김씨·시녀 정씨·차씨·김씨·이씨 등의 보체를 기원하며 조성한 불국사 대웅전 영산회상도,[37] 정조의 딸

---

32 이 부분에 대해서는 109~110쪽 지상시왕도에 관한 내용 참고.
33 堀岡智明,「ボストンン美術館藏 朝鮮佛畵について」,『佛教藝術』83(佛教藝術學會, 1972), 54~55쪽.
34 이 부분에 대해서는 84~86쪽 약사십이신장도에 관한 내용 참고.
35 이 부분에 대해서는 110~112쪽 사라수탱에 관한 내용 참고.
36 이 부분에 대해서는 112~115쪽 아미타정토도에 관한 내용 참고.
37 이 부분에 대해서는 94~96쪽 불국사 영산회상도에 관한 내용 참고.

인 숙선옹주(1793~1836)와 부마 영명도위 홍현주 등이 순조·순조비·효명세자비인 빈궁·효명세자의 아들인 세손[훗날 헌종] 등의 만수무강을 기원하며 발원 시주한 홍천사 괘불도,[38] 1895년(고종 32) 상궁 엄씨와 강씨가 고종·왕태자[순종]·왕태자비[순명효황후]·대원군의 수복강령을 기원하고 그해 여름 사망한 명성황후가 극락세계에 상품상생으로 태어나기를 기원하며 제작한 불암사 괘불도,[39] 상궁 차씨가 왕[철종]과 왕비[철인왕후]의 만수무강을 기원하며 1862년(철종 13)에 시주 조성한 청계사 괘불도,[40] 7명의 상궁이 뜻을 모아 왕대비 효정왕후의 건강과 안녕을 기원하며 발원 조성한 남양주 홍국사 대웅전 신중도(1868년) 등도 왕실 구성원의 안녕과 수명장수를 기원하며 제작되었다. 또한 현재 남아 있지는 않지만, 1874년(고종 11) 명성왕후·조대비·왕대비 등의 발원으로 궁녀들이 수를 놓아 화계사에 봉안한 관음수상(觀音繡像)은 순종의 탄생을 축하하고 순종의 수명장수를 빌며 제작되었다.

4. 영가천도용

일반인이 발원한 불화도 그렇겠지만 왕실발원 불화의 다수를 차지하는 것은 바로 망자의 극락왕생을 기원하기 위해 조성된 것이다. 고려불화는 화기가 남아 있는 것이 많지 않아 영가천도용 불화가 어느 정도 조성되었는가를 알 수 없지만, 당시 아미타불화를 걸어 놓고 임

---

38 이 부분에 대해서는 96~97쪽 불국사 홍천사 비로자나삼괘불도에 관한 내용 참고.
39 이 부분에 대해서는 120~121쪽 불국사 불암사 삼세괘불도에 관한 내용 참고.
40 이 부분에 대해서는 118~119쪽 불국사 청계사 비로자나삼신괘불도에 관한 내용 참고.

종의례를 했던 사실로 보아 아미타불화의 상당수는 임종의례용으로서의 역할을 했던 것으로 추정된다. 한 예로 1318년에 사망한 최씨 처 박씨의 묘지 내용 중 "병이 위독해지자, 드디어 죽음을 면하기 어렵다는 것을 알고 묘련사 주지인 양가도승통에게 청하여 머리를 깎고 비구니가 되어 법명을 성공(省空)이라 하였다. 법복을 갖추어 계를 받고, 이에 종 한 명을 시주하여 출가시켰다. 11일 오시가 되자 목욕하고 옷을 갈아입고 자녀 등을 불러 뒷일을 부탁한 뒤, 오직 아미타불만을 염송하였다. 저녁이 되자 세상을 떠났는데, 숨이 거의 끊어질 때까지 염불하는 입술이 멈추지 않고 움직였고, 기운이 다한 뒤에야 두 손이 풀어졌다"[41]는 기록은 임종 시 아미타불을 염송하던 의례가 있었음을 말해 준다. 삼성미술관 리움에 소장된 아미타삼존도는 이러한 임종의례의 모습을 전적으로 보여 주는 예이다. 서방 극락정토에서 내용한 아미타불과 관음보살, 지장보살이 임종자를 연화대좌 위에 태우고 서방으로 왕생케 하는 모습은 임종 시 아미타불화를 걸어 놓고 의례를 행했음을 짐작게 한다.[42]

고려시대 관경변상도의 도상과 양식을 계승한 조선 초기의 관경변상도인 이맹근(李孟根) 작 관경16관변상도는 1465년(세조 11) 효령대군이 부왕 태종의 명복을 빌고 세 전하 및 모후, 단월 및 모든 고혼들이 극락에 왕생하기를 기원하며 월산대군·영웅대군 부인 송씨·김제군

41　崔端 처 朴氏墓誌銘(「務安君夫人朴氏法名省空墓誌」, 1318년, 국립중앙박물관소장), "疾篤遂知大期之難免請妙蓮社主法兩街都僧統木且刻草爲尼法名省空具法服受戒仍捨一奴出家至十一日午時洗浴更衣呼子女等付囑後事合掌專念阿彌陀佛當夕翛然而化氣息將絕念佛之脣動而不止氣盡然後兩手乃頹", 『高麗墓誌銘集成』(金龍善 編著, 翰林大學校 아시아文化研究所, 2001, 215번)

42　박혜원, 「고려시대 아미타내영도와 임종의례의 관련성 시론」, 『美術資料』 80(국립중앙박물관, 2011), 45~67쪽.

부인 조씨·대구군부인 진씨 등과 함께 시주하여 조성하였다.[43] 또한 1532년작 아미타팔대보살도(일본 엔랴쿠지[延曆寺] 소장, 1532)는 상궁 김 씨가 죽은 아버지 김신은의 영가천도와 어머니 배씨의 장수를 기원하 며 제작하였다. 두 그림 모두 영가천도와 극락왕생을 기원하며 아미타 계 불화를 조성한 점이 주목된다.

인종의 비 인성왕후가 1545년(인종 원년)에 승하한 인종의 명복을 빌 며 제작한 관음보살32응신도(1550)는 "가정 29년 경술 4월 그믐, 공의 왕대비 전하가 인종이 정토에 다시 태어나기를 바라며 양공을 모집 하여 관세음보살32응탱 1점을 그려 월출산 도갑사 금당에 보내 안치 하여 영원히 향대례(香大禮)를 받들고자 한다"[44]라는 화기가 남아 있 다. 즉 인종의 명복을 빌며 관세음보살32응탱을 조성하여 도갑사 금 당에 봉안했다고 하여 봉안장소까지도 구체적으로 명시하였다. 금당 이란 대부분 대웅전 등 주전각을 지칭할 때 사용하는 용어이므로 망자 의 영가천도를 위해 금당에 불화를 봉안했던 사실을 확인할 수 있다. 1562년(명종 17)에 종친인 풍산정 이종린이 외할아버지 권찬과 숙원 이 씨 등 망자의 영가천도 및 할머니 정경부인 윤씨, 덕양군 등의 보체를 기원하며 조성한 사불회도 또한 영가천도용 불화로 제작되었다.

관음보살32응신도가 봉안되었던 영암 도갑사, 사불회도가 봉안되 었던 함창 상원사 등은 왕실의 원찰로 추정되지만, 원찰뿐 아니라 궁 중의 니원(尼院)에도 불화를 모셔 놓고 망자의 극락왕생을 기원했던 듯 하다. 명종비 인순왕후의 명복을 빌기 위하여 숙빈 윤씨가 시주자와

43 김정희, 「1465년작 관경16관변상도와 조선초기 왕실의 불화」, 『講座 美術史』 19(한국불교미술사 학회, 2002), 59~95쪽.
44 66쪽 각주 26 참조.

함께 제작한 지장보살본원경변상도(1575~1577)는 왕의 사후 출가한 후궁들이 신앙생활을 하던 자수궁 내 사찰에 봉안되었다. 자수궁은 원래 북학이 있던 자리에 있었는데, 문종 원년 무안군의 옛집을 수리하여 자수궁이라 하고 선왕의 후궁들을 머물게 한 데서 유래하였다.[45] 조선왕조에 들어 태종 때부터 왕의 사후 후궁들이 비구니로 출가하는 전통이 생겨났으며,[46] 세종의 후궁 10여 명도 왕이 사망하던 날 비구니로 출가하였다. 이들은 자수궁에 살면서 돌아가신 선왕이나 자식들을 위해 불화를 조성하고 불경을 인쇄하는 등 다양한 불사를 행했다. "지난 달 15일에 자수궁에서 불사를 크게 일으키니 관에서 장막을 치고 도로를 닦았으며 내명부와 종실 부녀자가 앞을 다투어 가며 참석했다고 합니다. 도성 안에서 부처를 공양하는 것은 나라에서 금하고 있고, 더구나 자수궁은 바로 선왕의 후궁처소이니 또한 하나의 금액(禁掖)으로 정업원과 같지 않은데 향화를 일삼으며 어찌 범석(梵席)을 널리 베풀어 부녀를 떼 지어 모이게 하고 여염 마을을 충동하여 사람들의 귀를 놀라게 함이 옳겠습니까"[47]라는 상소는 당시 자수궁이 후궁의 거처이자 준 사원으로서 왕실 여성들의 중심적인 신행처였음을 말해 준다.

조선 말기에는 고종이 1895년(고종 32)에 상궁 엄씨와 강씨에게 명하여 죽은 명성황후의 천도를 위해 불암사 괘불도를 조성하였다.[48]

---

45 『文宗實錄』卷第1 文宗 卽位年 3月 21日·6月 6日條.

46 『世宗實錄』卷第16 世宗 4年 5月 20日條.

47 『成宗實錄』卷第295 成宗 25年 10月 9日條.

48 화기: "… 大施主秩 奉命臣 尙宮甲寅生嚴氏 尙宮壬寅生姜氏 志心奉祝 大君主陛下 壬子生李氏 天體安寧聖壽萬歲 王太子殿下 甲戌生李氏王體安寧聖壽萬岑 王太妃殿下 壬申生閔氏寶體恒安聖壽齊年 大院君閣下 庚辰生李氏保體 安康聖壽無彊 先皇后陛下 辛亥生閔氏仙駕往生蓮花世界上品上生之大願 …."

5. 기타

이상에서 살펴보았듯이 왕실에서는 예배용·법회용·기원용·영가천도용 등 다양한 목적으로 불화를 조성하였음을 확인할 수 있었다. 이 외에도 현존하는 고려불화 중 가장 이른 시기에 제작된『대보적경』사경변상도(1006)는 목종의 어머니 천추태후가 외척인 김치양과 함께 발원하여 제작한 금자대장경 변상도로서 고려 사경화 중 최고의 작품이다. 천추태후와 김치양은 1003년(목종 6) 자신들이 낳은 아들로 하여금 왕위를 잇게 하려는 계책으로 가장 유력한 왕위계승자였던 대량군 순(詢)을 위협하여 승려가 되게 하는 등 횡포를 일삼았는데,[49] 이 변상도는 천추태후와 김치양의 권세가 최고조에 달하였을 때인 1006년(목종 9)에 제작된 것으로, 사경공덕을 통해 부처님의 가피로 자신의 아들을 왕위에 앉히기 위해 제작된 것으로 추정된다.

1306년(충렬왕 32)에 제작된 아미타여래도(일본 네즈[根津] 미술관 소장)는 화려하게 장식된 대좌 위에 정면을 향하여 결가부좌한 아미타여래를 독존으로 그렸다. 불격에 어울리는 엄격한 상호, 색채의 조화, 치밀한 화면구성이 돋보이는 점 등은 고려불화를 대표하는 걸작 중 하나로 꼽힌다. 화기에 의하면 대덕 10년(1306)에 원의 수도에 체재하고 있던 충렬왕과 충선왕 부부의 빠른 환국을 기원하며 권복수(權福壽)가 시주하고 도인 계문(戒文)과 박효진(朴孝眞) 등이 함께 발원하여 제작하였다고 한다.[50]

---

49 『高麗史』卷3 世家 卷第3 穆宗 6年條.
50 화기: "伏爲 皇帝萬年 三殿行李速還本國之願新畵成 彌陀一幀(向右) 施主權福壽 法界生□兼及己身 超生安養 同願道人戒文同願朴孝眞 大德十年". 이 불화에 대해서는 김정희,「1306년 아미타여래도의 시주 '권복수'고」,『講座 美術史』22(한국불교미술사학회, 2004), 45~63쪽 참조.

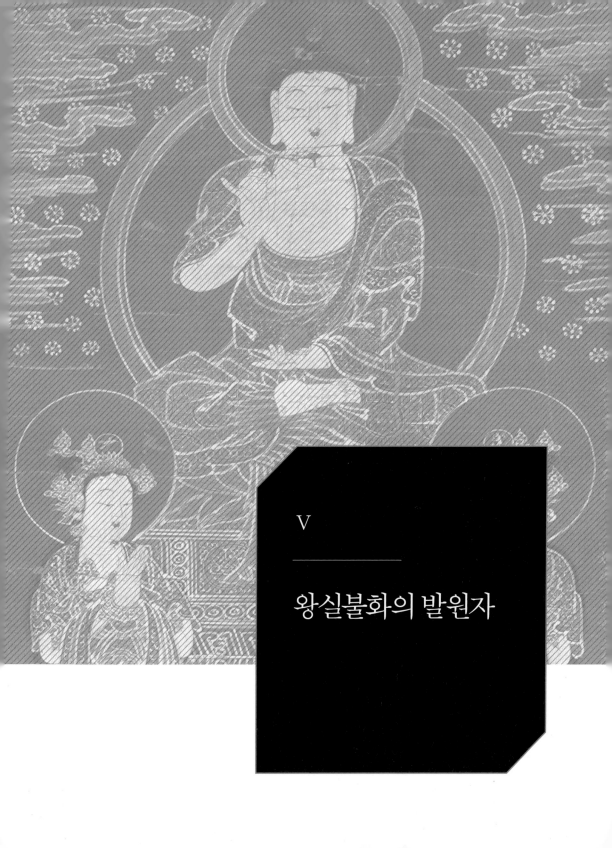

V

왕실불화의 발원자

왕실불화는 전각에 봉안하거나 궁중에서 열리는 법회 또는 도량 등 불교 의식에 사용하기 위해, 죽은 사람의 명복을 빌거나[靈駕遷度] 득남을 기원하며 조성되었다. 불화는 그것을 조성한 주체, 즉 발원자·시주자 또는 후원자가 누구인가에 따라 재료와 품격등이 달라지는데, 왕실불화를 발원하고 시주한 사람들은 왕을 비롯하여 왕비·후궁·대군·군·왕자·옹주 등 왕실의 1차 구성원, 왕의 원친·외손·왕비의 친족 등 종친, 고위관료·상궁·승려에 이르기까지 다양하다. 이 장에서는 왕실발원 불화의 발원자를 왕실과 종친, 고위관료, 상궁, 승려 등으로 나누어 살펴보고자 한다.

1. 왕실

① 왕

고려~조선시대의 왕 가운데 불화 조성을 후원하거나 발원한 경우는 많지 않다. 왕은 특별한 경우가 아니라면 사찰의 창건이나 중창 등 대규모 불사를 발원하고 후원하였으며, 불화 불사는 주로 왕비와 후궁 등 비빈에 의해 이루어졌기 때문이다. 고려시대에는 앞에서 살펴본 바와 같이 의종(1146~1170)이 왕의 수명장수를 위하여 천제석(天帝釋)과 관음보살을 섬겨야 한다는 영의(榮儀)의 건의에 따라 천제석도와 관음보살도를 다수 제작하여 여러 사원에 나누어 주고 축성법회(祝聖法會)를 개최하였다고 전해오지만,[01] 당시 조성된 불화는 남아있지 않다. 또한 충렬왕은 『불공견삭신변진언경(不空羂索神變眞言經)』 사경변상도(1275) 및 『문수사리문보리경(文殊舍利問菩提經)』 사경변상도(1276)를 조성하였다.[02]

조선시대에 이르러서 왕실불화를 발원한 대표적인 왕으로는 영조를 꼽을 수 있다. 영조는 1707년(숙종 33)에 숙종과 비 인원왕후 김씨·세자[경종]·장인인 달성부원군 서종제(達城府院君 徐宗悌, 1656~1719)와 부인 잠성부부인 이씨·어머니 숙빈 최씨의 수명장수를 기원하며 파계사에 영산회상도를 조성하였다. 영조는 숙종과 숙빈 최씨 사이에서 태어났으며, 1699년(숙종 25) 연잉군에 책봉되었다. 이복형인 경종(재위 1720~1724)이 20대 왕으로 즉위한 후 1721년(경종 원년) 음력 8월에 왕세제로 책봉되었으며, 1722년(경종 2)부터 1724년(경종 4) 10월 11일까지 왕세제 신분으로 대리청정을 하였고, 1724년(영조 즉위년) 음력 8월, 병약하던 경종이 승하하자 왕위를 물려받았다. 연잉군이 이 불화를 시주한 1707년(숙종 33)은 13세 되던 해로서 아직 왕세자로 책봉되기 이전으로, 아버지인 숙종이 왕위를 선양하려다 번복하는 등 정치적으로 매우 복잡한 시기였다. 따라서 연잉군은 자신이 태어날 때 득남기원 기도를 올린 영원선사가 머물고 있던 파계사에 영산회상도를 시주 봉안하면서 왕실의 안녕을 기원했을 것으로 생각된다.[03] 영조는 또한 1740년(영조 16) 12월에는 천불도를 희사하였다.[04]

01 『高麗史』, 卷123 列傳 卷第36 嬖幸 榮儀條
02 김정희, 「고려왕실의 불화제작과 왕실발원 불화의 연구」, 『講座 美術史』 17(한국불교미술사학회, 2001), 127~153쪽.
03 장희정, 「연잉군발원 파계사 석가모니불화의 고찰」, 『東岳美術史學』 5(동악미술사학회, 2004), 129~130쪽.
04 1976년 6월 원통전의 건칠관음보살좌상을 개금할 때 불상 안에서 영조가 실제로 착용했던 어의가 나온 것을 보더라도 파계사는 영조와 매우 인연이 깊은 절이었음을 알 수 있다. 당시 도포와 함께 한지 두루마리에 적힌 발원문이 발견되어 이 도포가 파계사에 보관된 경위가 밝혀지게 되었는

조선 말기에는 고종에 의해 수국사, 진관사, 불암사 등 서울·경기 지역의 왕실 인근 사찰을 중심으로 왕실 불사가 꾸준하게 이루어졌다.[05] 고종은 1895년(고종 32) 상궁 엄씨[순헌황귀비]와 강씨로 하여금 불암사 아미타괘불도를 조성케 하고, 1905년(고종 42)에는 상궁 김대기심(金大起心)으로 하여금 봉원사 신중도, 1907년(고종 44)에는 관료 강재희·강문환 부자로 하여금 수국사에 다수의 불화를 제작하게끔 하였다. 또 1910년(순종 3)에는 순헌황귀비와 함께 진관사 칠성도를 시주하였다. 고종이 시주한 불화에는 고종의 이름 대신 '건명임자생이씨(乾命壬子生李氏)'[1910년 진관사 칠성도]라고 적혀 있거나 상궁[1895년 불암사 아미타괘불도, 1905년 봉원사 신중도] 또는 관료[1907년 수국사 불화]가 '(황제의) 명을 받들어[奉命]' 시주한다고 기록되어 있다. 이것은 을미사변(1895), 아관파천(1896), 대한제국 선포(1897), 을사조약(1905), 경술국치(1910) 등 정국이 긴박하게 돌아가던 시기에 왕실의 원찰에 불화를 시주하면서 일본인들의 눈을 피하기 위한 것으로 생각된다.

② 비빈

왕실불화의 가장 대표적인 후원자층은 왕비와 후궁 등 비빈들이다. 비빈 등 여성후원자들은 대부분 권력에서 멀리 떨어져 정치적으로 소외되어 있었으며 왕의 사후에 선왕의 명복을 빌고 대군, 공주 등의 안녕과 명복을 기원하며 불교에 귀의하였기 때문에, 주로 불상과 불화의

데, 발원문에 의하면 1740년 12월에 대법당을 개금하고 불상과 나한을 중수하였으며 영조가 탱불 1,000불을 희사하여 佛供願堂之處로 삼았고 이와 같이 萬歲流轉을 빌면서 왕의 靑紗上衣 도포를 복장한다고 되어 있다.

05 김정희, 「조선말기 왕실발원 불사와 수국사 불화」, 『講座 美術史』 30(한국불교미술사학회, 2008), 175~207쪽.

조성 및 불전의 간행과 같은 불사에 힘을 쏟았다.

고려시대 왕실의 대표적 후원자로는 천추태후와 숙창원비 김씨(淑昌院妃 金氏)를 꼽을 수 있다. 천추태후 황보씨는 경종(재위 975~981)의 비이자 목종의 모후로서, 천추궁에 주석하며 자신의 외척이자 총신인 김치양(金致陽, ?~1009)과 더불어 목종 대 정국을 뒤흔들었던 인물이다.[06] 그녀는 1006년(목종 9) 김치양과 함께 『대보적경』 사경을 발원, 제작하였다. 천추태후는 김치양과의 사이에서 낳은 아들에게 왕위를 물려주고자 1003년(목종 6) 가장 유력한 왕위 계승자였던 대량군 순(大良君 詢)을 위협하여 승려가 되게 하는 등 횡포를 일삼았다. 그러다 1009년(목종 12) 천추태후와 김치양이 목종과 그의 측근들을 제거하려던 음모가 발각되어 김치양과 아들은 살해되고, 천추태후는 섬으로 유배되었다. 『대보적경』 사경변상도는 천추태후의 권세가 최고조에 달하였을 때 제작된 것으로서, 부처의 가피로 자신의 아들을 왕위에 앉히기 위해 제작된 것으로 생각된다.

고려불화 가운데 최대의 규모를 자랑하는 수월관음도(1310)를 발원한 숙비 김씨 또한 왕실불화를 발원한 대표적 인물이라고 할 수 있다.[07] 숙비는 무신정권시대에 무신으로 득세한 대표적인 권문세족인 언양 김씨 가문으로, 위위윤(尉衛尹)으로 차사한 김양감(金良鑑)의 딸이자 언양군 김문연(金文衍)의 여동생이었다. 언양 김씨는 문하시중을 지낸 위렬공 김취려(金就礪, ?~1234)로부터 5대에 걸쳐 수상 또는 재상에 오른 이가 12명이나 된다. 1297년(충렬왕 23) 충렬왕비인 제국대장공주(1259~1297)가 죽고 총애하던 궁인 무비(無比)마저 죽임을 당하자 충선

---

06 김정희, 「고려왕실의 불화제작과 왕실발원 불화의 연구」, 138~139쪽.
07 김정희, 「고려불화의 발원자와 시주자」, 『講座 美術史』 38(한국불교미술사학회, 2012), 253~255쪽.

왕이 충렬왕을 위로하고자 과부였던 김씨를 맞아들임에 숙창원비(淑昌院妃)로 봉해졌다. 충렬왕은 1307년(충렬왕 33) 원나라에 체류하던 충선왕이 자신의 측근인 서흥후 전(瑞興侯 琠)과 왕유소(王維紹) 일당을 처형하자 그해 5월 귀국하였는데, 귀국 당일에도 숙창원비의 집으로 향할 만큼 그녀를 총애하였다. 1308년(충렬왕 34) 충렬왕이 사망하자 김씨는 오빠 문연을 찾아온 충선왕과 관계를 맺고 얼마 후 숙비(淑妃)로 진봉되었다.

숙비는 "왕을 미혹하여 정사를 문란하게 하였으며, 행실에 절도가 없고 사치를 좋아하여 모친상을 당해서도 향연을 베풀고 옷차림은 마치 공주와 같았다"[08]고 한다. 그러나 한편, 불심이 깊어 1305년(충렬왕 31) 중국승려 소경(紹瓊)이 왔을 때 충렬왕과 함께 보살계를 받았고, 은자원(銀字院)에 가서 재상들과 함께 불공을 드리고 흥천사에서 반승을 하기도 했다. 그녀의 권세는 1311년(충선왕 3)에 충선왕이 원의 황태후에게 청하여 황태후가 숙비에게 고고관(姑姑冠)을 하사하니 숙비가 고고관을 쓰고 원 사신에게 연회를 베풀어 주었으며 재상 이하는 예물을 드려 비를 축하했다는 사실, 1325년(충숙왕 12) 충선왕이 돌아가시자 숙비의 궁에 빈소를 차렸던 사실을 보아도 잘 알 수 있다.

조선 초·중기는 특히 비빈의 불화불사가 활발하게 이루어졌던 시기였다. 중종의 계비 문정왕후 윤씨를 비롯하여 인종비 인성왕후 박씨, 명종비 인순왕후 심씨, 순회세자[명종의 아들]빈 덕빈[恭懷嬪 尹氏], 선조의 계비 인목왕후 김씨, 선조의 후궁 숙원 윤씨 등이 다양한 불사를 행했다. 그중 대표적인 인물은 바로 중종의 계비이자 명종의 모후인

---

08 『高麗史』卷89 列傳 卷第2 后妃 忠烈王后妃 淑昌院妃 金氏條.

문정왕후로서, 1560년(명종 15) 순금 영산회도를 시작으로 1561년(명종 16)에 순금 약사여래도와 순금화 5점, 진채화 2점 등 7점의 탱화를 조성하였으며, 1562년(명종 17)에는 향림사 나한도 200점, 1565년(명종 20)에는 양주 회암사의 중수를 기념하여 무려 400점이나 되는 불화를 조성하였다.[09]

문정왕후(1501~1565)는 영돈녕부사 윤지임(尹之任, 1475?~1534)의 딸로서, 중종비 신씨가 즉위 직후 폐위되고 1515년(중종 10) 계비 장경왕후 윤씨가 세자 호(峼, 인종)를 낳은 뒤 사망하자 1517년(중종 12) 왕비에 책봉되었다. 왕후는 원래부터 불심이 깊어, 승과제와 양종도회소를 폐지하는 등 강한 억불정책을 시행하였던 중종 재위 시에도 내수사를 통하여 사방의 사찰에 밀사를 파견하여 복을 빌었으며, 여러 곳에 내원당을 설치하여 '복을 빌고 재앙을 물리치는'[招祥讓灾] 공덕을 쌓았다. 1545년(인종 원년)에는 장경왕후의 소생으로 젊은 나이에 승하한 인종의 뒤를 이어 자신의 소생인 명종이 12세의 어린 아이로 왕위에 오르자 8년 동안 수렴청정을 하였다. 왕후는 오빠였던 윤원로(尹元老, ?~1547)를 해남에 유배하고 인종의 외삼촌이었던 윤임(尹任, 1487~1545)을 사사하는 소위 을사사화(乙巳士禍)를 일으켜 윤원형(尹元衡, ?~1565)이 정권을 잡게 하는 등 정국에 깊이 관여하였다.

왕비는 섭정 후 여러 유신들의 반대에도 불구하고 종래 불교에 대한 억압정책을 개혁하려는 굳은 결의를 갖고 불교 중흥의 실질적인 임무를 맡을 승려를 모색하던바, 당시 높은 학문과 덕망으로 인하여 존경을 받고 있던 허응당 보우를 발탁하여 그와 함께 17년간 불교 중흥

---

09 문정왕후를 비롯한 조선 전반기 비빈들의 왕실불사에 대해서는 김정희, 「문정왕후의 중흥불사와 16세기의 왕실발원 불화」, 『美術史學硏究』 231(한국미술사학회, 2001), 5~39쪽 참조.

의 업을 추진하였다. 1548년(명종 3) 12월 보우를 봉은사 주지에 임명하고,[10] 1550년(명종 5) 12월 왕비가 평소 신뢰하던 영의정 상진(尙震, 1493~1564)에게 비망기(備忘記)를 내려 선교 양종을 다시 세웠다.[11] 또 도승법과 승과를 부활하자는 보우의 건의를 받아들여 1552년(명종 7) 4월 식년승과(式年僧科)를 거행하였으며, 1492년(성종 23)에 폐지한 도첩제를 부활, 실시하였다. 문정왕후의 숭불로 인하여 조정에도 불교 신봉자가 늘어 각지의 내원당에는 예불하는 자가 붐볐으며, 왕자들은 여러 가지를 진상하며 왕후의 공불(供佛)을 도왔다고 한다.

1563년(명종 18) 명종의 외아들이던 순회세자가 13세의 어린 나이로 요절하자 왕후는 명종의 무병장수와 왕비 인순왕후 심씨가 많은 아들을 낳아 왕실이 번영하고 순회세자가 다시 동궁에 태어나 원자가 되어 줄 것을 기원하는 불사로서 1564년(명종 19)에 경기도 양주군 회암사의 재건을 계획하였다.[12] 이 공사는 1565년(명종 20) 4월에 완공되었고, 회암사에서는 낙성식을 겸하여 무차대회(無遮大會)를 계획하였다.[13] 문정왕후는 회암사 중수를 앞두고 1565년(명종 20) 1월 원주가 되어 명종의 병세 회복과 건강, 왕비의 세자 출산 등을 기원하며 석가·미륵·약사·아미타의 화상을 각각 순금화 50점, 채색화 50점 등 모두 400점을 제작하여 회암사 중수 때 개안 공양하였다.

무차대회를 하루 앞둔 4월 6일, 문정왕후가 사망하자[14] 정세는 하루

---

10 1548년(명종 3) 12월 봉은사 주지로 임명하는 문정왕후의 慈志를 받았으며, 1551년(명종 6) 6월 判禪宗事都大禪師 奉恩寺住持로 임명되었다.

11 『明宗實錄』卷第10 明宗 5年 12月 15日條.

12 당시 회암사 중건의 전후 사정은 보우대사의 문집인 『懶庵雜著』의 「薦世子藥師精勤點眼法席疏」와 「檜巖寺重修慶讚疏」에 자세히 실려 있다.

13 『明宗實錄』卷第31 明宗 20年 4月 5日條에는 무차대회를 중지시켰다는 내용과 함께 당시에 개최된 무차대회의 상황에 대하여 자세히 기록하고 있다.

14 『明宗實錄』卷第31 明宗 20年 4月 6日條.

아침에 급변하였다. 대비의 장례가 끝나자마자 일찍부터 논의되어 오던 군신들의 양종 폐지 및 보우 축출에 대한 목소리가 높아졌다. 명종은 지속되는 상소에 어쩔 수 없이 보우의 승직을 박탈하고 서울 근처의 사찰 출입을 금하였으며, 율곡 이이(栗谷 李珥, 1537~1584)의 상소에 따라 보우를 제주도로 귀양 보냈는데,[15] 보우는 제주도로 내려간 후 곧 목사 변협(邊協, 1528~1590)에게 피살되었다.[16] 다음 해인 1566년(명종 21)에는 보우대사와 문정왕후가 힘을 기울여 부활시켰던 양종·승과·도첩제도가 하루아침에 폐지되었고, 이에 따라 승단과 승려들의 지위는 명종 이전의 상태로 되돌아갔다.[17]

이처럼 문정왕후는 1545년(인종 원년) 아들 명종이 왕위에 오른 뒤 1565년(명종 20) 사망할 때까지 불교 중흥을 위해 애쓰며 중종에 의해 폐지되었던 선교양종을 복위하고 도첩제를 실시하는 한편 승과제도를 부활하는 등 조선 중기 불교 중흥에 괄목할 만한 업적을 남겼다. 또한 회암사 중수를 기념하며 불화 400점을 공양한 것을 비롯하여 불교미술의 후원 및 불사에도 남다른 역할을 하였다.

문정왕후가 발원한 불화의 화기에는 왕후를 일컬어 성렬인명대왕대비 전하라고 칭하고 있다. 이것은 왕후가 1544년(중종 39) 인종의 즉위례를 행하면서 왕대비가 되었고,[18] 1545년(명종 즉위년) 명종이 즉위함에 따라 대왕대비가 되었으며,[19] 다음 해(1546) 정월에는 성렬(聖

---

15 『明宗實錄』卷第31 明宗 20年 6月 12日條.
16 보우대사의 입적시기는 명확하지 않으나 아마도 1565년 10월 초경으로 생각되며, 보우의 피살에 대해서는 1년 후의 기록인『明宗實錄』, 明宗 21年 4月 20日條에 그가 제주목사 변협에 의해 주살되었다고 되어 있다.
17 『明宗實錄』卷第32 明宗 21年 4月 20日條.
18 『中宗實錄』卷第105 中宗 39年 11月 20日條.
19 『仁宗實錄』卷第2 仁宗 元年 7月 6日條.

烈), 9월에는 인명(仁明)의 존호를 받았기 때문이다.[20] 즉, 문정왕후는 1546년(명종 원년) 9월 이후 성렬인명대왕대비 전하라고 불리게 되었으며, 이에 따라 1546년(명종 원년) 이후 조성된 불화의 화기에는 모두 성렬인명대왕대비 전하라고 적혀 있다.

문정왕후와 함께 많은 불사를 행했던 왕실여성은 인종의 비인 인성왕후(1514~1577) 박씨와 명종비 인순왕후(仁順王后, 1532~1575)이다. 인성왕후는 금성부원군 박용(錦城府院君 朴墉)의 딸로, 1524년(중종 19)에 세자빈으로 간택되었으며, 1544년(중종 39) 11월에 중종이 승하하고 인종이 즉위하자 인성왕후로 봉해졌다.[21] 그러나 1545년(인종 원년) 인종이 재위 1년 만에 승하하고 명종이 즉위함에 따라 왕대비가 되었으며,[22] 1546년(명종 원년)에 공의(恭懿)라는 존호를 받았다.[23] 공의왕대비는 불심이 깊어 인종의 극락왕생을 기원하며 1550년(명종 5)에 도갑사 관음보살32응신도를 발원, 제작하고, 1568년(선조 원년)에는 용화회도(龍華會圖, 일본 지조지[地藏寺] 소장)를 제작하였다. 왕비는 슬하에 소생이 없었으며 1577년(선조 10)에 사망하였다. 주상 전하의 장수복록을 기원하며 대비 전하가 제작한 것으로 알려진 약사십이신장도(미국 보스턴미술관 소장) 또한 인성왕후가 발원한 것으로 추정된다.[24] 1576년 사라수탱(일본 세이잔분코[青山文庫] 소장)와 1575~1577년 자수궁정사 지장시왕도(일본 지온인[知恩院] 소장)는 인성왕후의 장수를 기원하며 제작되었으며, 1582년 아미타내영도(일본 라이고지[來迎寺] 소장)는 인성왕후의 사후 왕

---

20 『明宗實錄』卷第5 明宗 2年 1月 26日條 및 卷第6 明宗 2年 9月 21日條.
21 『中宗實錄』卷第105 中宗 39年 11月 20日條.
22 『仁宗實錄』卷第2 仁宗 元年 7月 6日條.
23 『明宗實錄』卷第6 明宗 2年 9月 21日條.
24 堀岡智明,「ボストンン美術館藏 朝鮮佛畵について」,『佛教藝術』83(佛教藝術學會, 1972), 54~55쪽.

생극락을 기원하기 위해 제작되었다.

명종비 인순왕후는 청릉부원군 심강(靑陵府院君 沈鋼)의 딸로 1544(중
종 39)에 당시 대군이던 명종과 혼인하여 부부인이 되었다. 1545년(인
종 원년)에 명종이 인종의 뒤를 이어 즉위하자 왕비로 책봉되었으며,
1551년(명종 6)에 순회세자를 낳았다. 그러나 1563년(명종 18) 순회세자
가 어린 나이로 사망하자 불심이 돈독해져서 그 후 문정왕후, 인성왕
후 등과 함께 불재공양에 힘을 써 당시 왕실을 중심으로 한 불교 부흥
에 한 역할을 하였다. 1569년(선조 2) 의성(懿聖)이라는 존호를 받았으며
1575년(선조 8)에 세상을 떠났다.

1575~1577년 사이에 자수궁정사 지장시왕도를 발원한 숙빈 윤씨는
인종의 후궁[25]으로서 문정왕후의 오빠이자 윤원형의 형인 윤원량(尹元
亮, 1495~1569)의 딸이다. 윤씨는 동궁에 화재가 발생했을 때 당시 동궁
이었던 인종을 구한 윤양제(尹良娣)와 동일인물로 보이며, 인종 즉위 후
숙빈으로 봉해진 것으로 추정된다.[26] 그녀는 이 불화의 발원 대상자인
명종비 인순왕후 심씨와는 사촌 시누이, 올케 사이이며 인순왕후가 사
망한 후 명복을 빌기 위해 지장보살도를 발원하였다. 숙빈 윤씨가 이
불화를 발원하여 자수궁에 봉안했기 때문에 숙빈 윤씨는 자수궁에 머

---

25 기존에는 "惠嬪 鄭氏는 廣州에서, 淑嬪 尹氏는 南陽에서, 淑儀 李氏·愼氏는 延安에서 음식물을 題
    給하여 줄 것을 감사에게 有旨를 내리도록 하라"는 기록(『宣祖實錄』, 宣祖 28年 5月 26日條)에 의
    해 淑嬪 尹氏를 선조의 후궁으로 보았으나 최근 경기도 파주시에서 출토된 坡平 尹氏 母子 미라와
    함께 淑嬪 尹氏가 1545년 어머니에게 보내는 것으로 추정되는 諺文의 편지가 발견되어 인종의 후
    궁임이 밝혀졌다. 정광, 「파평윤씨 모자 미라 부장 언간」, 『파평윤씨 모자미라 종합연구 논문집』(고
    려대학교 박물관, 2003) 참조.

26 『明宗實錄』卷第5 明宗 2年 2月 19日條, "及其翌年癸卯正月 東宮失火之後 李霖以大司諫 來見壽聃
    者 連日焉 壽聃慨然謂臣曰 霖之無狀 乃以東宮之火 謂出於尹良娣之房 尹良娣乃尹元衡之兄 元亮之
    女也 將欲藉口 以成大獄"; 정호섭, 「파평윤씨 모자미라의 주인공에 대하여」, 『파평윤씨 모자미라 종
    합연구 논문집』(고려대학교 박물관, 2003), 83쪽.

물고 있지 않았을까 생각되지만 숙빈이 자수궁에 머물렀다는 기록이 없어 확인할 수는 없다.

조선 후기와 말기에도 왕실 여성들의 불사는 꾸준히 이어졌다. 그중 순조의 후궁 순화궁 김씨와 고종비 명성황후, 영친왕의 어머니 순헌 황귀비 엄씨 등이 왕실발원 불화의 대표적 후원자라 할 수 있다. 이들은 왕실의 안녕과 선왕의 극락왕생 또는 태자의 탄생을 기원하며 불화를 시주하고 불경을 간행하였다. 남성 중심 사회에서 여성이라는 지위 때문에 왕과 대군 등 남성보다는 소극적이며 개인 중심의 불사를 행할 수밖에 없었지만, 오히려 남성들보다도 더욱 독실한 신앙으로, 때로는 밖으로 드러나지 않으면서 많은 불사를 행하였다. 이들은 주로 서울 인근지역의 사찰을 중심으로 왕과 세자의 만수무강을 기원하거나 돌아가신 부모의 명복을 빌며 불화에 시주하였다. 진관사·봉은사·청룡사·안양암·학림사·수국사·불암사 등에는 현재까지도 궁중발원 불화들이 다수 소장되어 있다.[27]

19세기 말의 세도가인 민두호(閔斗鎬), 궁중의 상궁 등과 함께 봉은사 괘불도를 시주한 순화궁 김씨는 헌종의 제2후궁인 경빈 김씨로, 순화궁에 머물렀다 하여 순화궁이라 불리웠다. 그녀는 헌종의 두 왕비가 자손을 생산하지 못하자 1847년(헌종 13) 10월 후궁으로 간택되어 경빈의 칭호를 받았으며 1849년(헌종 15) 헌종이 승하할 때까지 헌종의 사랑을 독차지했다. 헌종의 사후 궁에서 나와 현재의 종로 인사동에 위치한 사저[순화궁][28]에 머물다가 1907년(고종 44) 4월 21일 76세로 세상

27 조선 말기 왕실의 불화 조성에 대해서는 유경희, 「조선 말기 왕실발원 불화의 연구」(한국학중앙연구원 박사학위논문, 2015) 참조.
28 순화궁은 경빈의 사후 빈집으로 남아 있다가 이완용의 소유로 넘어갔으며, 이후 명월관의 주인 안순환이 인수하여 분점 격으로 운영하면서 태화관으로 고쳤다. 태화관은 1919년 3·1운동 당시 민

을 떠났다. 순화궁은 비록 후궁이었지만 왕이 그를 위하여 낙선재를 지어 줄 만큼 총애를 받았는데, 문장에도 밝아 왕과 왕비의 기일에 비빈을 비롯한 내시의 복색·머리모양·화장·노리개·반지 등의 수식의 복제를 기록한 『국기복식소선(國忌服飾素膳)』, 궁중 제일의 명절인 탄일과 정월·동지·망간의 문안례 때의 복식을 설명한 『사절복식자장요람(四節服飾資粧要覽)』(숙명여자대학교 박물관 소장)[29]을 펴내기도 했다. 순화궁이 봉은사 괘불도를 시주한 1886년(고종 23)은 그의 나이 56세 때로 순화궁에 머물 때이다. 여러 상궁들과 함께 시주한 것을 보면 비록 후궁으로 궁에서 나오기는 하였지만 왕의 생일, 왕의 결혼, 왕세자의 결혼에 빠짐없이 초대되고 참석할 정도로 역량 있는 왕실 인사였음을 알 수 있다. 그리고 순화궁이 왕실과 관련된 가까운 사찰들, 예를 들어 단종비 정순왕후(定順王后) 송씨(1440~1521)가 머문 이후 많은 후궁들의 거처가 되었던 청룡사[30]나 상궁들이 많은 시주를 했던 진관사, 안양암 등이 아닌 봉은사에 대시주로 참여하게 된 것은 봉은사 주지인 호봉선사가 1870년(고종 7)에 흥선대원군불망비(興善大院君不忘碑)를 건립하는 등 왕실과의 관계가 밀접했던 사실과 관련이 있는 것 같다. 순화궁은 1907년(고종 44) 4월 21일 사망했으며, 고종황제의 명에 의하여 순조의 생모인 수빈 박씨의 묘소인 휘경원이 있던 동대문 배봉산 기슭에 묻혔다.[31]

족대표 33인의 독립선언 장소로 채택되었다.

29 이 책들은 정월·사월팔일·오월단오·추석·동지 등의 소위 민간에서 명절로 꼽았던 풍속과 견주어 궁중에서는 어떻게 보냈는지에 대한 것은 물론 복식제도에 대해서도 소상히 살펴볼 수 있는 것으로, 지금은 퇴색해 버린 명절의 개념과 이에 따라 다르게 지켜진 궁중의 규범을 살펴보는 데 중요한 자료로 평가된다.

30 청룡사와 왕실과의 관련성에 대해서는 김정희, 「서울 청룡사의 불화」, 『성보』 6(조계종 성보보존위원회, 2004) 참조.

31 지금은 경기도 고양시 덕양구 원당동의 경빈묘로 이장되었다.

조선 말기에 가장 활발하게 불화불사를 행했던 인물은 고종의 후궁이자 영친왕의 어머니인 순헌황귀비 엄씨(1854~1911)이다. 황귀비는 6세 때인 1859년(철종 10) 궁인으로 입궁하였으며,[32] 명성황후의 시위상궁(侍衛尙宮)이었다. 1885년(고종 22) 31세에 고종의 승은을 입었다가 명성황후에게 발각되면서 궁궐에서 쫓겨났다. 을미사변(1895) 이후 다시 입궐하여 고종의 총애를 받았으며, 아관파천(1896)때는 고종을 모시고 러시아 공사관에서 같이 생활하였다. 아들 은(垠: 영친왕)의 출산 직후 상궁에서 귀인이 되었고 1900년(고종 37) 순빈, 1901년(고종 38)에 비, 1903년(고종 40)에 황귀비로 책봉되었다.

순헌황귀비는 여성의 교육에 관심이 많아 내탕금을 내려 1905년(고종 42) 양정의숙(현 양정고등학교), 1906년(고종 43) 진명여학교(현 진명여자고등학교)와 명신여학교(현 숙명여자대학교)를 세웠다. 황귀비는 특히 서울·경기 인근의 사찰에 많은 불사를 시행하였다.[33] 1895년(고종 32) 상궁의 신분으로 불암사 괘불도를 발원한 것을 시작으로 같은 해에 고양 무량사 산신각을 짓고 산신도 1점과 약사불좌상을 봉안하였다.[34] 1898년(고종 35)에는 보광사 괘불도 및 후불도·칠성도·삼장보살도·독성도 등을 시주하였다. 이어 1900년(고종 37)에는 화계사 극락보전 및 독성각을 중수하고[35] 다음 해에는 죽은 친정식구들의 명복을 빌며

32 순헌황귀비의 무덤인 永徽園 丁字閣 남쪽에 있는 비문에 "純獻貴妃嚴氏哲宗五年甲寅十一月初五日生 己未選入宮光武元年誕王世子封貴人四年封諄嬪賜宮號慶善五年進封妃七年冊皇妃□□七月二十日卒逝壽五十八歲追號純獻八月二日葬于楊州天秀山寅坐原園號永徽□□"라고 적혀 있어 1854년에 태어나 6세 때인 1859년에 입궁하였음을 알 수 있다.

33 순헌황귀비의 불사에 대해서는 유경희, 「고종 대 순헌황귀비 엄씨 발원 불화」, 『美術資料』 86(국립중앙박물관, 2014), 111~136쪽 참고.

34 『畿內寺院誌』(경기도, 1988), 469쪽. 순헌황귀비 엄씨가 북한산성 입구에 있는 무량사에 산신각을 짓고 산신탱 1점과 약사여래좌상을 봉안하고 백일기도를 한 후에 영친왕을 낳았다고 한다.

35 「極樂寶殿重修丹雘記」.

봉원사 괘불도를 조성하였으며,[36] 1902년(고종 39)에는 수원 청련암의 중창 불사를 후원하는 한편 내탕금으로 남양주의 흥국사 괘불도 조성을 후원하였다.[37] 이어 황귀비는 1907년(고종 44)에는 은역소감동 강재희가 황명을 받들어 수국사에 아미타불도·극락구품도·감로도·십육나한도·현왕도·신중도 등 6점을 조성하고 다음 해인 1908년(순종 원년) 괘불도를 조성하는 대불사를 행했을 때 금 1,500원을 하사하였으며,[38] 석가모니불·아미타불·관음보살상을 개금하였다.[39] 1910년(순종 3)에는 진관사 칠성도[40] 제작을 시주하고 1913년(순종 6)에는 자재암 백련결사에 자원시주(自願施主)로 참가하는 등[41] 순헌황귀비는 조선 후기의 가장 대표적인 왕실 후원자였다.

③ 대군, 군

왕뿐 아니라 대군과 군, 종친 가운데에도 불교를 신봉하고 불사를 후원했던 인물들이 눈에 띈다. 대군 중에서 왕실불화를 발원한 대표적인 인물은 효령대군·월산대군·제안대군·영응대군·임영대군 등이다.

효령대군(孝寧大君, 1396~1486)은 태종의 아들이자 세종의 형으로, 조선 초기 왕실의 대표적인 호불자로서 누구보다도 많은 불사를 행하였

36　이 불화는 순헌황귀비 엄씨가 죽은 친정식구 6명의 명복을 빌며 발원한 불화인데, 시주질에는 "皇城內西署皇華坊景運宮□居住 淳嬪邸下甲寅生□氏大蓮花"라고 기재되어 있어 그가 大蓮花라는 법명을 가졌음을 알 수 있다.

37　『傳統寺刹叢書』3-경기도 1.

38　김정희, 「조선말기 왕실발원 불사와 수국사 불화」, 175~207쪽.

39　東隱 元奎, 「守國寺改金幀畵佛事記」.

40　시주자 명단에는 고종과 순헌황귀비의 이름을 익명으로 밝히고 있다.

41　「自在庵白蓮結社文」. 순헌황귀비는 자재암 백련결사에 자원시주로 참가하여 금 100원, 白米 2石, 黃太 1石을 시주하였다.

다.[42] 그가 살았던 시기는 조선 초기 억불정책이 가장 극심했던 때였고, 부왕인 태종은 가장 강한 억불정책을 시행하였지만, 효령대군은 어린 나이였음에도 여러 가지 불사를 하는 등 불심이 깊었다. 13세 때인 1408년(태종 8) 부왕인 태종에게 아뢰어 백금 2만 냥을 하사받아 금강산 유점사에 건물 3,000칸을 중건케 한 것을 시작으로,[43] 87세인 1482년(성종 13) 강진 만덕사에 전답 10결을 시주하는 등[44] 근 70여 년 동안 재와 법회 개최, 사찰의 중수 및 중창, 경전의 언해 및 간행 등의 불사와 불상·불화·범종·불탑 등 불교미술의 시주, 발원에 이르기까지 40여 건의 불사를 행했을 정도로 불심이 돈독하였다. 1465년(세조 11) 효령대군은 부왕 태종의 명복을 빌고 세 전하 및 모후·단월·모든 고혼의 극락왕생을 기원하며 월산대군·영응대군 부인 송씨·김제군부인 조씨·대구군부인 진씨 등과 함께 관경16관변상도를 시주하였다.

월산대군(月山大君, 1455~1489)과 임영대군(臨瀛大君, 1420~1469), 영응대군(永膺大君, 1434~1467), 제안대군(齊安大君, 1466~1525) 등도 왕과 왕비 등의 극락왕생을 기원하며 불화를 시주하고 경전을 간행하였다. 효령대군과 함께 1465년(세조 11)에 관경16관변상도를 발원한 월산대군은 성종의 친형이자 세조의 손자로서, 효령대군에게는 증손자뻘에 해당된다. 효령대군과 함께 이 불화를 시주하였던 때에 월산대군은 12세에 불과한 어린 나이였기 때문에 그는 시주로서 큰 역할을 하지는 못했을

---

42 효령대군의 불교신앙과 불사에 대해서는 이봉춘,「효령대군의 신불과 조선전기 불교」,『불교문화연구』7(동국대학교 불교사회문화연구원, 2006), 89~120쪽; 김정희,「효령대군과 조선초기 불교미술 ─후원자를 통해 본 조선초기 왕실의 불사」,『美術史論壇』25(한국미술연구소, 2007), 107~150쪽; 인용민,「효령대군 이보(1396~1486)의 불사활동과 그 의의」,『禪文化研究』5(한국불교선리연구원, 2008), 25~60쪽 등 참조.

43 「孝寧大君願堂 完文」,『乾鳳寺本末事蹟·楡岾寺本末事蹟』(아세아문화사, 1977), 2~3쪽.

44 李敦榮,「萬德山白蓮寺施僧文」.

것이다. 그러나 1474년(성종 5)에 성종비인 공혜왕후 한씨가 승하하자 세조비인 정희왕후 윤씨가 세종·소헌왕후·세조·의경대왕·예종 등의 명복을 빌기 위해 새긴 『예념미타도량참법(禮念彌陀道場懺法)』[45]의 간행에 인수대비·인혜대비·제안대군·공주·숙의·상궁 등 궁중의 인물들 및 신미·학열·학조 등 승려와 함께 참여하는 등 불사에 깊이 관여하였다.[46]

④ 공주, 옹주

1477년작 약사삼존십이신장도는 인수대비의 딸이자 성종의 누이동생 명숙공주와 남편 홍상이 성종 및 자신들의 무병장수를 기원하며 발원, 조성하였다. 명숙공주와 홍상은 당시 이 불화뿐 아니라 아미타여래도·치성광여래도·관음보살도 등도 조성했다고 한다.[47] 명숙공주는 세조의 큰아들인 덕종과 소혜왕후[인수대비]의 딸로 12세에 홍상과 혼인하여 1471년(성종 2)에 아들을 낳았으나 1482년(성종 13)에 28세로 요절하였다. 성종은 누이의 죽음을 슬퍼하며 쌀 60석·콩 20석·청밀 10두·기름 15두·밀 3석·석회 50석을 특별히 하사하였으며,[48] 어머니 인수대비는 외동딸인 명숙공주의 천도를 위하여 『법화경』을 인

---

45 이 책은 목판본으로 5권본인데, 권말에 있는 金守溫의 발문을 보면 글씨는 당시 지중추부사 成任이 쓰고 白終麟, 李長孫 등 일류화가와 權頓一, 張莫同, 李永山 등 刻手들이 총동원되어 판각한 것으로 조선시대 전적 가운데 가장 뛰어난 목판본이다. 이 『禮念彌陀道場懺法』에 대해서는 박도화, 「15세기 후반기 왕실발원 판화—정희대왕대비 발원본을 중심으로」, 『講座 美術史』 19(한국불교미술사학회, 2002), 159~162쪽 참조.

46 김정희, 「효령대군과 조선초기 불교미술—후원자를 통해 본 조선초기 왕실의 불사」, 142~144쪽의 〈효령대군의 불사 및 불교미술조성례〉 표 참조.

47 화기는 박은경, 『조선 전기 불화 연구』, 480쪽 참조.

48 『成宗實錄』 卷第147 成宗 13年 10월 24日條.

출하였다.[49]

조선 후기에도 공주와 옹주의 불화후원이 이어졌다. 화엄사 괘불도 (1653) 조성 때 향랑을 시주한 익평위 양위(益平尉 兩位)는 효종의 차녀인 숙안공주(淑安公主, 1636~1697)와 남편인 홍득기(洪得箕, 1635~1673)이다. 숙안공주는 효종과 인선왕후(1618~1674) 사이에서 태어났는데, 1645년 (인조 23)에 소현세자가 급서하여 그해 윤6월에 아버지 봉림대군이 왕 세자로 책봉되자 다음 해 숙안군주(淑安郡主)가 되었다.[50] 1648년(인조 26) 9월에 부마 간택령이 내려져[51] 1649년(인조 27) 4월에 현감 홍중보의 아들인 홍득기가 부위로 간택되었으나[52] 5월 8일 인조가 사망하자 혼 례가 미루어졌다가 효종 즉위 후 숙안공주로 책봉되었으며, 홍득기는 익평위로 진봉되었다.[53] 홍득기는 1673년(현종 14) 6월 29일 특별히 봉 군되어 익평군이 되었다. 숙안공주와 홍득기가 화엄사 영산회괘불도 의 시주가 된 것은 숙안공주의 아버지 효종과 이 괘불도의 조성을 주 도한 벽암 각성(碧巖 覺性, 1575~1660)과의 인연에 의한 것으로 생각된다. 각성은 일찍이 효종이 잠저하고 있을 때 평안도 안주에서 효종을 만나 화엄종요(華嚴宗要)를 설하였으며,[54] 이에 효종이 각성에게 벼루·붓·

49 인수대비가 간행한 『법화경』(보물 제950호)은 1470년 세조비 정희대왕대비에 의하여 판각된 목판 에서 찍어 낸 경전 중 하나로, 끝에는 판각 때 쓴 김수온의 발문과 인출 당시 먹으로 쓴 강희맹의 발 문이 붙어 있다.

50 『仁祖實錄』卷第47 仁祖 24年 12月 25日條.

51 『仁祖實錄』卷第49 仁祖 26年 9月 20日條.

52 『仁祖實錄』卷第50 仁祖 27年 4月 9日條.

53 『孝宗實錄』卷第1 孝宗 卽位年 6月 9日條. 인조의 삼년상으로 혼례가 미루어졌으나 1650년(효종 원 년) 조선의 공주를 비로 맞이하겠다는 청의 섭정왕 도르곤(睿親王, 재위 1643~1650)의 구혼이 있자 1651년(효종 2) 1월에 간략한 절차를 거쳐 혼례를 올렸다(『孝宗實錄』卷第5 孝宗 元年 11月 5日條).

54 효종은 1623년 인조반정 후 왕자로 책봉되고 1626년 봉림대군의 작위를 받았으며, 1637년 소현 세자 등과 함께 청나라에 볼모로 끌려갔다가 8년 만인 1645년에 귀국, 1649년 5월 인조의 뒤를 이 어 즉위했으므로, 효종과 각성이 만난 시기는 봉림대군으로 책봉된 1626년에서 청으로 갔던 1637 년 사이일 것으로 추정된다.

염주·유리·도서·금사자 등을 하사했다. 효종은 왕이 된 후 1650년(효종 원년)에 각성이 머물던 화엄사를 '선종대가람(禪宗大伽藍)'으로 지정할 정도로[55] 각성과 친분이 깊었다. 선종대가람이 된 화엄사는 효종의 원찰과 같은 역할을 하였을 것이며,[56] 이러한 인연으로 화엄사 영산회괘불도 조성 불사(1653) 때 숙안공주와 익평위 내외가 향랑을 시주했을 것으로 추정된다.

1769년(영조 45)에 불국사 대웅전의 영산회상도와 벽화의 조성을 후원한 화완옹주(和緩翁主, 1738~1808) 또한 조선 후기의 대표적인 불교미술 후원자였다. 옹주는 영조와 영빈 이씨(1696~1764) 소생으로 영조가 특히 총애하던 딸이었다.[57] 그는 1749년(영조 25) 7월 소론의 거두 정휘량(鄭翬良, 1706~1762)의 조카이자 이조판서 정우량(鄭羽良, 1692~1754)의 아들 일성위 정치달(鄭致達, 1732~1757)과 결혼하여 딸을 낳았으나 남편이 젊은 나이로 사망하자 시댁 일가의 아들인 정후겸(鄭厚謙, 1749~1776)을 양자로 삼았다. 화완옹주는 정조 즉위 후 양자 정후겸과 함께 경빈 박씨(?~1762)의 소생인 은전군 이찬(恩全君 李禶, 1759~1778)을 왕위에 세울 계획을 세웠으나 실패하자 서인으로 강등되고 옹주의 호를 삭탈당한 채 강화도 교동, 파주로 유배되었다가 1799년(정조 23)에 석방되었

55 〈兼八道都摠攝帖〉(1650, 종이, 79.1×93.1㎝), "兼八道都摠攝 湖南求禮地智異山華嚴寺爲禪宗大伽藍者 順治七年六月日者摠攝 代將".

56 화엄사에는 인조가 각성에게 하사한 가사가 전해 오고 있어 효종 이전부터 왕실의 원찰이었을 것으로 추정된다. 주황색 織銀緞으로 아청색 안을 댄 19조의 겹가사는 운문과 용문, 연화문이 배치되었으며, 일광첩에는 홍색 바탕에 수미산, 이족오, 해, 채운문, 월광첩에는 홍색 바탕에 옥토문, 채운문, 계수나무와 달이 아름답게 수놓여 있는 등 왕실 공예품으로서의 품격을 잘 갖추고 있다. 강선정·조우현, 「화엄사소장 17세기 가사에 대한 연구」, 『한국의상디자인학회 학술대회발표집』(2010), 158~161쪽.

57 박주, 「조선 후기 영조의 딸 화완옹주의 생애와 정치적 항배」, 『여성과 역사』 22(한국여성사학회, 2015), 133~160쪽.

다. 그 후 궁에 들어와 살았으며, 1808년(순조 8) 이전에 사망한 것으로 추정된다.

화완옹주가 어떤 인연으로 불국사 영산회상도 조성에 대시주를 맡게 되었는지는 알 수 없다. 하지만 불국사는 1436년(세종 18)에 대덕 의홍(義弘)이 대공덕주인 효령대군과 안평대군, 영응대군 등의 시주로 대웅전과 관음전, 자하문을 중수하였으며, 1490년(성종 21)에는 월산대군 등의 시주로 대웅전과 각 전각을, 1564년(명종 19)에는 문정왕후와 인종비 인성왕후의 시주로 대웅전을 중수하였고, 1681년(숙종 7)에는 인현왕후가 비로자나불화 1탱을 조성케 하고 여러 가지 물품을 하사하는 등 일찍이 왕실과 밀접한 관련을 맺고 있었다.[58] 따라서 1765년(영조 41) 대웅전 중창 불사 때[59] 화완옹주가 후불탱화와 벽화 조성에 시주한 것으로 추정된다. 영산회상도의 화기에는 화완옹주를 공주라고 표기하고 있는데, 영조의 정비였던 정성왕후 서씨와 정순왕후 김씨(1745~1805) 슬하에 딸이 없었기 때문에 화완옹주를 공주라 부른 게 아닌가 생각된다.

이 외에 정조의 딸인 숙선옹주(淑善翁主, 1793~1836)와 부마 영명도위(永明都尉) 홍현주(洪顯周, 1793~1865)는 순조와 순조비, 효명세자빈인 빈궁[훗날 조대비(趙大妃)], 효명세자의 아들인 세손[훗날 헌종] 등의 만수무강을 기원하며 순조의 장인 영안부원군 김조순(金祖淳, 1765~1832), 순조의 장녀 명온공주(明溫公主, 1810~1832)와 부마 동녕도위 김현근(金賢根, 1810~1868), 셋째 딸 복온공주(福溫公主, 1818~1832)와 부마 창녕도위 김병

---

58 김정희, 「불국사 대웅전 벽화고」, 『한국의 사찰벽화—대구광역시, 경상북도 1』(문화재청·성보문화재연구원, 2010), 578~603쪽.

59 『佛國寺古今創記』清 乾隆 30年 乙酉條.

주(金炳疇), 넷째 딸 덕온공주(德溫公主, 1822~1844), 상궁 최씨·서씨 등과
함께 흥천사 괘불도(1832)를 시주하여 조성하였다.

2. 종친

종친은 왕의 친족으로 촌수가 가까운 자를 가리킨다. 종친이라 하면
일반적으로 대군의 자손은 4대손까지, 왕자군은 3대손까지를 지칭하
지만, 여기에서는 왕실의 2차 구성원인 부마·대원군·부원군·군부인
등을 포함하는 넓은 의미로 사용하였다. 종친 중에는 외조부 권찬(權
纘)의 명복을 빌며 사불회도(1562)를 조성한 풍산정 이종린, 흥천사 괘
불도(1832)를 시주한 순조비 순원왕후의 아버지 영안부원군 김조순, 정
조의 사위 홍현주, 순조의 사위 김현근와 김병주 등이 대표적이다.

1562년(명종 17)에 조성된 사불회도는 석가모니불·아미타불·약사
불·미륵불 등 네 부처의 회상을 한 폭으로 그린 것으로, 하단의 붉은
화기란에는 풍산정(豐山正) 이씨가 1562년(명종 17)에 외할아버지 지중
추부사 권찬과 할머니 숙원 이씨 등 망자의 영가천도 및 외할머니 정
경부인 윤씨, 아버지 덕양군 등의 보체를 기원하며 순금 서방아미타
도 1점, 채화 사회탱(四會幀) 1점, 채화 중단탱 1점 등을 조성하여 함
창 상원사에 봉안했다는 내용이 적혀 있다. 이 불화를 발원한 풍산정
이씨는 중종의 서자 덕양군(德陽君, 1524~1581)의 아들인 이종린(李宗麟,
1538~1611)이다. 『명종실록』에는 이종린에 대해 다음과 같은 기록이 전
해진다.

덕양군 이기가 아뢰기를, "처의 아비 권찬은 적실과 첩실에 다 아들이 없어서 소신의 아들 풍산정 이종린이 처음 태어났을 때부터 거처를 마련해서 기르며 죽고 난 뒤의 일을 부탁하였습니다. 또 죽을 때에 어루만지며 이르기를, '내가 너를 둔 정이 친아들 같이 중하니 내가 죽은 뒤에 너는 복상하여 나를 끝내 외로운 혼으로 만들지 말라'고 하였습니다. 말이 몹시 간절하였을 뿐 아니라 이종린도 은의가 깊고 중한 것을 생각하고는 슬피 호곡하며 최질(衰絰)을 입어서 외조부가 평생 원하던 뜻에 보답하고자 하므로 그 뜻이 심히 애절하여 차마 금지하지 못하겠습니다. 그리고 『대전』에 3세 이전에 양자를 들이면 자기 아들과 같다는 법이 있으니 비록 길가는 사람의 아들이라도 3세 전에 기르면 또한 복상을 하여야 합니다. 더구나 이종린은 외손으로서 3세 전에 거두어 길렀으니 은의와 정법에 다 절박하므로 부득이 복상하게 해야겠습니다" 하니, 상이 삼공에게 의논하라고 명하였다. 영부사와 삼공 등이 복상해야 한다고 의논드리니, 상이 그대로 따랐다.[60]

중종의 서자이자 명종의 서형이었던 덕양군 이기가 1560년(명종 15) 9월 27일에 죽은 장인 권찬에게 아들이 없어 복상을 할 사람이 없자,[61] 자신의 아들인 풍산정 이종린이 복상을 할 수 있도록 허락하여 달라는 내용이다.[62] 이종린이 외조부와 함께 영가천도를 기원한 숙원 이씨는 중종의 후궁으로서 덕양군의 생모이자 이종린의 친조모이며, 그가 보

---

60 『明宗實錄』卷第26 明宗 15年 9月 28日條.

61 권찬의 죽음에 대해서는 『明宗實錄』卷第26 明宗 15年 9月 27日條 참조.

62 『明宗實錄』卷第26 明宗 15年 9月 28日條. 화기에는 이종린이 외할아버지 권찬을 先考, 즉 아버지라고 칭하고 있으나 『韓國系行譜』 안동 권씨 세보에는 권찬의 오촌인 권경호가 권찬의 양자로 기록되어 있다. 권찬이 슬하에 소생이 없이 1560년에 사망하자 외손자 이종린이 외조부 권찬의 복상을 하게 되었고, 이에 2년 후인 1562에 외조부 권찬을 '先考'라 칭하며 불화 조성을 발원한 것으로 추정된다.

체를 기원한 정경부인 윤씨는 영상 윤은보(尹殷輔, 1468~1544)의 딸이자 권찬의 부인으로 이종린의 외조모이다. 화기의 말미 부분에는 이 그림을 함창 상원사에 봉안한다고 기록하고 있는데, 함창 상원사는 권찬의 고향인 경상북도 함창[63] 재악산에 있었던 상원사를 가리키는 것으로 생각된다.[64]

조선 말기에 왕실발원 불사를 행했던 대표적인 종친으로는 고종의 부친이자 명성황후의 시아버지였던 흥선대원군 이하응(興宣大院君 李昰應, 1821~1898)을 들 수 있다. 그는 1873년(고종 10)에 운수암에서 관음보살상을 개금하면서 아미타불도·현왕도·신중도 등 3점의 불화를 조성하였다.[65] 아미타불도는 대원군 부부와 장자 이재면(李載冕) 부부, 이재면의 딸, 상궁 문씨와 김씨 등이 함께 시주로 참여하였으며, 19세기 후반 서울·경기 지역을 중심으로 활동하던 대표적인 화승들이 함께 조성하였다.[66] 이하응은 섭정 기간 중 고종과 명성황후의 성수만세를 기원하며 용궁사·화계사·흥천사·보광사·운수암 등의 불사에 참여하였다. 그가 발원한 왕실불사 중 운수암 불사는 중수 경비 일체를 시주했고 '운수암(雲水庵)'이라는 예서의 친필을 하사할 정도로[67] 애정이 각별했다. 대원군은 명성황후 민씨를 며느리로 들일 때는 둘 사이가 원

63 권찬의 고향이 함창이라는 것은 『明宗實錄』 卷第25 明宗 14年 7月 16日條 및 卷第26 明宗 15年 9月 27日條에서 볼 수 있다.

64 權相老, 『韓國寺刹全書』, 617쪽 上院寺條.

65 운수암 아미타불도와 현황도의 화기에는 1873년 6월에 관음존상을 개금하고 彌陀會 1부, 擁護會 1부, 冥府會 1부를 조성했다고 적혀 있다. 이 가운데 미타회는 아미타불도, 명부회는 현왕도를 지칭하는 것으로 생각되며, 옹호회는 신중도를 말하는 것으로 생각되나 현재는 남아 있지 않다.

66 화기에는 "金魚 等森 金谷永煥 模像都料匠 漢峰 瑢暉 比丘兢燁"이라고 쓰여 있는데, 여기에서 模像都料匠이라는 용어는 초본에 의해 존상을 그리고 색을 칠한 장인이라는 의미로 사용된 듯하다. 따라서 등삼과 영환은 초본을 그리고, 모상과 채색은 창엽과 긍엽이 한 것으로 보인다.

67 京畿道, 『京畿道誌』 하권, 884쪽.

만하였으나 1868년(고종 5)에 궁인 이씨가 완화군(完和君)을 낳았을 때부터 두 사람 사이가 나빠지기 시작했다. 대원군이 운수암 불사를 시행했던 1870~1873년은 최익현(崔益鉉) 등의 보수적 유학자들을 앞세운 명성황후와 고종의 견제로 대원군이 명성황후에게 실각되기 이전이므로, 고종과 명성황후의 성수만세를 기원하는 불사를 행했던 것으로 보인다. 이후 고종이 친정을 하게 되면서 대원군이 출입하던 전용문이 폐쇄되고 한동안 운현궁에 은둔하기도 했으나 1882년(고종 19) 임오군란 당시 봉기한 구식 군대의 추대로 재집권하였다. 따라서 이 불화들은 대원군의 권세가 가장 높았을 때 조성된 것으로, 당시 왕실의 대표적인 불사였다고 할 수 있다.

부원군으로서 왕실발원 불화를 발원한 또 한 인물은 흥천사 괘불도를 발원한 영안부원군 김조순이다. 흥천사 괘불도는 순조의 장인인 김조순이 누이동생 부부 및 세 딸, 사위들과 함께 순조와 순원왕후, 효명세자[익종]빈 신정왕후, 헌종의 만수무강을 기원하기 위해 발원한 왕실의 대표적인 불사였다. 김조순은 순조비 순원왕후의 아버지로서 어린 순조를 30여 년간 보좌하며 안동 김씨 세도정치의 서막을 열었던 인물로, 불심이 깊어서 1825년(순조 25)에는 이천 영원암을 중수하기도 했다.[68] 김조순 사후 숙선옹주·명온공주·복온공주 부부와 당시 미혼인 덕온공주를 위시한 순조 일가는 김조순의 극락왕생을 기원하며 수국사 감로도를 발원, 조성하였다.[69]

---

68 『畿內寺院誌』(경기도, 1988), 569쪽. 영원암은 638년(선덕여왕 7)에 海浩가 水瑪瑙石으로 약사불을 조성해 봉안하고 창건했다고 전해진다. 이후 1068년(문종 22) 慧炬가 중창하고 1577년(선조 10) 惟政이 재중창, 1693년(숙종 19) 喬明이 중건했으며, 1774년(영조 50) 朗圭가 재중건했으나 그 후 한동안 폐허로 남아 있다가 1825년 김조순의 시주를 받아 치감이 중창하면서 절 이름을 영원사로 바꿨다고 한다.
69 이규리, 「19세기 기전지역의 왕실 불사」, 『天台學研究』 10(천태불교문화연구원, 2007), 296~355쪽.

종친의 부인인 군부인도 불화 조성의 후원자로 역할을 담당하였다. 일본 쓰루가(敦賀)현 사이후쿠지(西福寺) 소장 수월관음도는 함안군부인 (咸安郡夫人) 윤씨가 발원하였다. 이 불화의 공덕주로 기록된 함안군부인 윤씨는 태종의 손자인 옥산군 이제(玉山君 李躋, 1427~1490)[70]의 배필이자 첨지중추부사 증찬성 윤공신의 딸인 윤씨로 추정된다.[71] 함안군부인 윤씨는 1497년(연산군 3)에 사망하였으므로 이 불화는 15세기 중엽~말기에 제작되었을 것이다.

1435년(세종 17)에 조성된 것으로 추정되는 관경16관변상도(일본 지은지[知恩寺] 소장)에도 익□군부인 □씨가 전 천태종사 행호(行乎)와 함께 발원자로 기록되었는데, 여기서 익□군부인 □씨는 익산군부인 순천 박씨일 가능성이 있다. 15세기 전반기 군부인을 제수받은 여성 가운데 '익□군부인'은 태종의 셋째 아들인 온녕군 이정(溫寧君 李裎, 1407~1453)의 처인 익산군부인 순천 박씨가 유일하다. 박씨는 슬하에 자식을 두지 못해 온녕군의 동생 근녕군의 차남 우산군 이종(牛山君 李踵)을 후사로 삼았다고 한다.[72]

군부인이란 당나라 외명부제도에서 문무관 3품 이상의 어머니와 처를 칭하였던 데서 비롯되었다. 우리나라에서는 조선시대 세종 때 종실 종1품의 적처와 공신 정·종1품의 적처를 모군부인(某郡夫人)이라 하여 군부인 앞에 읍호(邑號)를 붙이도록 규정하면서 종친 또는 고위직의

---

70 옥산군은 태종의 넷째 아들인 謹寧君 李禮의 장남으로 1449년(세종 31)에 正義大夫 玉山君에 봉해진 뒤 1461년에 承憲大夫, 1484년(성종 15)에 昭德大夫, 1489년(성종 20)에 文昭殿都提調가 되었다. 현재 부인 함안군부인 윤씨와의 합장묘가 경기도 벽제군 대자리에 남아 있다.

71 이동주, 「〈주야신도〉의 제작연대」, 『韓國繪畫史論』(열화당, 1987), 208~226쪽.

72 유마리, 「여말선초 관경십육관변상도」, 『美術史學研究』 208(한국미술사학회 1995.12), 20쪽; 문명대·조수연, 「고려 관경변상도의 계승과 1435년 징관사 장 관경변상도의 연구」, 『講座 美術史』 38(한국불교미술사학회 2012), 374쪽.

부인을 지칭하는 용어로 널리 사용되었다. 그러나 고려시대에도 이미 군부인이라는 작호가 사용되고 있었다. 988년(성종 7) 문무 상참관(常參官)[73] 이상의 부·모·처에게 작위를 봉한 이래, 공양왕 3년(1391)에는 문무 1품관의 정처에게 소국부인(小國夫人), 2품관의 정처에게 대군부인(大郡夫人), 3품관의 정처에게 중군부인(中郡夫人)을 봉한 것을 보면 군부인은 대개 고위관료의 처에게 내렸던 작위였던 것 같다. 따라서 이 불화는 익산군부인 박씨가 자식을 낳기 바라면서 당시 왕실 불사에 적극적으로 참여했던 행호와 함께 발원한 것으로 추정된다.

이 밖에도 안성 청룡사 삼세불도(1878)는 인평대군계의 종친이 시주자로 참여하였으며,[74] 남양주 견성암 영산회상도(1882)는 신정왕후의 조카인 조영하(趙寧夏, 1845~1884)[75] 일가가 시주 조성하는 등 종친들은 서울 인근 지역의 사찰을 중심으로 많은 불사를 행하였다.

3. 고위관료

왕실과 관련 있는 고위관료 또한 왕실불화의 후원자 중 하나이다. 고려시대에 불화를 후원한 대표적인 관료로는 충렬왕과 제국대장공주를 위하여 아미타내영도(1286)를 발원한 염승익, 아미타여래도

73　종친이나 공신, 의정, 판서를 비롯한 6품 이상의 주요 문무관리를 가리킨다.

74　삼세불도의 화기와 대웅전 내의 현판인 '대웅전삼존불개금영산회신화공덕기'(1878)에는 인평대군계의 종친들이 시주자로 기록되어 있다. 화기에는 李俊奎, 子 在信, 金敎煥, 金性根, 比丘尼 道淨, 淸信女 般若明 등이 참여하였다고 한다.

75　조영하는 익종비이자 헌종의 모후인 신정왕후, 즉 조대비의 조카로, 고종 즉위 초기 당시 대왕대비로서 섭정하고 있던 조대비의 총애를 받아 1865년 대사성으로 승진했고, 이조참의·개성부유수를 거쳐 호조판서가 되었던 인물이다. 그는 견성암 불화를 시주 조성한 1882년에 전권대신이 되어 朝美·朝英·朝獨 修好條規를 체결했다.

(1306)를 발원한 권복수 등이 있다.

염승익(廉承益, ?~1302)은 재상을 지낸 염현(閻顯), 정당문학예부상서 (종2품)를 지낸 염신약(廉信若, 1118~1192)의 후손이자 소부승(종6품)을 역임했던 염순언(廉純彦)의 아들로서, 충렬왕 대에 재상까지 지낸 당대 최고의 권력가였다.[76] 그는 일찍이 악질을 얻었으나 부처와 신을 독송하며 손바닥을 뚫어서 줄을 꿰는 등의 고행으로 병이 나았으며, 사람의 질병을 치료하는 기도를 일삼았다고 한다. 점술과 기도 등으로 사람들을 치료하던 술사(術士)로 이름을 날리다가 충렬왕의 측근 세력인 내료 이지저(李之氐)의 추천으로 출사하였다.

염승익은 자신의 집을 희사하여 금자사경원(金字寫經院)을 만들고 퇴임 후에 승려가 되었을 만큼 독실한 불교 신자였다. 1277년(충렬왕 3) 충렬왕이 병이 나 천효사로 옮길 즈음 정랑(정5품)으로서 왕을 호종하며 간호하였으며, 왕의 신임을 바탕으로 판예빈사(정3품)를 거쳐 1278년(충렬왕 4) 비칙치[必闍赤]가 되었다. 1280년(충렬왕 6) 2월에는 현화사 불전 짓는 일을 맡았으며, 1283년(충렬왕 9)에는 현화사를 수리하고 남계원과 왕륜사탑을 수리하는 등 대역사를 맡았다. 1295년 (충렬왕 21) 병으로 사직하고 1302년(충렬왕 28) 흥법좌리공신 도첨의중찬으로 치사한 후에는 "공주가 병이 들자 궁중에 들어가서 법석을 차려 놓고 손바닥에 구멍을 뚫어 기도하는" 등 술사로 생활하다가 출가하여 승려가 되었고, 그해에 사망한 것으로 추정된다.

염승익은 일찍이 사사로이 50인을 사역하여 집을 지었다가 공주의 꾸지람이 두려워 그 집의 일부를 희사하여 금자대장사경소(金字大藏寫

---

76 염승익에 대해서는 김정희, 「고려불화의 발원자 염승익고」, 『美術史學報』 20(미술사학연구회, 2003) 참조.

經所)로 삼았다고 한다. 그는 "한 나라를 기울일 정도[權傾一國]"[77]의 권력을 가졌으며, "왕과 공주의 총애를 얻어 금중에 머무르며 도당(都堂)에도 나아가지 않았으며",[78] "홍자번(洪子藩)이 수상(首相)이 되고 조인규(趙仁規)가 아상(亞相)이 되고 염승익이 다음이라",[79] "허시중(許侍中, 許珙), 조시중(趙侍中, 趙仁規)과 더불어 서로 차례로 정권을 잡으니 감히 항례(抗禮)하는 자가 없었다"는 기록에서 보듯이 당대 최고의 권세를 누렸다.

염승익은 이 외에도 1283년 『법화경』 7권을 사경하여 개경 남계원 7층 석탑 안에 법사리로 봉안하였다. 사경 표지에는 국왕발원 사경과 똑같이 금니의 신장상이 그려져 있다. 신장은 오른손에 금강저를 잡고 두 발로 연화좌를 밟고 서 있는데, 바람에 흩날리는 천의의 율동적인 흐름과 머리와 팔의 움직임이 유려하다. 이 사경에서와 같이 변상도에 단독의 신장상을 1구 그려 넣는 것은 당시 국왕발원의 사경에서만 볼 수 있는 특징이라는 점으로 볼 때, 충렬왕의 총애를 받는 막강한 실력자였던 염승익의 위치를 짐작할 수 있다.

1306년(충렬왕 32)에 충렬왕과 충선왕 부부의 환국을 기원하며 아미타불화 1점을 발원, 조성한 권복수(權福壽)는 발원 내용으로 보아 왕실과 매우 가까운 인물로 추정되지만 『고려사』를 비롯한 여러 문헌에도 그러한 이름은 나오지 않는다.[80] 당시 고려 조정에서는 안동 권씨가 득세하여 고위관직을 맡고 있던 시기라서, 이 불화의 발원자 권복수는 안동 권씨인 권단(權㫜) 또는 권부(權溥)였을 것으로 추정된다. 권단은

---

77 『高麗史』 卷123 列傳 卷第36 嬖幸1 廉承益傳.
78 『高麗史』 卷123 列傳 卷第36 嬖幸1 廉承益傳.
79 李穡, 『牧隱文藁』 卷15 忠敬公廉公神道碑.
80 권복수에 대해서는 김정희, 「1306년 아미타여래도의 시주 '권복수'고」, 『講座 美術史』 22(한국불교미술사학회, 2004), 45~63쪽 참조.

문하녹사(門下錄事)로 출사한 후 문과에 급제하여 여러 벼슬을 거쳐 충렬왕 때 전리총랑(典理摠郞)을 지냈고, 승지·밀직학사를 거쳐 첨의찬성사로 치사하였다. 그는 청렴결백하고 겸손하였으며 불교를 독실하게 믿어 스스로를 몽암거사(夢巖居士)라 불렀다.

고위관료로서 40여 년간 육식을 하지 않고 승려와 같은 생활을 하다가 출사한 후 승려가 된 권단이 중국에 가 있는 충렬왕과 충선왕 및 왕비가 빨리 환국하기를 바라는 마음에서 아미타여래도를 시주했을 가능성은 충분하다. 그렇지만 권단은 1287년(충렬왕 13) 이후 첨의찬성사로 치사하며 정계에서 은퇴하였으며, 1304년(충렬왕 30) 중국 승려 소경(紹瓊)이 고려에 왔을 때 그를 따라 선흥사로 출가하여 금강산 등에 머물다가 1311년(충선왕 3)에 사망하였으므로, 1306년(충렬왕 32)에 세 전하의 환국을 위하여 불화를 조성, 봉안하였을 가능성은 높지 않다.

반면 권단의 아들인 권부는 15세 때(1276) 진사시에 합격하고 64세에 은퇴하기까지 근 50년간을 관직에 머물면서 활동하였다. 그는 관직생활 가운데 13년간 정방을 맡았고 22년을 재상의 자리에 있으면서 충렬왕, 충선왕, 충숙왕 대에 걸쳐 오랫동안 정계에서 활동하였다. 권부는 아미타여래도가 조성된 1306년(충렬왕 32)을 즈음한 시기, 40세 전반의 나이로 지밀직사사(1302)·밀직사사(1304)·판밀직사사(1305)·지도첨의사사(1305)·도첨의참리(1305) 등 요직에 임용되었으므로, 당시 충렬왕과 충선왕을 둘러싼 복잡한 정치적 상황에 대하여 누구보다도 잘 알고 있었음이 분명하다. 또한 그는 1305년(충렬왕 31) 7월 도첨의참리를 제수받은 이후 1308년(충선왕 복위년) 4월 평리에 임명되기까지의 행적이 알려져 있지 않은데, 이 시기에 권부는 충선왕과 함께 원에 있었던 것 같다. 1306년(충렬왕 32)을 전후한 시기는 충렬왕과 충선왕의 불화가 극에 달하였던 시기이므로, 충렬왕과 충선왕이 원에 가서 왕권쟁탈을 하고 있던 시기에 가까이서 왕을 호종하면서 이와 같은 복잡한 상황을 직접 목도한 권부가 세 전하의 빠른 귀국을 바라며 아미타여래도를 조성, 봉안했을 가능성이 크다. 따라서 이 불화의 시주자 권복수는 권부로 추정된다.

1872년(고종 9)의 보광사 명부전 지장시왕도는 윤대심화(尹大心花), 홍대원각(洪大圓覺) 등 2명의 상궁과 영상 김병학(金炳學), 부사 이창호(李昌浩),[81] 목사 신석희(申錫熙)[82] 등 3명의 고위관료가 함께 발원하여 제작하였다. 상궁과 함께 불화를 발원한 영상 김병학은 이조판서 김수근(金洙根, 1798~1854)의 아들이자 철종의 장인인 영은부원군 김문근(金汶根, 1801~1863)의 조카로, 안동 김씨 세도정치를 배경으로 대사헌·판서·좌의정·영의정 등을 역임하였다. 고종이 즉위하고 흥선대원군이 집권하면서 안동 김씨 세력이 제거되었으나 김병학은 고종 즉위에 은밀히 노력한 공로와 딸을 며느리로 줄 것을 약속한 평소의 친분으로 1864년(고종 원년) 이조판서에 기용되었다. 1865년(고종 2)에 공조판서·좌찬성을 거쳐 좌의정이 되었다. 또 부사 이창호는 장연부사를 역임하였으며, 목사 신석희는 1848년(헌종 14) 증광문과(增廣文科)에 병과(丙科)로 급제하여 사관(史官)을 지내고 1850년(철종 원년) 황해도 암행어사를 거쳐 도청(都廳) 응교(應敎)·순천부사를 지내고 부제학·도승지를 거쳐 1870년(고종 7)에 이조판서가 되었다. 김병학과 신석희는 평소 불심이 깊었던 듯 1864년(고종 원년)에 보광사 명부전의 시왕상을 중수하고 개채·개금할 때 함께 시주로 참여하였다.

---

81 長淵府使 李昌鎬를 뜻하며, 浩는 鎬의 오기로 보인다.
82 申錫禧의 오기로 보인다.

조선 말기에도 관료들의 불화 조성이 계속 이어졌다. 1907년(순종 즉위년)과 1908년(순종 원년)에 이루어진 서울 은평구 수국사 불사는 고위관료들이 왕명을 받들어 참여하였다.[83] 현재 수국사에는 1907년(고종 44)에 일괄 조성된 불화 6점과 1908년(순종 원년)에 조성된 괘불도 등 7점의 불화가 남아 있다. 이 불화들은 조선 왕조 최말기 때의 작품으로서, 왕실의 후원에 의해 황제·황태자·황태자비·황귀비·의친왕·의친왕비·영친왕의 안녕과 천수를 기원하며 제작되어서인지 왕실불화의 호화로운 양식을 잘 보여 준다. 현존하는 불화는 7점에 불과하지만, 아미타불도의 화기에 의하면 13점의 불화를 일괄 조성했다고 한다.[84]

수국사는 1459년(세조 5)에 세상을 떠난 세조의 맏아들 숭(崇, 덕종으로 추존)의 극락왕생을 위해 창건된 정인사의 옛터에 세워진 사찰이다.[85] 1471년(성종 2) 성종의 모후인 인수대비 한씨가 중창하였으며 이후 신현선사가 주석하면서 왕실의 원찰이 되었다. 1721년(경종 원년)에는 숙종과 인현왕후를 모신 명릉의 능찰이 됨에 따라 수국사로 불리웠으며, 이후 한동안 폐사되었다가 1897년(고종 34) 월초 거연(月初 巨淵, 1858~1934)이 태자[순종]의 병을 낫게 한 공으로 왕실로부터 거금을 하사받아 1900년(고종 37)에 중창 불사를 이루었다. 당시의 불사에 대해서는 1930년에 건립된 수국사비에 자세하게 기록되어 있는데, 황실에서 24만 9920냥, 영의정 심순택(1824~1906)을 비롯해 이재순(1851~1904),

---

83 김정희, 「조선말기 왕실발원 불사와 수국사 불화」, 175~207쪽.

84 화기: "大韓光武十一年丁未二月初七日神供點眼于三月初五日奉安于三角山守國寺 … 大雄殿 上壇幀 大寮 上壇幀 靈山幀 獨聖幀 七星幀 九品幀 中壇幀 甘露幀 山神幀 神衆幀 神衆幀 現王幀 竈王幀 合 十三幀 同苦畵員 繼恩鳳法 梵華禎雲 錦雲正基 雲湖在悟 在元 尙恩 尙昈 琦淀 幸彦 炫祥 宗玟 元尙."

85 수국사의 사적에 대해서는 「三角山守國寺碑」(1930)와 『傳燈本末寺誌 奉先本末寺誌』(아세아문화사, 1978) 등을 참고하였다.

민영환(1861~1905), 조동완(1876~?) 등 조정관료 59명과 상궁 13명이 1만 8080냥을 수국사 불사에 쾌척하였다. 또 전체 26만 8000냥에서 도편수 조천수에게 5000냥을 지급하고 500냥으로 작은 종을 구입하였으며 나머지 돈으로 고양군의 전답 175정 11보를 사서 수국사 불량답(佛糧畓)으로 했다고 한다.[86] 이것을 보면 당시의 불사가 얼마나 대규모였는가를 알 수 있다.[87]

1907년(순종 즉위년)과 1908년(순종 원년) 수국사에서 불화를 조성할 때 중심이 되었던 시주자는 고위관료인 강재희(姜在喜)와 강문환(姜文煥), 상궁 등이었다. 그중에서도 특히 강재희는 대시주자로 1907년의 아미타불도·극락구품도·감로도·16나한도·현왕도·신중도 등 6점과 1908년의 괘불도 등 현존하는 수국사의 불화 전부를 시주하였다.[88] 그런데 강재희의 이름 앞에는 모두 "상축 봉명 신(上祝 奉命 臣)"이라고 적혀 있어 그가 왕명을 받들어 불화의 대시주를 맡았음을 알 수 있다. 강재희는 풍경궁 참서관(정5품), 은역소감동(정3품)을 지낸 구한말의 관료로, 수국사에서 불화 조성의 대시주로 참여할 즈음하여 고종의 어진과 왕세자의 초상이 안치되어 있던 풍경궁의 참서관을 지냈고 궁 안의 일을 맡아 보던 궁내부 소속의 전선사(사용원)에서 근무하는 등 왕실 가

---

86 「守國寺碑」(1900).

87 月初가 작성한 「守國寺佛糧大施主記」(1900)에는 고종 일가와 수많은 관료 및 궁인 등 71인이 동참한 대규모의 불량답 시주가 수록되어 있는데, 고종과 명성황후, 그리고 황태자가 각각 錢 5만 냥을, 황태자비가 전 5000냥, 嚴貴人이 2만 5000냥을 시주하였고, 이 외에도 전 6만 9920냥을 더 하사하여 총 金 24만 9920냥이라는 어마어마한 금액을 시주하였으며, 영의정 이하 관료들과 왕실 친인척인 完順君과 淸安君, 그리고 내시·궁녀·유모 등의 궁인을 합쳐 총 71인이 이 불사에 대거 참여하여 총 금 5,360원을 시주하였다고 한다. 진호생, 「수국사개산비제막식을 보고서」, 『佛教』 78, 1930.

88 아미타불화의 화기에도 밝혀져 있듯이 1907년에 총 13점의 불화가 함께 제작되었던 사실을 볼 때 강재희가 시주한 불화는 총 14점에 달한다. 강재희의 불사에 대해서는 김정희, 「조선말기 왕실의 불사와 수국사 불화」, 194~197쪽 참조.

까이에 있었다.[89] 이러한 인연으로 왕명을 받들어 1907~1908년의 수국사 불사를 맡게 된 것으로 보인다.

강재희가 이러한 불사를 행할 수 있었던 것은 그 자신 또한 불심이 깊은 신자였기 때문이다. 그는 동생 강재웅과 함께 부모를 위하여 『천존각온황신주경언해(天尊却瘟瘟神呪經諺解)』를 1,000권 인출하였으며, 아버지 강문환 및 가족들과 함께 『불설대보부모은중경(佛說大報父母恩重經)』을 간행하였다. 그는 수국사 불화를 발원하고 한 달 후인 1907년 3월에는 황제 폐하·황태자·황태자비·의친왕·영친왕의 안녕과 천수를 기원하며 경기도 천보산 불암사에 아미타불도, 신중도 등 불화를 조성하고 불상을 개금하는 불사를 행하였는데, 불상 6구를 개금할 때에는 아버지와 함께 황금대시주로 참여하였다.[90] 1924년에는 현재의 서울 종로구 창신동에 지장암을 중건하는[91] 등 많은 불사를 행했다.

4. 상궁

상궁은 내명부의 궁관 계층에 속하는 정5품의 여관(女官)으로, 왕실 불화의 주요 발원자 중 하나이다. 조선시대에 내명부제도가 정비되면서 궁관의 가장 높은 위치에서 궁내의 사무를 총괄하였던 궁인들은 소속된 바와 처소에 따라 신분과 직분이 달랐다. 내전 어명을 받들며 내

---

89 『承政院日記』高宗 43年 11月 21日條.

90 불암사 대웅전 아미타불화 및 신중도 화기 참조. 『韓國의 佛畵』 33—奉先寺本末寺篇(聖寶文化財研究院, 2004), 219~220쪽.

91 지장암 주지 正哲에 의하면 강재희의 집은 삼선교 부근으로 집안에 공방이 있었으며, 강문환은 도선사 대방 중창기를 썼다고 한다.

전의 크고 작은 일을 총괄하는 제조상궁과 그 밑에서 내전 별고를 관리하는 부제조상궁, 지밀상궁이라 불리는 대명상궁(待命尙宮) 등은 관료 못지않은 권력과 실세를 가졌다. 특히 이들은 불심이 깊어 서울 주변의 사찰을 비롯하여 전국의 사찰에 많은 불사를 하였는데, 이 중에는 왕실 및 세도가와 함께 불사에 참여하는 경우도 많았다.

1532년(중종 27)에 발원, 조성된 아미타팔대보살도(일본 엔랴쿠지[延曆寺] 소장)는 상궁 김씨가 돌아가신 아버지 김신은의 영가천도와 어머니 배씨의 장수를 기원하며 제작한 것으로, 현재까지 알려진 상궁발원 불화 가운데 가장 오래되었다.[92] 화기에는 "화성미타회도일탱지장회도일탱(畵成彌陀會圖一幀地藏會圖一幀)"이라고 적혀 있어 이 작품 외에 지장보살도가 한 점 더 제작되었음을 알 수 있다. 이 불화는 상궁이 아버지를 위해 발원하였으며 이 시기 왕실발원 불화의 특징인 금선묘로 그린 것이라는 점에서 왕실불화의 특징을 잘 보여 준다.

상궁이 불화를 가장 활발하게 발원했던 시기는 조선 말기이다.[93] 철종(재위 1849~1864)과 철인왕후(哲仁王后, 1837~1878)의 만수무강을 기원하며 청계사 괘불도(1862)를 발원한 상궁 차씨는 괘불도를 시주할 만큼 경제적으로도 부유하고 신심이 강했으며, 주상 전하와 왕비 전하의 만수무강을 기원하고 있는 것을 볼 때 왕과 왕비를 가까이에서 모시는 상궁이었던 것 같다. 또 남양주 흥국사 대웅전 신중도(1868)는 김보상화와 노경련화, 홍청□화, 김도덕심 등 7명의 상궁이 왕대비 명현왕대비[효정왕후]의 건강과 안녕을 기원하며 발원, 조성하였다.

92　정우택, 「안력사 소장 조선전기 금선묘 아미타팔대보살도의 고찰」, 『東岳美術史學』 16(동악미술사학회, 2014), 139~159쪽.
93　상궁발원 불화는 이은정, 「조선후기 상궁발원불화 연구」, 동국대학교 대학원 석사학위논문(2009) 참고.

상궁들은 때로 왕명을 받들어 대신 불사를 행하기도 했다. 1905년 (고종 42)에 이루어진 봉원사 불사에서는 상궁 김대기심(金大起心)이 왕명을 받들어[奉命] 삼각산 봉원사에 극락구품도·삼장보살도·감로도·신중도 등을 조성했다. 왕실의 최측근으로서 시중을 들던 상궁들은 그들의 뜻을 대행하여 불사를 담당하였으며, 이 과정에서 자연스레 불교에 대한 관심이 생겼을 것이다. 또 때로는 고위관료들과 함께 불사를 행하였다. 19세기 전반에서 후반에 걸쳐 이루어진 봉은사의 불화 조성 시 대웅전 신중도(1844)를 시주한 여러 명의 상궁들, 대웅전 현왕도 (1844)를 발원한 상궁 □씨 묘각화를 비롯하여 괘불도(1886)의 인권대시주인 김대각화·김청정화·영상 김병학·부사 이창호·목사 신석희, 대웅전 삼세불도(1892)를 시주한 이대각화, 대웅전 감로왕도의 시주인 신경덕화, 영산전 영산회상도를 시주한 김청정화·이대각화, 그리고 보광사 명부전 지장시왕도(1872)를 발원한 윤대심화·홍대원각 등은 대부분 법명을 갖고 있을 정도로 불심이 깊었다. 이들은 순화궁 김씨와 민두호 등 왕실 및 세도가와 함께 불사를 했던 것으로 볼 때 제조상궁 또는 지밀상궁이었을 것이다.[94]

5. 승려

고려시대에는 승려들 또한 왕실불화 조성에 발원 시주자로 참여했다.[95] 1320년 아미타팔대보살도는 안양사 주지 대사 □과 산인 운우(雲

---

94 김정희, 「서울 봉은사 불화고」, 『講座 美術史』 28(한국불교미술사학회, 2007), 133~138쪽.

友)가 발원하였다. 발원자인 안양사 주지는 이름이 남아 있지 않아 누구인지 모르지만 지위는 대사(大師)에 이르렀음을 알 수 있다. 대사란 선종과 교종 모두에서 사용하던 것으로, 승과에 합격한 후 대선(大選), 대덕(大德)을 거쳐 임명되던 직위이다. 발원주가 안양사 주지였던 것으로 보아 이 불화는 안양사와 멀지 않은 곳에서 제작되었을 것이다. 고려시대에 안양사라는 이름을 가진 사찰은 금주(현 시흥) 안양사·해주 안양사·지리산 안양사·경기도 이천 오음산 안양사·철원 보개산 안양사·경기 교동현 안양사·충북 옥천 안양사·진주 옥천사·함경도 덕원 안양사·평안도 중화 안양사·한양 홍제동 안양사 등 전국적으로 분포되어 있었다. 화기에 기록된 안양사가 어느 곳을 지칭하는지는 알 수 없지만 이 불화의 양식이 당시 전형적인 왕실불화 양식을 보이고 있는 것을 볼 때 왕실과 관련이 있거나 왕도 인근의 안양사였을 것이다. 이런 점에서 본다면, 화기에 기록된 안양사는 태조 왕건이 창건하고 7층 전탑이 있었던 금주의 안양사일 가능성이 높다.

　미륵하생경변상도(일본 신노인[親王院] 소장)는 1350년에 빈도 현철(玄哲)이 20여 명의 신도들과 함께 발원하였다. 빈도란 '출가하여 수행하는 사람'이라는 의미의 범어 śramana를 번역한 것으로 보통 승려를 가리키는 말로 사용되기 때문에 현철은 승려임이 분명하다. 화기의 내용만으로 현철의 소속 사찰이라든가 지위 등을 알 수는 없으나, 그는 이보다 앞서 1332년 묘법연화경(8권본, 일본 시가박물관[滋賀博物館] 소장)에서 동량도인(棟梁道人)으로 사경 제작에 참여하였다.[96] 이 사경은 원 중서

95　김정희, 「고려불화의 발원자와 시주자」, 『講座 美術史』 38(한국불교미술사학회, 2012), 251~283쪽.
96　장충식, 『한국사경연구』(동국대학교출판부, 2007), 159~160쪽.

사 승(정4품)으로 당시 막강한 위치에 있었던 오계유(吳季儒)가 황제와
국왕, 궁주 등의 수명장수와 국태민안을 기원하며 발원한 것임을 볼
때, 현철은 왕도 인근의 사찰에 주석하면서 왕실불화 조성 등 활발한
불사를 행했던 승려였을 것으로 짐작된다.

1435년(세종 17)에 조성된 것으로 추정되는 관경16관변상도는 전□
천태종사(前□天台宗事)와 익□군부인 □씨(益□郡夫人□氏)가 함께 발원
하였다. 이 불화를 발원한 전□천태종사는 조선초기의 승려 행호(行
乎)로 추정된다. 행호는 해동의 공자라고 자부했던 문헌공 최충(崔冲,
984~1068)의 후손으로 태종과 세종의 총애를 받았다. 그는 태종의 원
찰인 원주 각림사, 고양 대자암[태종의 넷째 아들인 성녕대군의 능침사찰]의
주지로 머물렀고 세종 대에는 판천태종사를 제수받았다. 또 1430년
(세종 12) 효령대군의 지원을 받아 고려 후기 천태종 백련결사의 도량
이었던 백련사를 중창하는 등 천태종 부흥을 위해 노력하였다.[97] 행
호는 1430년(세종 12)에 천태종사를 제수받았으나 거절하였기 때문에
1434년(세종 16)에 조성된 이 불화의 화기에 전□천태종사라고 기록되
었을 것이다.

문정왕후와 함께 조선 중기의 불교를 이끌었던 보우(普雨, 1515~1565)
또한 대표적인 불화발원자라고 할 수 있다. 보우는 15세 때 금강산 마
하연에서 삭발하고 금강산에서 수학하던 중 1548년(명종 3) 문정왕후에
게 발탁되어 왕후와 함께 20여 년간 조선 중기 불교계를 이끌어 갔다.
그는 생불(生佛)이라고 불릴 정도로 존경을 받았으며 판선종사도대선
사봉은사주지(判禪宗事都大禪師奉恩寺住持)까지 올랐으나, 1565년(명종 20)

---

97 황인규, 「조선초 천태종 고승 행호와 불교계」, 『韓國佛敎學』 35(한국불교학회, 2003), 211~239쪽.

문정왕후의 죽음을 계기로 모든 승직을 박탈당하고 제주도로 유배가서 제주목사 변협(邊協)에게 죽임을 당하였다.

보우는 1562년(명종 17)에 주상 전하[명종]·왕비[인순왕후]·성렬인명대왕대비 전하[문정왕후]·공의왕대비 전하[인성왕후]·세자 저하[순회세자]·덕빈 저하[순회세자빈] 등 왕실일가의 성수를 기원 청평사 지장시왕도를 발원 제작하였다.[98] 청평사는 강원도 춘성군 청평산에 위치한 절로서 973년(광종 23) 선사 영현(永玄)에 의해 창건되었다. 1089년(선종 6) 이자현(李資玄)이 중건하면서부터 당시 거사불교 및 선종의 중심지가 되었으며,[99] 조선 전기까지 역대의 고승과 석학이 주석하면서 왕실의 특별한 비호를 받았다. 보우는 청평사에 머무는 동안 절의 재건에 힘을 써 능인전을 보수하는 한편, 구광전·사성전·극락전·회전문 등을 신축하였으며,[100] 아미타탱화 및 제석탱화를 중수하고 그에 관한 글을 남겼다. 그는 불화의 원주 및 동참자로도 참여하였으며, 회암사 중수의 낙성 때 제작한 400탱의 발문을 쓰기도 하였다.[101] 보우는 화기에 항상 자신을 청평산인이라고 밝히고 있는데, 그것은 1555년(명종 10) 9월 칙명에 의해 판사직과 봉은사 주지직을 버리고 청평사 주지로 임명되어 1557년(명종 12)까지 그곳에서 은거했기 때문이다. 비록 정계에서 은거하여 잠시 머물렀던 곳이지만 청평사에 많은 애착을 가지고 있

---

98 김정희, 「조선조 명종대의 불화연구 : 청평사 지장시왕도를 중심으로」, 『歷史學報』 110(역사학회, 1986), 145~173쪽.

99 최병헌, 「고려중기 이자현의 선과 거사불교의 성격」, 『金哲俊博士華甲記念史學論叢』(지식산업사, 1983) 참조.

100 杉山信三, 『韓國の中世建築』(東京: 相模書房, 1984), 462~463쪽.

101 회암사 400탱 중에서 일본 德川美術館 소장 약사삼존도, 일본 龍乘院 소장 약사삼존도, 미국 Mary & Burke Collection 소장 석가삼존도 등 3점의 불화 화기 말미에 淸平山人 懶巖謹(敬)拔이라고 적혀 있지만, 나머지 약사삼존도와 석가삼존도의 화기도 거의 같은 내용인 것으로 보아 1565년 문정왕후발원 불화의 화기는 모두 보우가 쓴 것으로 추정된다.

었던 것 같다. 보우대사는 이 불화가 완성된 후 선종판사직을 삭탈당하고 봉은사에서 물러나 세심정에 머물다 1563년(명종 18) 순회세자의 죽음을 계기로 회암사의 대중수 공사를 계획하였다.

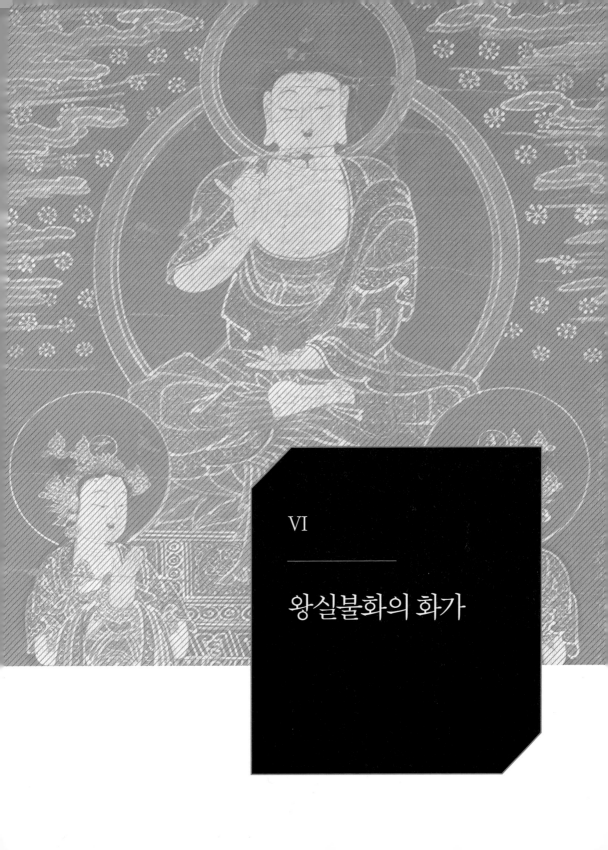

VI

왕실불화의 화가

고려시대에는 공민왕처럼 왕이 직접 불화를 그리기도 하고 왕의 측근에서 궁정의 업무를 담당하던 액정서(掖庭署, 또는 內謁司, 掖庭局) 소속의 관원인 내반종사(內班從事), 내시(內侍), 불화를 전문적으로 그리는 승려인 화승들이 왕실의 불화를 조성하였다. 반면 조선 전기에는 도화서의 화원이 주로 왕실발원 불화의 제작을 담당하였으며, 후기에는 대부분 화승들이 왕실불화를 제작하였다. 이 장에서는 왕실발원 불화를 조성한 화가를 왕실화가와 승려화가[화승]로 나누어 살펴보고자 한다.

1. 왕실 화가

1) 고려시대

불화는 승려화가인 화승이 제작하는 것이 일반적이지만, 화승 뿐만 아니라 국가기관에 소속되어 있던 화원도 불화를 제작하였다. 왕실화원들은 고려시대와 조선 전기에 왕실불화를 조성했는데, 고려시대에는 뚜렷하게 명칭이 정해져 있지 않았으나 조선 전기에는 양공(良工), 양화(良畵)라고 칭하였다. 이들이 그린 불화에는 일반회화의 화풍이 반영되어 있을 뿐 아니라 회화사적으로도 뛰어난 작품들이 많다.

1076년(문종 30) 겨울, 최사훈(崔思訓)을 조공하러 송에 보냈을 때 수행했던 화가에게 상국사 벽화를 모사하게 한 뒤 귀국 후 이것을 개경의 흥왕사 벽에 옮겨 그렸던 사실을 보면 왕실 소속 화원들도 불화를 그렸음이 확인된다. 상국사 벽화는 불전고사도·인연고사도·경변상·존상화 같은 불화였지만, 왕인수·고익·고문진·왕도진·이용급·이상곤·최백·형호 등 오대~북송의 화원들이 그린 것이다. 상국사 벽화를 옮겨 그린 홍왕사는 문종이 12년에 걸쳐 완성한 원찰로 무려 2,800칸에 달하는 거대한 사찰이었기 때문에 벽화의 제작에는 상당수의 화원들이 동원되었을 것이다. 화원들은 오대~북송대의 원체화풍(院體畫風)이 반영된 벽화를 제작하였고, 이들이 그린 벽화는 고려의 왕실불화로서 11세기 불화 양식을 주도했을 것으로 추정된다.

고려의 왕실불화 중 화원이 불화를 제작한 예로는 1310년 수월관음도(일본 가가미신사[鏡神社] 소장)를 그린 김우·이계동·임순동·최승, 1323년 수월관음도(일본 다이토쿠지[大德寺] 소장)를 그린 서구방이 대표적이다. 1310년 수월관음도에는 "畫師內班從事金祐文翰畫直待詔李桂同林順同宋連色員外中郎崔昇等四人"이라고 적혀 있어 여러 화가가 공동으로 제작했음을 알 수 있다. 이 그림을 그린 화가에 대해서는 학자마다 해석이 각각이어서, 내반종사 김우문, 한화직대조 이계, 임순, 송련, 색원외중랑 최승 등,[01] 또는 김우문, 이계, 임순, 송련색과 최승을 비롯한 4인 등 모두 8인의 궁정화원이 그렸다는 의견이 있다.[02] 이와 달리 내반종사 김우를 비롯하여 화직(畫直)을 맡은 문한대조 이계동, 임순동과 임시관청인 송연색의 원외랑 겸 중랑장인 최승 등 4인에 의해 제작되었다는 의견도 있다.[03] 즉 4명 또는 8명의 화원들이 그렸다는 것인데, 화원의 이름 앞에는 내반종사, 문한화직대조, 송연색 등의 직

01 문명대, 「한국 괘불화의 기원문제와 경신사장 김우문 필 수월관음도」, 『講座 美術史』 33(한국불교미술사학회, 2009).
02 平田寬, 「鏡神寺所藏楊柳觀音畵像」, 『奈良國立文化財研究所年報』, 奈良國立文化財研究所, 1968.
03 강희정, 「고려 수월관음상도의 연원에 대한 재검토」, 『美術史研究』 8(미술사연구회, 1994).

책이 적혀있다.

먼저 내반종사는 왕명의 전달 및 왕이 사용하는 붓과 벼루의 공급 등 궁중 내의 잡무를 담당하던 액정서 소속의 종9품 관직이다. 액정서는 995년(성종 14)에 액정국(掖庭局), 1308년(충렬왕 34)에 내알사(內謁司)로 개칭되었다가 1309년(충선왕 원년)에 내알사를 혁파하고 다시 액정이라 하는 등 수차에 걸쳐 이름이 바뀌었다. 따라서 김우 또는 김우문은 액정국에 소속된 내관이었음을 알 수 있다. 또한 문한대조는 문한서(文翰署) 또는 예문관(藝文館)에 소속된 관리로서 서리 정도에 해당되는 직급으로 추정된다. 문한서와 예문관은 문필에 관련된 업무를 담당하던 곳으로, 태조 때 태봉의 제도를 따라 원봉성(元鳳省)을 두었다가 곧 학사원(學士院)으로 개칭되었다. 현종 때는 한림원(翰林院), 1275년(충렬왕 원년)에는 문한서(文翰署), 1298년(충렬왕 24, 충선왕 즉위년)에는 사림원(詞林院), 1308년(충렬왕 34)에는 사관(史館)과 병합하여 예문춘추관(藝文春秋館)으로 개칭되었고, 1325년(충숙왕 12)에는 예문관과 춘추관으로 각기 분립되었다가 예문관은 1356년(공민왕 5)에 다시 한림원으로, 1362년(공민왕 11) 예문관으로 되었다가 1389년(공양왕 원년) 다시 예문춘추관으로 병칭되었다. 따라서 문한대조는 문한서의 대조로서 임금의 측근에서 문한(文翰) 관계의 실무를 맡았으며, 문한화직대조는 그중에서도 특히 화업을 담당했던 왕실화원이었을 것으로 추정된다.

이처럼 액정서의 내반종사나 예문관의 문한대조는 비록 직책은 낮았지만 국왕의 측근에서 왕을 보필하던 왕실 소속 화가임을 알 수 있다. 따라서 이 그림은 충선왕의 총비인 숙비에 의해 발원되었으며 액정국 소속의 내반종사 등에 의해 그려진 왕실불화라고 할 수 있다.

1323년 수월관음도(일본 센오쿠하쿠코칸[泉屋博古館] 소장)는 화기에 "지치 3년(至治三年) 계해(癸亥) 6월 내반종사 서구방(徐九方)이 그림을 그리고 동량도인(棟梁道人)은 육정(六精)이다"라고 적혀 있다. 1310년 수월관음도를 그린 화가들처럼 서구방 역시 내반종사라는 직책을 지냈다. 그가 그린 수월관음도는 물가 옆 동굴에 앉아 선재동자의 방문을 받는 관음보살을 섬세하고 정치한 필치로 그린 것으로, 고려시대 수월관음보살도 중 백미로 꼽힌다. 이 수월관음도에 보이는 뛰어난 필치와 색채감 및 섬세하면서도 화려한 문양의 표현 등으로 보아 이 불화는 뛰어난 솜씨를 가진 궁정화원에 의해 그려졌음을 짐작게 한다.

이처럼 관립 불화 공방에 속한 전문 화공이 아닌, 하급관리에 의해 이와 같은 불화가 제작되었다는 사실은 당시 불화 제작 상황을 보여준다. 반면, 1323년 관경변상도를 그린 설충(薛忠)과 이□은 이름 앞에 화공이라고 적혀있어 관립불화공방의 전문 화승이었을 것으로 추측되지만, 일반인이었을 가능성도 배제할 수 없다.

1323년 관경16관변상도(일본 린쇼지[隣松寺] 구장)는 간선도인(幹線道人) 심환(心幻)의 주관하에 내시 서지만(徐智滿)과 승려[道人], 일반신자, 여향도(女香徒) 등이 함께 발원하였다.[04] 이 불화의 주요발원자인 서지만은 내시로, 불화를 발원했을 뿐 아니라 직접 그리기도 했다. 내시 신분의 인물이 불화를 발원하고 직접 그리기까지 했던 사실은 매우 이례적이며 흥미롭다. 내시가 불화를 그린 이유에 대해 살펴보기 위해서는 먼저 고려시대 내시의 신분에 대해 살펴볼 필요가 있다. 고려시대에 내시는 조선시대와 달리 성중애마(成衆愛馬, 또는 成衆愛幕)라는 신분계층을 구성하는 궁관의 일원이자 궁궐을 숙위하고 국왕을 시종하는 직무

04 유마리, 「1323년 4월작 관경십육관변상도(일본 인송사 장) - 관경도의 연구(3)」, 『文化財』 28(국립문화재연구소, 1995), 33~56쪽.

에 종사하던 궁내직의 하나였다.[05] 초기에는 문무관 출신의 조관내시 (朝官內侍)들이 봉명사신(奉命使臣)·사행(使行) 및 집례(執禮)와 같이 비중 있는 업무에 종사하면서 일반 직무까지 수행하였다. 목종 대(997~1009) 이후 왕과 조정관서를 중간에서 매개하며 왕 및 왕실에 관한 업무를 신속하고 원활하게 처리할 수 있도록 조정의 문무관 출신을 대거 내시 로 임명하고, 의종 대(1146~1170)에는 귀족자제의 내시 진출이 활발해 지면서 내시는 왕의 중요한 측근 세력이 되었다. 내시는 보통 3품 이하 의 관품(官品)에 해당되지만, 왕을 직접 알현하여 일을 보고하고[奏事] 국왕의 명령을 관청의 관료들에게 하달하는 왕명출납까지 담당했기 때문에 권세가 막강했다.

이러한 내시의 신분상 불화를 발원하는 것은 충분히 가능하지만 서 지만은 화가도 아니면서 어떻게 불화를 그렸을까. 내시는 문종(재위 1046~1083) 이전에는 액정국(원)에 소속되어 있다가 그 기능이 점차 증 대하면서 문종 연간에 이르러 내시성(內侍省)이라는 독자적인 기구에 소속되었다. 내시가 액정국에 소속되었을 것으로 보는 이유는 내시 를 내알자(內謁者)로 불렀던 사실, 내알자와 액정원의 내알자감(정6품) 을 같은 것으로 보기 때문이다. 이에 대해 일부 학자는 반론을 제기하 기도 하지만, 내시와 액정원이 유사한 명칭을 공유하고 있었다는 점은 주목해 볼 만하다. 왜냐하면 1310년작 수월관음도를 그린 내반종사 김 우(또는 김우문)와 1323년작 수월관음도를 그린 내반종사 서구방도 시 대에 따라 액정원, 액정국 등으로 이름을 바꾼 내알사의 종9품 관리였 기 때문이다. 따라서 서지만 역시 김우(또는 김우문), 서구방처럼 화업을

---

05 김창수, 「여대 내시의 신분」, 『東國史學』 11(동국대학교사학회, 1969); 김창수, 「성중애마고」, 『東國 史學』 9·10(1966) 참고.

담당했던 인물이었던 것 같다. 내알사의 관원들은 대부분 정3품 이하로 비록 직위는 낮았어도 국왕의 측근에서 왕을 보필하던 자리이기 때문에 그들의 실권은 대단했다. 서지만이 어떤 연유로 관경변상도를 그리고 발원했는지는 알 수 없지만 낙산하인(洛山下人) 10명, 양주접(楊州接)의 남녀신도 4명, 중도접(中道接)의 호장(戶長) 등 남녀신도 8명, 그리고 양주여향도(楊州女香徒)와 함께 불화를 발원하고 직접 그림을 그린 것을 보면 불심이 매우 깊었던 인물이었던 것은 분명하다.[06]

이처럼 고려시대 화원으로 불화를 그린 예는 많이 알려져 있지 않지만, 개경의 왕실사원과 귀족들의 원찰 혹은 궁중에서 행해지는 법회나 도량에 필요한 불화가 많았던 것을 보면 화원에 의한 불화제작이 성행했음을 쉽게 짐작할 수 있다. 또, 궁정화원 외에 왕이 직접 불화를 그린 경우도 있다. 공민왕은 흥덕사 석가출산도(釋迦出山圖), 달마절로도강도(達磨折蘆渡江圖), 동자보현육아백상도(童子普賢六牙白象圖) 등을 그렸다고 한다.

2) 조선시대

조선왕조는 초기부터 강력한 불교억압정책을 실시하였지만 일부 불심이 깊었던 왕과 왕비를 비롯하여 비빈·대군·종친 등에 의하여 궁궐과 한성부의 사찰을 중심으로 많은 불사가 이루어졌다. 궁궐 내에는 문소전에 불당이 설치되어 왕실불교의 중심이 되었으며, 정업원과 자수궁에 후궁, 군부인 등이 모여 살면서 선왕과 대군의 명복을 빌며 불상과 불화 등을 제작, 봉안하는 일이 빈번하였다. 이에 따라 왕실화

---

06 김정희, 「고려불화의 발원지와 시주자」, 『講座 美術史』 38(한국불교미술사학회, 2012), 259~260쪽.

원들이 불화를 그리는 일도 많았다.

15세기에 왕실불화를 제작한 화원으로는 1417년(태종 17) 각림사 불화를 그린 이원해(李原海), 1465년(세조 11)에 효령대군 등이 태종의 명복을 빌며 제작한 관경십육관변상도를 그린 이맹근(李孟根), 『예념미타도량참법(禮念彌陀道場懺法)』의 판화를 그린 이장손(李長孫)과 백종린(白終璘) 등이 알려져 있다.

1465년작 관경16관변상도(일본 지온인 소장)는 조선 초기 왕실의 대표적인 호불자였던 효령대군 등의 시주에 의해 제작된 조선 초기 왕실불화의 대표작이다.[07] 이 그림의 화기 끝부분에는 "경화사직이맹근(敬畵司直李孟根)", 즉 "사직 이맹근이 삼가 그리다"라고 적혀 있어 당시 사직[08]의 벼슬을 지낸 이맹근이 그렸음을 알 수 있다. 이맹근에 대해서는 도화서의 화원으로 사직의 벼슬을 지냈다는 사실 외에는 별로 알려진 바가 없다.[09] 이맹근은 이 그림을 그리기 9년 전인 1456년(세조 2) 사용(정9품)으로서 세조즉위원종공신(世祖卽位原從功臣) 2등에 녹훈되었으며,[10] 관경16관변상도를 그렸을 즈음에는 품계가 올라 정5품인 사직이 되었다. 이맹근은 당대 최고의 화원으로 알려졌던 최경(崔涇), 안귀생(安貴生) 등과 더불어 도화서에서 활동하였고, 왕과 왕후의 어용(御容)을

---

07 김정희, 「1465년작 관경16관변상도와 조선초기 왕실의 불화」, 『講座 美術史』 19(한국불교미술사학회, 2002), 59~95쪽.

08 司直은 조선시대의 五衛에 속하였던 정5품의 무관직으로, 공신과 공신의 嫡長子孫을 후대하고 또한 待機文官에 봉급만을 주기 위해 임명한 관직이다.

09 이맹근을 비롯한 조선시대의 화원에 대해서는 안휘준, 「조선왕조시대의 화원」, 『韓國文化』 9(서울대학교 규장각 한국학연구원, 1988), 147~178쪽; 안휘준, 「조선시대의 화원」, 『한국회화사연구』(시공사, 2000) 참조.

10 『世祖實錄』 卷第2 世祖 元年 12月 27日條. 세조는 즉위한 후 鄭麟趾·韓確·李思哲·權擥·洪達孫·崔恒·韓明澮 등 1453년의 癸酉靖亂에 공이 있는 37명을 靖難功臣으로 임명하고, 작은 공이 있는 사람들을 원종공신으로 녹훈하였다. 당대의 유명한 화원이었던 崔涇도 원종공신에 녹훈된 바 있다(『成宗實錄』 卷第18 成宗 3年 5月 29日條).

그릴 정도로 실력이 뛰어난 화원이었다.[11] 따라서 효령대군 등이 선군 및 고혼의 영가천도를 위하여 불화를 조성하면서 어진 제작으로 이름이 높았던 이맹근으로 하여금 그림을 그리게 했을 것이다.

16세기에는 왕실불화의 화기에 양공, 양화라고만 적혀 있을 뿐 이름이 쓰여진 경우가 드물어 불화제작에 관여한 도화서 화원을 파악하는 데 어려움이 많다. 1550년(명종 5)에 인종비 인성왕후가 인종의 명복을 빌기 위해 제작한 관음보살32응신도를 그린 이자실(李自實), 『나한도첩(羅漢圖帖)』을 제작한 것으로 전칭되는 이상좌(李上佐), 장안사 벽화를 그렸던 이정(李楨) 등이 알려져 있을 뿐이다.

관음보살32응신도의 화면의 향좌측 하단에는 이자실이라는 화가의 이름이 적혀 있다. 이자실의 생애나 화업에 대해서는 밝혀진 바가 없어 그가 왕실화원인지 불화를 전문으로 그리던 화원인지는 알 수 없지만 16세기 도화서 화원이었던 이상좌로 보는 것이 일반적이다.[12] 당시의 여러 기록과 이 불화에 표현된 뛰어난 산수 표현에서 조선 초기 산수화의 대가인 안견의 화풍이 간취되는 점을 볼 때, 이자실은 도화서 화원으로 중종의 진영을 그릴 정도로 실력이 뛰어났을 뿐 아니라 조선 중기

---

11 이맹근은 1472년에는 昭憲王后와 世祖大王, 睿宗大王, 懿敬王의 御容을 받들어 그린 공으로 인하여 別提 崔涇·安貴生 및 화원 裵連·金仲敬·白終隣·李春雨·曹文漢, 司勇 李引錫 등과 함께 한 資級을 더하였다고 한 것으로 보아 초상화에 뛰어난 화가였던 듯하다(『成宗實錄』 卷第18 成宗 3年 5月 25日條).

12 이동주는 이 불화의 화원 문제에 대해 처음으로 『의과방목』 합격자 명단의 堅後曾 기사를 찾아 견후증 처가의 가계를 언급하고 이흥효의 아버지라고 밝혔다. 이동주, 『우리 옛 그림의 아름다움』(시공사, 1997), 123~125쪽. 이에 반해 유경희는 "이흥효는 이상좌의 아들로 군직을 받았다"는 『稗官雜記』의 기록이 『의과방목』과 다른 점에 의문을 품고, 이 불화가 조성된 조선 중기에 중종의 어용을 그린 당대의 가장 유명한 화원 이상좌를 주목하였다. 즉 이상좌가 인종이 승하한 후 공의왕대비(인성왕후)의 발원으로 도갑사 관음보살32응신도를 제작할 당시 '자실'이라는 호를 사용했을 것으로 보고 이자실이 곧 이상좌였을 것으로 추정하였다. 유경희, 「도갑사 관세음보살삼십이응탱의 도상 연구」, 『美術史學研究』 240(한국미술사학회, 2003), 151~154쪽.

화원 중에서도 궁중에서 활발하게 활동했던 이상좌일 가능성이 크다.

조선 후기에는 화승들이 불화를 제작했기 때문에 왕실화원으로 불화를 조성한 예는 거의 없다. 1790년(정조 14) 용주사 창건 시 김홍도(金弘道)가 대웅전 후불탱을 감동(監董)했다는 기록에 의거하여 그가 대웅전 불화를 그렸다고 보기도 하지만 감동은 말 그대로 전체적인 조성불사를 주관하였다는 의미로 해석되므로 직접 그리지는 않았을 것으로 추정된다.

왕실화원들이 제작한 불화는 화승이 그린 불화에 비하여 화격이 높을 뿐 아니라 독특한 양식적 특징을 공유하고 있어 궁정 양식(宮廷樣式)이라고 불리는 새로운 불화 양식을 창출하였다. 왕실화원들은 고려불화의 화려하면서도 세련된 화풍을 계승하는 한편 조선 전기 산수화풍을 반영한 산수화적 요소가 강한 불화를 제작하였으며, 명나라의 불교미술 양식을 수용하여 격조 높은 작품을 조성하였다. 그러나 조선 후기에는 화승들이 불화제작을 주도함에 따라 왕실화원에 의한 불화 제작은 더 이상 계속되지 않았다.

2. 승려 화가

불화는 보통 화승(畵僧)이라고 불리는 승려화가에 의해 제작된다.[13] 화승에 대한 명칭은 매우 다양해서, 화원(畵員)·화공(畵工)·화사(畵師)·

---

13 조선후기의 화승에 대해서는 장희정, 『조선후기 불화와 화사연구』(일지사, 2003); 이종수·허상호, 「17~18세기 불화의 화기 분석과 용어 고찰」, 『佛敎美術』 21(동국대학교 박물관, 2010), 136~181쪽 참고.

화수(畵手) · 용안(龍眼) · 존숙(尊宿) · 편수(片手) · 금어(金魚) 등으로 불린다. 화승을 지칭하는 말 가운데 가장 널리 사용된 용어는 화원이다. 화기를 적는 서식이 갖추어진 조선 전기 이후의 불화에는 화원이라는 명칭 아래 그림을 그린 화가들의 이름이 열거되어 있다. 조선 후기에는 화원과 함께 금어가 많이 사용되었다. 금어는 본래 보살초, 천왕초, 여래초 등 9천여 장을 그리는 과정을 수료한 사람에게 주어지는 호칭이자 화승 중의 우두머리를 일컫는 말이다. 금어라는 명칭이 어디에서 유래하였는지는 확실치 않으나, 18세기에는 수석 화사를 일러 금어라 부르고 그 밑에서 작업하는 보조 화사는 편수라 하였으며, 편수 중 가장 우두머리를 도편수(都片手), 그 아래를 부편수(副片手)라고 불렀다. 19세기 이후에는 화승을 가리키는 일반적인 용어로 사용되었다.

고려와 조선 전기의 왕실불화를 그린 화가 중에 화승으로 추정되는 인물은 많지 않다. 조선 후기에는 서울 · 경기지역을 중심으로 왕실불화가 다수 제작됨에 따라 화승들이 왕실불화를 많이 그렸다. 1707년 (숙종 33) 연잉군[영조]의 발원으로 조성된 파계사 영산회상도는 의균(義均)이 수화승이 되어 조성하였다. 의균은 17세기 후반~18세기 초반에 팔공산 자락에서 이름을 떨쳤던 화승으로, 18세기 전반 동화사를 중심으로 활동하면서 동화사 아미타불회도(1699), 동화사 아미타후불도 (국립중앙박물관 소장, 1703) 등을 제작하였으며, 석민(碩敏)과 함께 파계사 원통전 영산회상도(1707), 포항 보경사 괘불도(1708), 북지장사 지장시왕도(1725) 등을 조성하였다.[14] 그의 작품은 가는 철선묘의 양감 있는

---

14 장희정, 「18세기 팔공산지역불화의 화파와 특징」, 『美術史學硏究』 250 · 251(한국미술사학회, 2006), 287~314쪽; 정명희, 「17세기 후반 동화사 불화승 의균 연구」, 『美術史學誌 – 桐華寺 · 銀海寺의 佛敎美術』 4(한국고고미술연구소, 2007), 120~151쪽.

얼굴과 균형 잡힌 안정된 신체비례, 섬세한 인물 표정, 담채색의 은은한 색조 등을 특징으로 하는데, 파계사 영산회상도는 이와 같은 의균의 뛰어난 필력과 색채 감각이 잘 드러나 있다. 특히 왕실불화답게 가늘고 유려한 필선의 인물 표현과 적색과 녹색 위주의 부드러운 색상, 화려한 금니와 다양한 문양 등은 의균의 작품 가운데서도 대표작으로 꼽을 만하다.

1790년(정조 14)에 시행된 용주사의 불화 조성은 왕실사찰답게 당대 대표적인 화승들이 참여하였다. 용주사 대웅전 닫집에서 발견된 「삼세상원기(三世像願記)」에는 화승 상겸(尙謙)이 민관(敏寬) 등 25명의 화사와 함께 대웅전 삼세불화를 그렸으며, 「본사제반서화조작등제인방함(本寺諸般書畵造作等諸人芳啣)」(1825)에는 대웅보전의 하단탱(감로도)을 그렸다는 기록이 있다.[15] 대웅전 후불탱을 조성한 상겸은 18세기 후반 경상도 일대와 충청도 지역을 중심으로 활동하던 화승으로, 일찍이 왕실의 시주로 1780년(정조 4) 경기도 남양주 봉선사 대웅전의 약사여래상을 중수 개금하였고, 『문효세자묘소도감의궤(文孝世子墓所都監儀軌)』(1786), 『장조영우원천원도감의궤(莊祖永祐園遷園都監儀軌)』(1789), 『장조현륭원원소도감의궤(莊祖顯隆園園所 都監儀軌)』(1789) 에 공역화원(工役畵員)으로 참여하였다. 상겸은 이처럼 왕실주도의 화업에 참여하면서 이름을 날렸으며, 그 결과 25명이나 되는 많은 화승들을 이끌고 용주사 대

---

15 용주사 삼세불화의 제작자에 대해서는 김경섭, 「용주사 삼불회탱의 연구 : 김홍도작설에 대한 재고」, 『講座 美術史』 12(한국불교미술사학회, 1999), 55~96쪽; 권현규, 「용주사소장 불화의 「단원」관련설에 관한 소고」, 『文化史學』 22(한국문화사학회, 2004), 171~201쪽; 강관식, 「용주사 후불탱과 조선후기 궁중회화 : 대웅보전 〈삼세여래체탱〉의 작가와 시기, 양식 해석의 재검토」, 『美術史學報』 31(미술사학연구회, 2008), 5~62쪽; 유경희, 「용주사 소장 문화재의 구성과 성격 — 불화의 봉안과 제작 화승」, 『조선의 원당 1, 화성 용주사』(국립중앙박물관, 2016), 88~133쪽 참고.

웅전 삼세불도를 제작하게 되었던 것 같다.[16] 상겸은 이 밖에 향천사 지장시왕도(1782), 황령사 아미타불도와 신중도(1786), 남장사 괘불도(1788) 등을 조성하였는데, 세장한 신체에 갸름한 얼굴이 특징적이며, 용주사 감로왕도에서 볼 수 있듯이 불화에 산수화의 요소를 적극적으로 끌어들인 점이 돋보인다.

이 외에도 18세기에는 봉선사 괘불도(1735)를 그린 각총(覺聰), 불국사 영산회상도 및 벽화(1769)를 그린 지첨(智瞻)·유성(有誠)·포관(抱冠), 홍국사 석가모니불도(1792)를 그린 상훈(尙訓) 등이 왕실불화를 제작하였다.

19세기 말에는 고산 축연(古山 竺衍)·경선 응석(慶船 應釋)·금곡 영환(金谷 永煥)·보암 긍법(普庵 亘法)·금호 약효(錦湖 若效)·대허 체훈(大虛 體訓)·한봉 창엽(漢峰 槍曄) 등 주로 서울·경기지역을 중심으로 활동하던 화승들이 왕실 및 고위층이 발원한 불화를 제작하였다. 서울·경기지역의 화승들은 서양의 명암법 등 새로운 화풍의 수용에 적극적이었으며, 금니를 사용한 장식적인 불화를 많이 그렸는데, 섬세한 필선과 화려하고 섬세한 문양 등에서 왕실불화의 품격을 볼 수 있다.

경선 응석은 서울·경기 지역과 금강산 일대를 중심으로 활약하였다.[17] 생몰연대는 알려져 있지 않으나 19세기 후반~20세기 초반 무렵 활동한 것으로 추정된다. 응석은 금곡 영환·대허 체훈·예운 상규·명응 윤감·보암 긍법·동호 진철 등을 보조화승으로 거느리고 경기지역의 왕실후원 사찰을 중심으로 활동하였다. 섬세하고 유연한 가는 선묘와 자연스런 동세의 인물을 즐겨 그렸으며, 당시 유행하던 밝은 청색

---

16 현존하는 대웅전 삼세불화는 상겸 등이 그린 용주사 감로도(1790), 삼장보살도(1790)와는 양식상 현격한 차이가 있어, 상겸이 용주사 건립 시 25명의 화승들과 함께 그린 그림과는 다른 작품으로 추정된다.

17 신광희, 「조선말기 화승 경선당 응석 연구」, 『佛敎美術史學』 4(불교미술사학회, 2006), 284~314쪽.

을 자제하고 밝은 다홍색과 녹색 등 화사한 채색이 특징적이다. 반면 대허 체훈은 인물의 이목구비가 한가운데로 쏠려 있고 얼굴에 음영을 주는 등 독특하면서 개성적인 화풍을 구사하였으며, 한봉 창엽이나 금곡 영환은 보다 보수적인 화풍을 구사했다.

고산 축연 또한 19세기 말에 왕실불화를 많이 그렸던 화승 중 하나이다.[18] 그는 19세기 후반~20세기 전반 강원도와 경기도 지역을 중심으로 활동하면서 금강산의 신계사, 유점사를 비롯한 강원도 일대의 사찰들과 흥천사, 봉림사 등 경기 지역 사찰의 왕실불화를 다수 조성하였다. 1900년경까지는 혜산당(蕙山堂, 惠山堂), 이후에는 고산당(古山堂)이라 칭하였다. 용주사 대웅전 신중도(1913), 통도사 십육나한도(1926)에서 보듯이 서양화적인 음영법을 즐겨 사용하였다. 현재 축연의 작품은 40여 점이 전하는데, 상궁 김허공심(金虛空心), 유묘명심(柳妙明心)이 순종의 수명장수를 기원하며 조성한 전등사 삼세불도(1916)에서는 당시 유행했던 서양화법인 음영법을 강하게 사용한 점이 주목된다.

18 최엽, 「고산당 축연의 불화 연구」, 『東岳美術史學』 5(동악미술사학회, 2004), 165~190쪽.

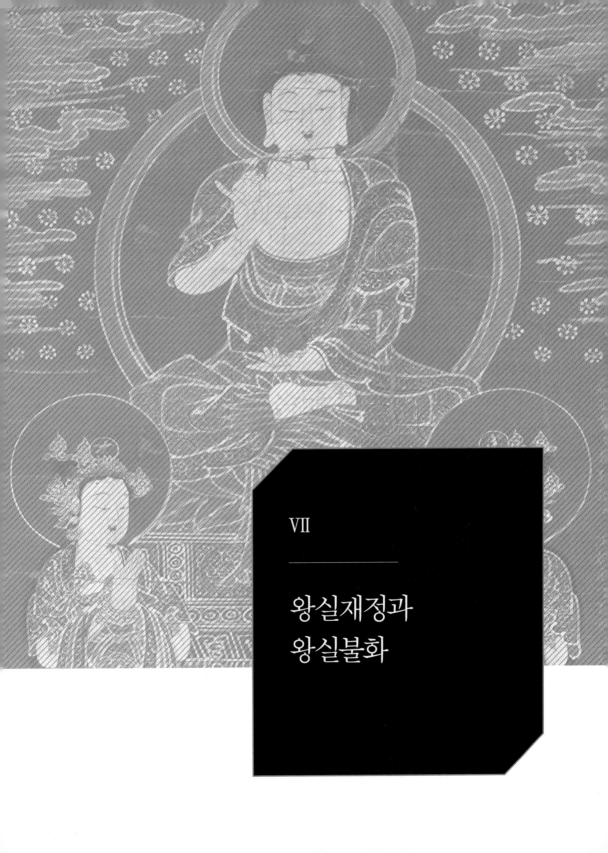

VII

왕실재정과
왕실불화

고려시대와 조선시대에 왕실에서 발원한 불화는 어떤 비용으로 이루어졌을까? 즉 왕실불화의 재원은 무엇이었을까.[01] 왕실발원 불화는 때로는 국가의 재정으로, 때로는 개인의 자금으로 이루어졌다. 불화의 화기나 고려, 조선시대의 문헌에 의하면 왕실의 사재정기관인 내수사(內需司)나 상의원(尙衣院), 궁방(宮房) 등의 재원으로 불화를 조성했던 사실이 확인된다.

왕조국가였던 고려와 조선의 왕은 공적 존재이면서 왕실 또는 왕가(王家)라고 불리는 사가(私家)의 대표자이기도 했다. 왕실 또는 왕실 구성원의 재산은 중앙정부에서 왕실에 지출하는 공적인 재정인 공재정(公財政)과 왕실 개인이 사사로이 사용할 수 있는 사재정(私財政), 즉 내탕금(內帑金)으로 구성되어 있다. 공재정은 왕 혹은 왕실을 하나의 국가적인 기구로 인식하여 국가의 경제제도로서 운용한 왕실재정, 즉 왕실에 대한 공상을 담당하는 각종 공상아문(供上衙門)의 설치와 이를 통한 왕실소용 물산 공급, 국왕과 왕자 부마에 대한 수조지 분급과 그 운용, 그리고 왕실의 의식과 관련한 상의원(尙衣院), 사옹원(司饔院)의 설치와 운용 등을 말한다. 이에 반해 사재정이란 왕실의 사적인 측면, 즉 국가기구가 아닌 개인 혹은 사가로서의 경제운용을 통하여 스스로의 수요에 따른 공급을 관철하는 재정, 즉 왕실 금고격인 내수사(內需

---

01 왕실재정에 관한 내용은 송수환, 『朝鮮前期 王室財政 硏究』(集文堂, 2002)를 참고하였으며, 이하 왕실불사의 재원에 관한 내용은 김정희, 「조선시대 왕실불사의 재원」, 『講座 美術史』 45(한국불교미술사학회, 2015), 229~259쪽 참조.

司)를 중심으로 이루어졌던 사유지 경영, 장리(長利) 운용, 노비사역 등으로, 이것은 국가재정과는 별개로 이루어진 왕실의 독자적인 재정운용을 말한다.

고려와 조선은 왕실이 곧 국가였던 시대였지만 왕비·왕대비·대왕대비·후궁 등 왕실 여성들의 사사로운 소비와 출합(出閤)한 왕자녀의 사인(私人)으로서의 경제생활 및 권위 유지를 위한 비용은 국가재정으로는 충당할 수 없었기 때문에 사재의 소유 또한 불가피했다. 왕실 구성원 중에서 국왕과 왕비, 왕세자와 세자빈, 대군·군·공주·옹주·왕손 등이 왕실재정의 주요 수혜자였고, 바로 이러한 사재정이 불사(佛事)의 재원이 되었다. 원래 왕실의 제사는 국가적 행사이지만 왕가의 사사로운 제사라고 인식하여 사장고(私藏庫)가 담당하였는데, 왕실의 원당과 수륙사, 능침사 등 왕실 관련 사원에는 수조지를 지급하여 불사의 비용을 담당하기도 했다.

고려시대에는 내장택(內莊宅)과 내고(內庫), 궁사(宮司), 제왕부(諸王府)가 왕실재정을 담당하였다.[02] 내장택은 내장(內莊)과 그 수입인 곡식을 관리하던 기구로서, 내장택의 미곡은 왕의 식사에 사용되거나 왕의 후궁 등에게 하사되기도 하였다. 때로는 내장택의 보유곡식을 이용하여 식리활동을 함으로써 왕실의 자산을 늘리기도 하였다. 내장택과 함께 왕실재정의 중심적 기구였던 것은 내고인데, 내고에서는 금은과 포백 등을 관리하였던 것으로 추정된다. 왕들은 내고를 사장고처럼 사용하면서 급제한 신하에게 내고에 있는 은과 피륙을 주기도 하고 때로

02　안병우, 『고려전기의 재정구조』(서울대학교 출판부, 2002) 제3장 왕실재정과 莊·處, 201~262쪽 참조.

는 국학에 섬학전(贍學錢)[03]으로 충당하기도 했다. 고려시대의 내고는 금은·포백·보물과 전국 각지의 소(所)에서 상납하는 공물, 주현에서의 공상(供上) 일부, 중국에서의 하사품 등을 관리했는데, 소 제도가 붕괴함에 따라 내고가 주·현의 공물수취를 강화했다. 고려 후기에 왕실 재정기구가 확대됨에 따라 기능도 분화하였고, 내고는 내장고(內藏庫)로 바뀌어 오고칠궁(五庫七宮)의 하나가 되었다. 이 외에 내시원(內侍院)과 부속창고인 별고(別庫), 장생고(長生庫), 궁원(宮院)의 재원을 관리하던 궁사(宮司), 왕자·부마·왕비의 아버지 등 제왕(諸王)을 총괄하던 제왕부 또한 왕실에서 임의로 사용할 수 있는 재정이었다.

왕실의 재정은 주로 왕과 왕비의 음식[飮膳], 의복, 신하들에 대한 사여, 왕실 운영경비와 불사(佛事)를 비롯한 각종 행사비 등에 지출되었다. 희종의 비 성평왕후(成平王后, ?~1247)의 함평궁주방(咸平宮主房)에서 청동제 은입사향완(국립중앙박물관 소장)[04]을 조성한 사실은 궁사에서 독자적으로 재정을 운용했음을 말해 준다. 또한 최승로가 당시 상황에 대해 "광종에 이르러서는 불사를 많이 일으켜 사역이 날로 많아졌습니다. 아예 밖에 있는 노비를 징발하여 일을 시키니, 내궁(內宮)의 몫으로는 지급하기에 부족하여 창고의 미곡을 아울러 썼습니다"[05]라고 지적한 것에서도 왕실의 재정으로 사사로운 불사를 많이 시행했음을 알 수 있다.

조선시대에 이르러서는 1423년(세종 5) 왕실사재를 관장하기 위해

---

03 國學에 소요되는 자금을 보조하기 위하여 왕과 문무관이 내던 돈이다.

04 향완에는 "咸平宮主房에서 華嚴經藏에 놓기 위해 제작"했다는 명문이 적혀 있는데, 함평궁주는 희종 7년(1211)에 함평궁주로 봉해진 희종의 비 성평왕후이다(『高麗史』 卷88 后妃 列傳 卷第1, 熙宗 成平王后 任氏條). 이 향완은 고려시대 왕비가 발원한 유일한 작품으로 몸체에 옴마니파드의 범자를 비롯해 연꽃과 포도무늬 등이 은입사로 표현되었다.

05 『高麗史節要』 卷2 成宗 元年 6月條.

내수소(內需所)를 설치하였다.[06] 내수소는 국왕이 앞장서서 거행하기에는 명분이 부족한 왕실의 잡다한 가사를 수행하였으며, 왕실의 수조지뿐 아니라 고려 말부터 소유해 온 본궁 소속의 사유지 및 노비도 관장하는 등 왕실소유의 재정을 바탕으로 하여 일찍이 조선 초기부터 왕실의 불사를 수행하였던 것으로 추정된다. 국왕이 내수소를 설치하고 장리를 운용한 것은 왕실이 사사로이 불사를 설행하고 그 비용을 염출하기 위한 것이라 해도 과언이 아닐 정도였다. 예를 들어 1400년(정종 2)에는 왕실에서 내탕고의 재물을 내어 석가와 오백나한상을 만들어 경기도 장단군 화장사에 봉안하였으며,[07] 1463년(세조 9)에는 내수소에서 불상 4구를 만들어 함원전에서 점안하고 이후 이 불상들을 장의사에 안치했다.[08] 내수사는 왕실의 원당인 내원당을 유지하는 역할도 하였는데, 내수사가 경비를 들여 각지의 수륙사와 왕실원당을 수리하거나 중창을 지원한 일은 일일이 열거할 수 없을 정도이다. "내수사의 저축이 부처의 공양과 중들 밥 먹이는 경비로 다 들어가고 관아[該司]의 경비를 모아 놓은 것도 또한 내수사로 보내졌다", "국왕이 평일에 하는 일은 오로지 내수사와 내원당에 관한 일뿐이다", "후궁이 왕자를 위해 복을 빌어 불사를 일으키고, 그 비용은 모두 내수사에서 나왔다"는 기록[09] 등은 내수사를 중심으로 하는 왕실의 숭불이 막강하였으며, 왕실의 불사 대부분이 내수사의 경비로 이루어졌음을 말해 준다.

중종 즉위 후 내수사 장리 혁파론이 대두되어 1516년(중종 11)에 기

---

06 한춘순, 「명종 대 왕실의 내수사 운용」, 『人文學硏究』 3(경희대학교 인문학연구소, 1999).

07 『定宗實錄』 卷第3 定宗 2年 3月 8日條.

08 『世祖實錄』 卷第31 世祖 9年 9月 5日條.

09 김정희, 「문정왕후의 중흥불사와 16세기의 왕실발원 불화」, 『美術史學硏究』 231(한국미술사학회, 2001), 26쪽.

신재(忌晨齋)와 함께 혁파되었으나,[10] 명종 대에 이르러서 내수사의 왕실재정 담당 기능은 더욱 강화되었다.[11] 명종 즉위로 수렴청정을 하게 되고 을사사화(1545) 후 정치적 입장이 강화된 문정왕후가 양종을 복립하고 불교정책을 추진하는 것과 맞물리면서, 내수사의 위상과 활동은 더욱 강화되었다. 인조 대에도 원종(元宗, 1580~1619)의 기일에 매년 내수사를 시켜 보은현 속리산에 있는 사찰에 제물을 보내 재를 베풀고 부처에 공양토록 하였다는 기록이 나오지만, 이후 내수사의 왕실불사는 점점 줄어들었다. 그럼에도 불구하고 내수사를 통한 왕실불사는 계속 이어졌으며, 1900년(고종 37) 고종이 내탕금으로 수국사를 창건한 것은 그 대표적인 예라고 할 수 있다.

이처럼 내수사는 왕실불교의 중심처였다. 특히 조선 전반기 왕실의 불사는 왕실의 소용경비를 전담하던 내수사에서 상당 부분 담당하였으며, 내수사에서는 왕실 소속의 화가와 조각가들을 동원하여 왕실의 불사를 지원하였다. 이에 따라 왕실에서 후원한 불교미술은 왕실 예술가에 의해 '궁정 양식'이라고 부를 수 있는 특징적인 양식을 갖추게 되었다.

내수사와 함께 왕실불사의 재정을 담당했던 기관으로 상의원(尙衣院)이 있다. 상의원은 정3품 아문으로 국왕의 의복 및 궐내의 재화·보물 등 물품을 맡아보던 기관이다. 고려시대에는 상의국(尙衣局)·장복서(掌服署)에서 같은 일을 했다. 1392년(태조 원년) 7월 관제를 개정할 때 내부사(內府事)를 두어 창고의 재물 출납과 의복 등에 관한 일을 맡았다

---

10 내수사의 폐지논쟁에 대해서는 윤인숙, 「조선전기 내수사 폐지논쟁과 군주의 위상」, 『大同文化研究』 84(성균관대학교 대동문화연구원, 2013), 133~163쪽 참조.

11 명종 대 내수사에 대해서는 한춘순, 「명종 대 왕실의 불교정책」, 『人文學研究』 4(경희대학교 인문학연구소, 2000), 375~414쪽; 장희흥, 「조선 명종 대 환관 활동─내수사 운영과 사찰관리 묘제를 중심으로」, 『東國史學』 38(동국사학회, 2002), 107~128쪽; 한춘순, 「조선 명종 대 불교정책과 그 성격」, 『韓國思想史學』 44(한국사상사학회, 2013), 83~123쪽 참조.

가 1393년(태조 2) 5월 이전 상의원을 따로 설치한 듯하다.

상의원은 국왕의 의복과 내부의 재화, 금은보화 등의 공상을 담당하면서 선왕 대의 각종 보물 및 귀중품을 보관하는 한편, 왕실이 필요로 하는 귀금속 및 보석으로 각종 물품을 제작하여 진상하였다.[12] 따라서 상의원에는 금은보화 등 왕실의 각종 보물을 비롯하여 선대부터 보관한 책보(冊寶), 보인(寶印)과 선대왕조의 보물 그리고 왕실이 수장한 서화류 등이 소장되어 있었다. 상의원에 소장된 물품은 국왕이 임의로 개인에게 하사하기도 했는데, "세종이 일찍이 내탕의 귀한 보물을 염(琰, 영응대군)에게 모두 주려고 하다가 이를 하지 못하고 훙(薨)하였으므로 문종이 즉위하고 얼마 있다가 내탕고의 보물을 내려 주어 그 집으로 다 가져갔다. 이로써 어부(御府)에 소장한 선대부터 내려오던 보화(寶貨)가 모두 염에게로 돌아가니 그 재물이 누거만(累鉅萬)이 되었다"[13]는 기록은 왕실에서 상의원에 소장된 재화를 사사로이 사용했음을 말해 준다.

상의원의 재물은 주로 왕자녀의 혼례비용으로 소비되었다. 조선 전기 왕실의 사치와 소비는 왕자녀의 길례 때 내탕에서 지출하는 비용과 금은, 포백 등으로 헤아릴 수 없을 지경에 이르렀으며, 기묘사화(1519) 이후에는 왕실의 사치와 소비가 더욱 늘어갔다. 상의원은 제도상으로는 공상아문이었으나 국왕의 의복과 재화, 보물 등을 관장하는 왕실의 보물창고였으며, 결국 이렇게 얻어진 재산은 왕실의 불사에 한 역할을

---

12 송수환, 『조선전기 왕실재정 연구』(집문당, 2002), 164~165쪽. 이 외에도 상의원에 소장되었음이 확인되는 재보는 御帶를 제작한 양주산 옥, 진주, 침향, 여러 가지 보석류가 있었으며, 서화류로는 문종조에 세종이 잠저시절에 그린 난죽도, 조맹부의 작품을 비롯하여 이름을 알 수 없는 중국화가들의 작품들이 보관되어 있었다고 한다.

13 『世祖實錄』卷第41 世祖 13年 2月 2日條.

담당했을 것이다.

1561년(명종 16)에 '저축한 재물을 희사하여[敬捨儲蓄之財]' 순금 약사불회도(일본 엔쓰지[圓通寺] 소장)와 채화(彩畵) 등 7점의 불화를 조성하고, 1565년(명종 20)에 문정왕후가 "내탕의 보물을 덜어서[恭捐帑宝爰命]" 회암사 중창 불사 때 400점이나 되는 불화를 제작했던 사실, 1576년(선조 9)에 비구니 혜국(또는 혜원)과 혜월이 사라수탱이 낡은 것을 보고 "궁중에서 약간의 재물을 얻어서[禁中得若干財]" 주상 전하[선조]와 왕비 전하의 복록장수와 세자의 탄생을 기원하고 공의왕대비 전하·덕빈 저하·혜빈 정씨 등의 장수와 보체를 기원하며 사라수탱을 조성한 사실, 궁중에서 내탕금을 내어 붉은 비단으로 그림을 그렸다는 기록[14] 등은 조선시대 왕실불사가 왕실의 사재정에 의해 이루어졌음을 말해 준다.

조선 후기에 대왕대비·왕대비·중전 등은 후손이 없는 왕자나 즉위전 왕의 가재 등에 대해 내수사뿐 아니라 별도의 궁호(宮號)를 정해 각전에 분속시켜 각기 내탕으로 지칭되는 별도의 재원을 독자적으로 관리하였다. 즉 공상과 내탕 외에 왕실에서 분가한 왕자와 공주 등에 의해 운영되는 재정이 존재했다. 이것이 곧 궁방(宮房)으로, 조선 후기에는 궁방으로 지칭되는 토지로부터의 수입이 왕실재정의 가장 큰 비중을 차지하였다.[15] 궁방전은 후비·왕자대군·왕자군·공주·옹주 등의 궁방에서 소유하거나 또는 수조권을 가진 토지로서 궁방의 소요 경비와 그들이 죽은 뒤 제사를 받드는 비용을 위해 지급되었다. 궁방은 일사칠궁(一司七宮: 內需司와 壽進宮·明禮宮·於義宮·毓祥宮·龍洞宮·宣禧宮·景祐

---

14 『懶庵雜著』「畵成五百應眞幀及寫華嚴經點眼法會疏」, "…金銀貴紙之藏竭殿裏絹丹華錦之儲…."
15 송양섭, 「정조의 왕실재정 개혁과 '궁부일체'론」, 『大同文化硏究』76(성균관대학교 대동문화연구원, 2011), 84쪽. 궁방은 一司七宮을 비롯하여 총 68개소가 알려져 있다.

宮)이 가장 대표적이며, 그 밖에 수시로 왕자·왕녀의 궁방전이 설정되었다. 왕실은 일사칠궁의 수입인 전답과 지대 상납, 사찰로부터의 특산물 진상을 받아 사적 재산을 소유하였고, 왕자 탄생과 왕실의 안녕 등의 기복을 위해 궁방전을 통해 원당의 불사 비용 등을 마련했을 것으로 추정된다. 특히 조선 말기에는 왕실의 원당에 내탕금으로 활발한 불사가 이루어졌는데, 내탕금 역시 주로 왕실의 궁방전에 의한 것으로 판단된다.

이처럼 내수사, 상의원, 궁방 등을 중심으로 한 왕실의 불사 후원은 튼튼한 재정을 바탕으로 최고의 장인에 의한 높은 수준의 불교미술을 탄생시켰으며, 결과적으로 조선시대 불교미술의 '궁정 양식'을 형성하는 데 큰 역할을 했다.

VIII

고려, 조선시대
왕실불화의 특징

삼국시대에 불교가 수용된 이래 조선 말기에 이르기까지 다양한 목적과 용도로 왕실발원 불화가 꾸준히 조성되었다. 왕실발원 불화는 후원자와 화가뿐 아니라 양식과 재질, 기법 등에서 민간발원 불화와 차별성을 보여 준다. 왕실의 후원자들이 발원한 불화는 일반인들이 시주 발원한 작품들에 비하여 양식적으로 뛰어난 작품들이 많다는 점이 가장 큰 특징이다. 그것은 왕실의 화원이 불화 조성에 참여했기 때문이다. 고려시대에는 왕실의 화원들이 직접 불화를 제작하였으며, 조선시대에 들어와서도 1417년(태종 17)에 "화원 이원해 등 15인을 각림사에 보내니, 절에서 낙성을 알렸기 때문이다. 또 여러 물감을 내려 주었다"[01]는 기록에서 보듯이, 도화서 화원들이 사찰에 파견되어 불화 제작에 관여한 사실을 확인할 수 있다.

　　이처럼 고려시대와 조선시대의 왕실불화 제작에는 관청 소속 화가 또는 도화서 화원이 참여함으로써 수준 높은 궁정 양식을 형성하였으며, 이것은 곧 당시 불교미술에도 큰 영향을 끼쳤다. 조선 후기에 이르면 왕실화원이 왕실불화 제작에 참여하는 경우는 많지 않지만, 1790년(정조 14) 사도세자의 능을 화성으로 옮긴 후 능침사찰로 창건한 용주사의 불사에 김홍도가 불화의 감동(監董)을 맡고 『부모은중경』 판각을 담당했던 것을 보면, 왕실화원 및 조각가들의 불사 참여가 꾸준히 이어졌음을 알 수 있다.

01　『太宗實錄』卷第33 太宗 17年 4月 2日條.

왕실에서 발원한 불화에는 중국의 당시 불화 양식과 도상이 잘 반영되어 있다. 사신 또는 서책을 통해 수용된 중국의 새로운 불화 양식과 도상은 왕실발원 불화에 반영되었으며, 이러한 양식은 새로운 시대 양식을 주도했다. 고려불화는 송대, 원대의 불화 양식을 수용한 것으로 알려져 있으나, 안타깝게도 고려시대에는 왕실발원 불화가 별로 남아 있지 않아서 어떠한 양식을 수용하였는지 정확하게 알기는 어렵다.[02]

충렬왕의 최측근이었던 염승익이 발원, 조성한 아미타내영도(1286)는 임종자를 맞이하기 위해 서방극락에서 내영하는 부처를 단독으로 그린 내영도이다. 오른손을 내밀어 임종자를 맞이하는 아미타불의 모습은 같은 시기 중국에서 즐겨 조성된 주제 가운데 하나였다. 송대 절강성 영파지역 및 서하(西夏)에도 동일한 모습을 표현한 내영도가 남아 있는데, 고려시대에는 독존의 아미타내영도뿐 아니라 독존도·삼존도·팔대보살도 형식 등 다양한 내영도상이 성행하여 현재 30여 점이나 되는 많은 작품이 남아 있다.

1076년(문종 30) 겨울 최사훈(崔思訓)을 조공하러 송에 보냈을 때 수행했던 화가에게 상국사 벽화를 모사하게 한 뒤 귀국 후 이것을 개경의 홍왕사 벽에 옮겨 그렸는데, 그 가운데 왕인수(王仁壽)가 그린 미륵하생도(彌勒下生圖)가 있었다고 한다.[03] 홍왕사에 그려진 미륵하생경변상도가 어떤 도상이었는지 확실하지는 않지만 홍왕사는 왕실의 원찰이었기 때문에 왕실화원들이 동원되어 벽화를 그렸을 것이 분명하다. 현존하는 3점의 미륵하생변상도 가운데 가장 조성연대가 올라가는 작품은

02 이에 관해서는 菊竹淳一,「高麗佛畵いみる中國と日本」,『高麗佛畵』(朝日新聞社, 1981)참조.
03 韓致奫,『海東繹史』第46卷 藝文志 5 및 『高麗圖經』卷第17 祠宇 王城內外諸寺條.

왕실화원인 이성(李晟)이 그린 미륵하생경변상도(1294)이다.[04] 당시 이성은 예문관에 속한 문한대조로서 왕실불화를 제작하는 일을 맡았는데, 그가 그린 미륵하생변상도는 흥왕사에 모사된 왕인수의 미륵하생경변상도의 도상과 유사했을 것이다. 이성의 미륵하생경변상도보다 늦게 조성된 일본 지온인 소장 미륵하생경변상도와 1350년 미륵하생경변상도 또한 이성의 미륵하생경변상도와 상당 부분 도상이 일치하는 것으로 볼 때 어느 정도 그 영향을 받았을 것으로 추정된다.

중국불화의 영향은 특히 조선 전기 왕실불화에서 많이 볼 수 있다. 1562년 청평사 지장시왕도, 1575~1577년 자수궁정사 지장시왕도, 1576년 사라수탱 등에는 콧잔등과 눈썹 등 일부 부위에 흰색을 칠하여 명암을 강조하는 하이라이트 기법이 사용되었다. 이러한 명암법은 고려불화에서도 일부 나타나지만 명대 사녀화(仕女畵)에서 애용되던 인물 표현 기법 가운데 하나이다. 또 인종비 인성왕후가 발원한 도갑사 관음보살32응신도(1550)에 표현된 관음보살의 착의법과 자세는 북경 법해사 수월관음도(1443)와 흡사하여,[05] 명대 불화의 영향을 엿볼 수 있다.[06] 1465년 관경16관변상도의 경우, 아미타불이 앉은 화려한 대좌, 붉은 법의에 새겨진 금니의 원 문양, 9관의 불상 왼쪽 가슴에 표현된 치레 장식, 오른손에 걸쳐진 법의자락을 군의 안으로 여미며 입은 착의법 등은 고려시대 양식을 계승하였지만, 신체에 비하여 얼굴이 크게 표현된 점, 가늘게 치켜 올라간 눈, 아치형으로 뻗은 눈썹, 콧

04 강인선, 「일본 妙滿寺(묘만지) 소장 1294년명 〈미륵하생변상도〉 연구」, 『佛敎美術史學』 19(불교미술사학회, 2015), 101~141쪽.
05 김정희, 「조선전기 미술의 전통성과 자생성」, 『한국미술의 자생성』(한길아트, 1999), 190~193쪽.
06 조선 후기 불교미술에 보이는 명대의 영향에 대해서는 김정희, 「朝鮮後期佛畵における明代版畵の圖像受容について」, 『東アジアIV-朝鮮半島』(中央公論美術出版, 2018), 543~566쪽 참조.

등을 연결하여 그린 뒤 좌우로 콧방울을 각각 덧붙인 기법, 콧등 폭을 넘지 않을 정도로 상당히 작은 크기의 입술 등의 이목구비, 허리가 다소 길어 세장한 느낌을 주는 점 등은 명대 초기 불화 양식을 반영하고 있다.[07]

이처럼 조선 전기 불화에 명대 불화 양식이 나타나는 것은 조선왕조가 초기부터 사대정책을 적극적으로 펼침으로써 명과의 관계를 단단하게 유지하였으며, 문화교류를 활성화하였기 때문이다. 명나라로 파견되는 사신 중에는 화원도 포함되어 있었는데, 이들은 중국에서 사행을 기록하는 등의 회화에 관련된 일과 함께 각종 안료들과 비단, 종이 등 재료를 구하였으며, 당시 유행하던 미술 양식을 받아들였다. 그런가 하면 중국의 사행원들이 내조하여 직접 그림을 그리거나 화원들의 그림을 가져가는 등 양국 간에 활발한 미술 교섭도 이루어졌다. 바로 이러한 왕래를 통해 원에서 명으로 전해진 불교미술 양식 또는 명나라의 불교미술 양식이 조선 초기 미술에 영향을 주었을 것이다.[08]

왕실불화는 금니, 은니 등 비싼 재료를 많이 사용하였다는 점 또한 특징으로 꼽을 수 있다. 1310년(충선왕 2)에 숙비가 발원한 수월관음도(일본 가가미신사[鏡神社] 소장)는 세로 길이가 무려 419㎝나 되는데, 얼굴을 비롯한 육신부와 수월관음의 옷, 바위 등에 금니가 다량으로 사용되었다. 또한 천추태후와 김치양이 함께 발원한 『대보적경』 사경변상도는 세 보살이 산화공양하는 모습을 은니로 표현하였다. 숙비발원 수월관음도같이 대규모의 불화에 금니를 사용할 수 있었던 것은 왕실발

07 김정희, 「1465년작 관경16관변상도와 조선초기 왕실의 불화」, 『講座 美術史』 19(한국불교미술사학회, 2002), 81~83쪽.

08 조선 초기 명과 조선의 교섭에 대해서는 안휘준, 「조선왕조 전반기 미술의 대외교섭」, 『朝鮮前半期 美術의 對外交涉』(예경, 2006), 9~77쪽 참조.

원 불화가 아니었으면 불가능했을 것이다.

심지어는 순금으로 불화를 그리는 경우도 있다. 순금으로 불화를 조성하는 전통은 고려시대 사경화에서부터 나타나며, 조선 전기의 왕실발원 불화에서 성행하였다. 조선 전기의 왕실발원의 불화 중에는 채색은 거의 배제하고 단일한 바탕에 금니만을 사용하여 선묘 위주로 그려진 그림들이 많이 남아 있다.[09] "인헌왕후 때 회금(繪金)으로 제작한 구품도를 불전 후불로 걸었다"[10]라는 기록 또한 왕실에서 순금으로 불화를 그려 사찰에 봉안했음을 알려 주는 귀한 자료이다. 현재 금니의 단일선으로 도상을 표현한 순금화는 20여 점이나 전해지는데, 대다수가 왕실발원에 의한 것이다. 고액의 경제적 부담을 필요로 하는 금니의 순금화는 주로 비, 빈 등 왕실여성들에 의해 발원되었으며, 대부분 왕실의 원찰 또는 내불당에 봉안되었을 것이다. 문정왕후 발원 400탱 중 200점이 순금화로 제작되었고 그 밖에도 많은 순금화가 제작되었던 것을 생각해 본다면 순금화는 가히 조선 전기 왕실발원 불화의 한 특징을 이룬다고 할 수 있다.

불화 속에 산수화를 적극적으로 사용한 점 또한 고려 및 조선시대 왕실불화의 특징 중 하나이다. 고려불화 중 오백나한도(일본 지온인[知恩院] 소장)는 산수를 배경으로 500명의 나한과 석가모니 삼존·10대제자·16나한·사천왕 등을 함께 묘사한 것으로, 산수화적 요소가 풍부하다. 도갑사 관음보살32응신도(1550)는 중앙의 관음보살 주위로 원산의 암봉을 배치하고 그 전면으로 주봉을 배치하였으며 보살의 좌우 하

---

09 박은경, 「조선전기 선묘불화」, 『美術史學硏究』 206(한국미술사학회, 1995), 5~27쪽.
10 『朝鮮寺刹史料』 上, 「白巖山淨土寺極樂殿佛糧禊序」, "… 仁獻王后時繪金作九品圖像下署氏姓口之佛殿後 …."

단으로 관음보살이 응신하는 장면의 사이사이에 산수 요소를 표현하였다. 이 불화에 표현된 산수 표현은 조선 전기 안견파 화풍의 영향을 받은 산수도에서 보이는 산수 표현과 유사하여 관음보살32응신도를 그린 이자실이 당시의 일반 화단의 화풍을 수용하여 그렸던 도화서 화원이었음을 짐작게 한다. 또 문정왕후발원 향림사 나한도(1562)에서는 나한 위쪽의 소나무 묘사, 바위 표현에서 조선 중기 절파계(浙派系) 산수화의 요소를 엿볼 수 있으며, 사라수탱(1576)에서는 전면에 배치된 쌍송과 수목의 배치에서 명나라 궁정화풍을 엿볼 수 있다.[11]

불교국가였던 고려, 숭유억불정책을 시행했던 조선은 불교에 대한 정책과 인식이 달랐음에도 불구하고 왕실을 중심으로 수준 높은 불화가 다수 조성되었다. 왕실의 내탕금을 바탕으로 왕·비빈·대군·군·공주·옹주·종친·상궁 등 왕실구성원의 발원 및 후원으로 이루어진 왕실발원 불화는 왕실화원들의 참여 및 고가의 재료 사용, 정치하면서도 유려한 필선, 섬세하면서도 우아한 형태 등의 뛰어난 양식으로 한 시대의 미술 양식[宮廷 樣式]을 주도했다. 따라서 왕실발원 불화는 단순히 종교미술이라는 수준을 넘어 왕실의 불교정책 및 불교에 대한 인식, 왕실의 불사 후원, 왕실과 불교의 관계 등을 파악할 수 있다는 점에서 고려~조선시대를 이해하는 시금석이라 할 수 있다.

---

11 유경희, 「왕실 발원 불화와 궁중 화원」, 『講座 美術史』 26(한국불교미술사학회, 2006), 599~601쪽 참조.

_ 참고 문헌

〈고려시대〉

1. 문헌

『高麗史』

『高麗史節要』

郭若虛,『圖畵見聞誌』

『東文選』

徐兢,『宣和奉使高麗圖經』

李穡,『稼亭先生文集』

李齊賢,『益齋亂藁』

2. 저서

菊竹淳一・鄭于澤 편저,『高麗時代의 佛畵』, 시공사, 1996.

김용선,『高麗墓誌銘集成』, 한림대학교, 2001.

문명대 감수,『高麗佛畵』, 中央日報社, 1981.

이수건,『한국의 성씨와 족보』, 서울대학교 출판부, 2008.

장충식,『한국사경연구』, 동국대학교 출판부, 2007.

한기문,『高麗寺院의 構造와 機能』, 民族社, 1998.

3. 논문

강인선,「일본 妙滿寺(묘만지) 소장 1294년명 〈彌勒下生變相圖〉 연구」,『佛敎美術史學』19, 불교미
　　술사학회, 2015.

강희정,「高麗 水月觀音圖의 淵源에 대한 再檢討」,『美術史研究』8, 미술사연구회, 1994.

김영미,「高麗時代 比丘尼들의 활동과 사회적 지위」,『한국문화연구』1, 이화여자대학교 한국문화
　　연구원, 2001.

김재명,「고려시대의 내시—그 별칭과 구성을 중심으로」,『歷史敎育』81, 歷史敎育硏究會, 2002.

＿＿＿,「高麗時代 朝官內侍」,『정신문화연구』88, 한국정신문화연구원, 2002.

＿＿＿,「高麗 內侍制의 成立」,『정신문화연구』103, 한국정신문화연구원, 2006.

＿＿＿,「高麗 毅宗代의 王權과 內侍」,『史學硏究』95, 韓國史學會, 2009.

김정희,「高麗王室의 佛畵製作과 王室發願佛畵의 硏究」,『講座 美術史』17, 韓國佛敎美術史學會, 2001.

＿＿＿,「高麗佛畵의 發願者 廉承益考」,『美術史學報』20, 美術史學研究會, 2003.

＿＿＿,「1306년 阿彌陀如來圖의 施主 '權福壽'考」,『講座 美術史』22, 韓國佛敎美術史學會, 2004.

＿＿＿,「高麗佛畵의 發願者와 施主者」,『講座 美術史』38, 한국불교미술사학회, 2012.

김창수,「成衆愛馬考」,『東國史學』9·10, 東國大學校 史學會, 1966.

＿＿＿,「麗代 內侍의 身分」,『東國史學』11, 東國大學校 史學會, 1969.

김필동,「삼국~고려시대의 香徒와 契의 기원」,『한국전통사회의 구조와 변동』, 문학과 지성사, 1986.

문명대,「한국 掛佛畵의 기원문제와 鏡神社藏 金祐文筆 水月觀音圖」,『講座 美術史』33, 韓國佛敎
　　美術史學會, 2009.

＿＿＿,「1306년 작 戒文발원 根津美術館所藏 阿彌陀獨尊圖의 綜合的硏究」,『講座 美術史』51, 한
　　국불교미술사학회, 2018.

민현구,「高麗後期의 權門勢族의 成立」,『湖南文化研究』6, 全南大學校 湖南文化研究所, 1974.

＿＿＿,「高麗後期 安東權氏 家門의 展開—元 干涉記의 政治的 位相을 中心으로—」,『道山學報』5,
　　道山 學術研究院, 1996.

박도화,「고려금은니사경화의 양식고찰」,『考古美術』184, 한국미술사학회, 1989.

박용운,「高麗前期 文班과 武官의 身分問題—高麗貴族家門研究(3)」,『韓國史研究』21·22, 韓國史研
　　究會, 1978.

박혜원,「고려시대 아미타내영도와 임종의례의 관련성 시론」,『美術資料』80, 국립중앙박물관, 2011.

변태섭,「高麗朝의 文班과 武官」,『高麗政治制度史研究』, 一朝閣, 1971.

안재홍,「上杉神社藏 高麗 阿彌陀三尊圖의 연구」,『講座 美術史』30, 韓國佛敎美術史學會, 2008.

안지원,「고려시대 제석신앙의 양상과 그 변화」,『國史館論叢』78, 국사편찬위원회, 1997.

유마리,「1323년 4월作 觀經十六觀變相圖(일본 隣松寺藏)—觀經圖의 연구(3)」,『文化財』28, 국립문

　　화재연구소, 1995.

위은숙, 「12세기 농업기술의 발전」, 『釜大史學』 12, 釜山大學校 史學科, 1988.

이동주, 「高麗佛畵」, 『韓國繪畵史論』, 悅話堂, 1987.

이수건, 「麗末鮮初 土姓吏族의 성장과 분화—安東權氏를 중심으로」, 『李基白先生古稀紀念 韓國史
　　學論叢』(上)—古代篇·高麗時代篇, 一潮閣, 1994.

이은희, 「高麗 忠烈王代의 寫經研究」, 『文化財』 20, 국립문화재연구소, 1987.

이정훈, 「고려 전기 內侍와 국정운영」, 『韓國史研究』 139, 韓國史研究會, 2007.

이진한, 「高麗時代 武班職의 地位와 構成」, 『軍史』 37, 國防軍史研究所, 1998.

이태진, 「醴泉 開心寺石塔記의 分析—고려시대 香徒의 一例」, 『歷史學報』 53·54, 歷史學會, 1972.

채웅석, 「高麗時代 香徒의 社會的 性格과 變化」, 『國史館論叢』 2, 國史編纂委員會, 1989.

최응천, 「고려시대 金屬工藝의 匠人」, 『美術史學研究』 241, 한국미술사학회, 2004.

허흥식, 「高麗時代의 僧科制度와 그 機能」, 『歷史教育』 19, 歷史教育研究會, 1976.

_____, 「佛教界의 새로운 傾向」, 『高麗佛教史研究』, 一潮閣, 1986.

吉田宏志, 「高麗佛畵の紀年作品」, 『高麗佛畵』, 朝日新聞社, 1981.

_____, 「至元二十三年銘高麗阿彌陀如來像をめぐって」, 『月刊文化財』 186, 第一法規出版, 1979.

熊谷宣夫, 「朝鮮佛畵徵」, 『朝鮮學報』 44, 朝鮮學會, 1967.

有賀神隆, 「阿彌陀三尊像(三幅)上杉神社藏」, 『佛教藝術』 91, 每日新聞社, 1974.

鄭于澤, 「高麗時代の羅漢畵像」, 『大和文華』 75, 大和文華館, 1985.

_____, 「山形上杉神社の阿彌陀三尊圖」, 『佛教藝術』 173, 每日新聞社, 1987.

_____, 「日本銀行藏(東京國立博物館寄託)の阿彌陀如來圖」, 『MUSEUM』 453, 東京國立博物館, 1988.

井手誠之輔, 「高麗の阿彌陀畵像と普賢行願品」, 『美術研究』 362, 東京國立文化財研究所, 1995.

_____, 「高麗佛畵の世界-宮中周邊における願主と信仰」, 『日本の美術』 3 No.418, 至文堂, 2001.

平田寬, 「鏡神社所藏楊柳觀音畵像再考」, 『大和文華』 72, 大和文華館, 1984.

〈조선시대〉

1. 문헌

『經國大典』

權近, 『陽村集』

『新增東國輿地勝覽』

『朝鮮王朝實錄』

2. 저서

권상노, 『韓國寺刹全書』, 이화문화출판사, 1994.

김용섭, 『朝鮮後期農業史研究』, 一潮閣, 1970.

김용숙, 『조선조 궁중풍속연구』, 일지사, 1983.

김정희, 『찬란한 불교미술의 세계, 불화』, 돌베개, 2009.

박은경, 『조선 전기 불화 연구』, 시공아트, 2008.

송수환, 『朝鮮前期 王室財政 研究』, 집문당, 2002.

송양섭, 『朝鮮後期屯田研究』, 경인문화사, 2006.

송은석, 『조선후기 불교조각사(17세기 조선의 조각승과 유파)』, 사회평론, 2012.

이영훈, 『朝鮮後期 社會經濟史研究』, 한길사, 1988.

장희정, 『조선후기 불화와 화사연구』, 일지사, 2003.

지두환, 『朝鮮前期 儀禮研究』, 서울대학교 출판부, 1994.

한형주, 『朝鮮初期 國家儀禮 研究』, 일조각, 2002.

황인규, 『고려후기·조선초 불교사 연구』, 혜안, 2004.

3. 논문

강관식, 「용주사 후불탱과 조선후기 궁중회화─대웅보전 〈삼세여래체탱〉의 작가와 시기, 양식 해석의 재검토」, 『美術史學報』 31, 미술사학연구회, 2008.

강만길, 「王朝前期의 官匠制와 私匠制」, 『朝鮮時代商工業史研究』, 한길사, 1984.

강호선, 「조선전기 국가의례 정비와 '국행'수륙재의 변화」, 『韓國學研究』 44, 인하대학교 한국학연구소, 2017.

강희정,「조선전기 불교와 여성의 역할—불교미술의 조성기를 중심으로」,『아시아여성연구』41, 숙
　　명여자대학교 아시아여성연구소, 2002.

계승범,「공빈추숭과정과 광해군의 모후문제」,『민족문화연구』48, 고려대학교 민족문화연구원, 2008.

고승희,「楊州 奉先寺 三身佛掛佛圖 圖像 硏究」,『講座 美術史』38, 한국불교미술사학회, 2012.

고영섭,「한국불교에서 奉印寺의 寺格—광해군과 봉인사의 접점과 통로」,『문학/사학/철학』18, 한
　　국불교사연구소, 2009.

권현규,「龍珠寺所藏 佛畵의「檀園」關聯設에 관한 小考」,『文化史學』22, 한국문화사학회, 2004.

김경섭,「용주사 삼불회탱의 연구 : 김홍도작설에 대한 재고」,『講座 美術史』12, 한국불교미술사학
　　회, 1999.

김길웅,「흑석사 목조아미타여래좌상고」,『문화사학』10, 한국문화사학회, 1998.

김봉렬,「近世期 佛敎寺刹의 建築計劃과 構成要素 硏究」,『건축역사연구』8, 한국건축역사학회, 1995.

김선곤,「이조초기 비빈고」,『歷史學報』21, 역사학회, 1963.

김상영,「조선 초기 사사혁파의 내용과 성격」,『승가』19, 중앙승가대, 2003.

김승희,「道岬寺 觀世音菩薩三十二應幀의 圖像 考察」,『觀世音菩薩32應身圖의 藝術世界』, 韓國宗
　　敎學會, 2005.

김영태,「朝鮮 太宗朝의 佛事와 斥佛」,『동양학』18, 檀國大學校 東洋學硏究所, 1988.

김용곤,「世宗, 世祖의 崇佛政策의 目的과 意味」,『朝鮮의 政治와 社會』, 최승희교수정년기념논문
　　집간행위, 2002.

김용국,「자수궁과 인수궁」,『鄕土서울』27, 서울특별시 시사편찬위원회, 1966.

김용숙,「慈壽宮과 仁壽宮」,『鄕土서울』27, 서울시사편찬위원회, 1966.

김윤희,「조선후기 명계불화 현왕도 연구」,『美術史學硏究』270, 한국미술사학회, 2011.

김정교,「朝鮮初期 變文式 佛畵—安樂國太子經變相圖」,『공문』208, 공간사, 1984.

김정희,「朝鮮朝 明宗代의 佛畵硏究—淸平寺 地藏十王圖를 中心으로」,『歷史學報』110, 역사학회, 1986.

＿＿＿,「文定王后의 中興佛事와 16世紀의 王室發願 佛畵」,『美術史學硏究』231, 한국미술사학회, 2001.

＿＿＿,「1465년작 관경16관변상도와 조선초기 왕실의 불화」,『講座 美術史』19, 한국불교미술사학
　　회, 2002.

＿＿＿,「서울 봉은사 불화고」,『講座 美術史』28, 한국불교미술사학회, 2007.

＿＿＿,「서울 전통사찰의 불화」,『서울의 사찰불화』, 서울역사박물관, 2007.

_____,「朝鮮 後半期 佛畵의 對中交涉」,『朝鮮 後半期 美術의 對外交涉』, 예경, 2007.

_____,「孝寧大君과 朝鮮 初期 佛敎美術—後援者를 통해본 朝鮮 初期 王室의 佛事」,『美術史論壇』 25, 한국미술연구소, 2007.

_____,「朝鮮末期 王室發願 佛事와 守國寺 佛畵」,『講座 美術史』30, 한국불교미술사학회, 2008.

_____,「조선 말기의 정토신앙과 아미타계 괘불화」,『講座 美術史』33, 한국불교미술사학회, 2009.

_____,「조선전반기 회암사의 왕실후원자와 왕실 발원 미술」,『회암사와 왕실문화』, 회암사지박물 관, 2015.

_____,「조선시대 왕실불사의 재원」,『講座 美術史』45, 한국불교미술사학회, 2015.

_____,「碧巖 覺性과 華嚴寺 靈山會掛佛圖」,『講座 美術史』52, 한국불교미술사학회, 2019.

김종명,「정조의 불교 이해」,『韓國文化硏究』23, 이화여자대학교 한국문화연구원, 2012.

김준혁,「朝鮮後期 正祖의 佛敎認識과 政策」,『中央史論』12·13, 한국중앙사학회, 1999.

김창균,「조선전반기 불화의 도상해석학적 연구」,『講座 美術史』36, 한국불교미술사학회, 2011.

김춘실,「충북지역의 惠熙作 佛像 연구」,『중원문화논총』20, 충북대학교 중원문화연구소, 2013.

김현정,「조선 전반기 제2기 불화(조선 중기)의 도상해석학적 연구」,『講座 美術史』36, 한국불교미 술사학회, 2011.

남진아,「朝鮮初期 王室發願 梵鐘 硏究」,『佛敎美術史學』5, 불교미술사학회, 2007.

남희숙,「조선후기 王室의 佛敎信仰과 佛書刊行—『佛說長壽滅罪護童子陀羅尼經』의 간행을 중심 으로」,『國史館論叢』99, 國史編纂委員會, 2002.

노세진,「16世紀 王室發願 佛畵의 一考察」,『東岳美術史學』5, 동악미술사학회, 2004.

문명대,「〈內佛堂圖〉에 나타난 內佛堂 建築考」,『佛敎美術』14, 동국대학교박물관, 1997.

_____,「1592년작 장호원 석남사(石楠寺) 왕실발원 석가영산회도의 연구」,『講座 美術史』40, 한국 불교미술사학회, 2013.

문명대·박도화,「廣德寺 妙法蓮華經 寫經 變相圖의 硏究」,『불교미술연구』1(東國大學校佛敎美術 文化財硏究所), 1995.

박도화,「朝鮮朝 藥師佛畵 硏究」,『朝鮮朝 佛畵의 硏究—三佛會圖』, 한국정신문화연구원, 1985.

_____,「朝鮮時代 刊行 地藏菩薩本願經 版畵의 圖像」,『古文化』, 한국대학박물관협회, 1999.

_____,「15世紀 後半期 王室發願 版畵—貞憙大王大妃 發願本을 중심으로」,『講座 美術史』19, 한 국불교미술사학회, 2002.

박병선,「조선 후기 원당의 정치적 기반—관인 및 왕실의 불교인식을 중심으로」,『民族文化論叢』
　　25, 영남대학교 민족문화연구소, 2002.

박은경,「朝鮮時代 15·6세기 佛敎繪畵의 特色—地藏十王圖를 중심으로」,『石堂論叢』20, 동아대학
　　교 석당학술원, 1994.

＿＿＿,「朝鮮前期 線描佛畵—純金畵」,『美術史學硏究』206, 한국미술사학회, 1995.

＿＿＿,「조선전기의 기념비적인 四方四佛畵—일본 寶壽院 소장〈약사삼존도〉를 중심으로」,『美術
　　史論壇』8, 한국미술연구소, 1998.

＿＿＿,「회암사중수 경축불사—불화400탱」,『묻혀있던 조선 최고 왕실사찰, 회암사』, 경기도박물
　　관, 2003.

＿＿＿,「朝鮮 前半期 佛畵의 對中交涉」,『朝鮮 前半期 美術의 對外交涉』, 예경, 2006.

박준성,「17, 18세기 宮房田의 擴大와 所有形態의 변화」,『韓國史論』11, 서울대학교, 1984.

박진,「朝鮮初期 敦寧府의 成立」,『韓國史學報』18, 고려사학회, 2004.

박천우,「隆陵과 龍珠寺」,『인문사회과학연구』12, 장안대학 인문사회과학연구소, 2003.

사재동,「安樂國太子傳硏究」,『語文硏究』5, 어문연구회, 1967.

송수환,「조선전기의 사원전—특히 왕실관련사원을 중심으로」,『韓國史硏究』79, 한국사연구회, 1992.

송양섭,「정조의 왕실재정 개혁과 '궁부일체'론」,『大同文化硏究』76, 성균관대학교 동아시아학술원
　　대동문화연구원, 2011.

신광희,「朝鮮末期 畵僧 慶船堂 應釋 硏究」,『佛敎美術史學』4, 불교미술사학회, 2006.

＿＿＿,「朝鮮前期 明宗代의 社會變動과 佛畵」,『美術史學』23, 한국미술사교육학회, 2009.

＿＿＿,「미국 L.A. County Museum of Art 소장 香林寺〈羅漢圖〉」,『東岳美術史學』11, 동악미술사
　　학회, 2010.

안계현,「불교억제책과 불교계의 동향」,『한국사』11, 국사편찬위원회, 1981.

안호룡,「朝鮮初期 喪制의 佛敎的 要素」,『사회와 역사』11, 한국사회사학회, 1988.

안휘준,「高麗 및 朝鮮初期의 對中 繪畵交涉」,『亞細亞學報』13, 亞細亞學術硏究會, 1979.

＿＿＿,「朝鮮王朝 前半期 美術의 對外交涉」,『朝鮮前半期 美術의 對外交涉』, 예경, 2006.

양만우,「李朝 妃嬪 崇佛 小考」,『全州敎育大學論文集』2, 全州敎育大學校, 1967.

양선아,「19세기 宮房의 干拓」,『韓國文化』57, 서울대학교 규장각 한국학연구원, 2012.

＿＿＿,「18·19세기 도장 경영지에서 궁방과 도장의 관계」,『한국학연구』36, 고려대학교 한국학연

구소, 2011.

오경후, 「朝鮮後期 佛敎政策과 性格硏究—宣祖의 佛敎政策을 中心으로」, 『韓國思想과 文化』 58, 한국사상문화학회, 2011.

_____, 「正祖의 佛敎政策과 梵宇攷의 佛敎史的 價値」, 『佛敎學報』 63, 동국대학교 불교문화연구원, 2012.

유경희, 「도갑사 관세음보살삼십이응탱의 도상 연구」, 『美術史學硏究』 240, 한국미술사학회, 2003.

_____, 「王室 發願 佛畵와 宮中 畵員」, 『講座 美術史』 26, 한국불교미술사학회, 2006.

_____, 「高宗代 純獻皇貴妃 嚴氏 發願 불화」, 『美術資料』 86, 국립중앙박물관, 2014.

_____, 「조선 말기 王室發願佛畵의 연구」, 한국학중앙연구원 박사학위논문, 2015.

_____, 「용주사 소장 문화재의 구성과 성격-佛畵의 奉安과 제작 畵僧」, 『조선의 원당 1-화성 용주사』, 국립중앙박물관, 2016.

_____, 「조선 말기 흥천사(興天寺)와 왕실(王室) 발원(發願) 불화」, 『講座 美術史』 49, 한국불교미술사학회, 2017.

유경희·이용진, 「용주사 소장 正祖代 王室 內賜品」, 『美術資料』 88, 국립중앙박물관, 2015.

유마리, 「水鍾寺 金銅佛龕佛畵의 考察」, 『美術資料』 30, 국립중앙박물관, 1982.

_____, 「조선 전기 불교회화」, 『불교회화—한국불교미술대전』 2, 한국색채문화사, 1994.

_____, 「朝鮮後期 서울, 경기지역 掛佛幀畵의 考察」, 『講座 美術史』 7, 한국불교미술사학회, 1995.

유영숙, 「선조 대의 불교정책」, 『皇室學論叢』 73, 한국황실학회, 1998.

유원동, 「李朝前期의 佛敎와 女性」, 『아시아여성연구』 6, 숙명여자대학교 아시아여성연구소, 1968.

윤인숙, 「조선전기 내수사 폐지논쟁과 군주의 위상」, 『大同文化硏究』 84, 성균관대학교 대동문화연구원, 2013.

이경미, 「기문으로 본 세조연간 왕실원당의 전각평면과 가람배치」, 『건축역사연구』 vol.18 no.5(통권66), 한국건축역사학회, 2009.

이규리, 「19세기 畿甸地域의 王室佛事」, 『天台學硏究』 10, 천태불교문화연구원, 2008.

이기운, 「조선시대 내원당의 설치와 철폐」, 『韓國佛敎學』 29, 한국불교학회, 2001.

_____, 「조선시대 정업원의 설치와 불교신행」, 『종교연구』 25, 2001.

_____, 「조선시대 왕실의 비구니원 설치와 신행」, 『歷史學報』 178, 역사학회, 2003.

이동주, 「여말선초불화의 특성—주야신도의 제작연대에 대하여」, 『季刊美術』 16, 중앙일보사, 1980.

_____, 「〈主夜神圖〉의 제작연대」, 『韓國繪畵史論』, 열화당, 1987.

이만,「조선 초기 불교계의 상황과 언해경전의 성격」,『불교문화연구』3, 1992.

이범직,「英祖·正祖代 왕실구조 연구」,『통일인문학논총』36, 건국대학교 인문학연구원, 2001.

이병휴,「조선전기 내불당, 기신제의 혁파논의와 그 추이」,『구곡황종동교수 정년퇴임기념 사학논총』, 1994.

이봉춘,「朝鮮 成宗朝의 儒敎政治와 排佛政策」,『佛敎學報』28, 東國大學校 佛敎文化硏究所, 1988.

_____,「朝鮮 世宗朝의 排佛政策과 그 變化」,『伽山 李智冠스님화갑기념 韓國佛敎文化思想史』上, 伽山佛敎文化硏究院, 1992.

_____,「朝鮮 開國初의 排佛推進과 그 實際」,『韓國佛敎學』15, 한국불교학회, 1990.

_____,「朝鮮前期 崇佛主와 興佛事業」,『佛敎學報』38, 東國大學校 佛敎文化硏究所, 2001.

_____,「孝寧大君의 信佛과 朝鮮前期 佛敎」,『佛敎文化硏究』7, 東國大學校 佛敎社會文化硏究院, 2006.

이영화,「조선 초기 불교의례의 성격」,『청계사학』10, 1993.

이완우,「安平大君 李瑢의 文藝活動과 書藝」,『美術史學硏究』246·247, 한국미술사학회, 2005.

이욱,「인조 대 궁방, 아문의 어염절수와 정부의 대책」,『역사와 현실』46, 한국역사연구회, 2002.

이은희,「朝鮮末期 掛佛의 새로운 圖像 展開」,『文化財』38, 국립문화재연구소, 2005.

이정란,「고려·조선전기 王室府의 재정기구적 면모와 운영방식의 변화」,『韓國史學報』40, 고려사학회, 2010.

이정주,「朝鮮 太宗, 世宗代의 抑佛政策과 寺院建立」,『韓國史學報』, 고려사학회, 1999.

이종수·허상호,「17~18세기 불화의 畵記 분석과 용어 考察」,『佛敎美術』21, 동국대학교 박물관, 2010.

이현진,「조선 왕실의 기신재 설행과 변천」,『朝鮮時代史學報』, 조선시대사학회, 2008.

인용민,「孝寧大君 李補(1396~1486)의 佛事活動과 그 意義」,『禪文化硏究』5, 선리연구원, 2008.

장희정,「朝鮮末 王室發願佛畵의 考察」,『東岳美術史學』2, 동악미술사학회, 2001.

_____,「연잉군 발원 파계사 석가모니불화의 고찰」,『東岳美術史學』5, 동악미술사학회, 2004.

장희흥,「조선 명종 대 환관 활동─내수사 운영과 사찰관리 묘제를 중심으로」,『東國史學』38, 東國史學會, 2002.

정명희,「17世紀後半 동화사 불화승 義均 硏究」,『미술사학지─동화사·은해사의 불교미술』4, 한국고고미술연구소, 2007.

정병삼,「19세기의 佛敎界의 사상적 추구와 佛敎藝術의 변화」,『韓國思想과 文化』16, 한국사상문화학회, 2002.

정석종·박병선, 「朝鮮後期 佛敎政策과 願堂(1)—尼僧의 存在樣相을 中心으로」, 『民族文化論叢』 18·19, 영남대학교 민족문화연구소, 1998.

정소영, 「조선 초기 원묘의 불교적 성격과 치폐론 연구」, 『한국문화의 전통과 불교—연사 홍윤식교 수정년퇴임기념논총』, 논총간행위원회, 2000.

정우택, 「내영사 아미타정토도」, 『佛敎美術』 12, 동국대학교박물관, 1994.

정우택, 「朝鮮王朝時代 前期 宮廷畵風 佛畵의 硏究」, 『美術史學』 13, 한국미술사교육학회, 1999.

_____, 「조선왕조시대 釋迦誕生圖像 연구」, 『美術史學硏究』 250·251, 한국미술사학회, 2006.

_____, 「조선전기 금선묘아미타삼존도 일례」, 『美術史硏究』 22, 미술사연구회, 2008.

_____, 「延曆寺 소장 조선전기 金線描 阿彌陀八大菩薩圖의 고찰」, 『東岳美術史學』 16, 동악미술사 학회, 2014.

정재영, 「안락국태자전변상도」, 『문헌과 해석』 2, 태학사, 1998.

조영준, 「18세기 후반-19세기 초 궁방전의 규모, 분포 및 변화」, 『朝鮮時代史學報』 44, 조선시대사 학회, 2008.

_____, 「19세기 왕실재정의 위기상황과 전가실태—수진궁 재정의 사례분석」, 『경제사학』 44, 경제 사학회, 2008.

차문섭, 「朝鮮 成宗朝의 王室佛敎와 役僧是非」, 『이홍직박사 회갑기념 한국사학논총』, 1969.

최주희, 「18세기 중반 定例類에 나타난 王室供上의 범위와 성격」, 『장서각』 27, 한국학중앙연구원, 2012.

탁효정, 「조선시대 왕실원당 연구」, 한국정신문화연구원 한국학대학원 박사학위논문, 2012.

한상길, 「조선전기 수륙재 설행의 사회적 의미」, 『韓國禪學』 23, 한국선학회, 2009.

한우근, 「정업원과 니승·니사 제한」, 『유교정치와 불교』, 일조각, 1993.

한지연, 「조선전반기 불교미술의 조성사상연구」, 『講座 美術史』 36, 한국불교미술사학회, 2011.

한춘순, 「明宗代 王室의 內需司 運用」, 『人文學硏究』 3, 경희대학교 인문학연구소, 1999.

_____, 「명종 대 왕실의 불교정책」, 『人文學硏究』 4, 경희대학교 인문학연구소, 2000.

_____, 「조선 명종 대 불교정책과 그 성격」, 『韓國思想史學』 44, 한국사상사학회, 2013.

허상호, 「朝鮮 後期 祇林寺 沙羅樹王幀 圖像考」, 『東岳美術史學』 7, 동악미술사학회, 2006.

현창호, 「정업원의 치폐와 위치에 대하여」, 『鄕土서울』 11, 서울시사편찬위원회, 1961.

홍승재·안선호, 「궁궐내 원묘건축 연구」, 『대한건축학회논문집』 27권 제1호(통권 제267호), 대한 건축학회, 2011.

홍윤식,「朝鮮 明宗期의 佛畫製作을 通해서 본 佛敎信仰」,『佛敎學報』19, 東國大學校 佛敎文化研究院, 1982.

홍윤식,「觀音三十二應身佛—佛畫와 山水畫가 만나는 鮮初名品」,『季刊美術』25, 中央日報社, 1983.

_____,「朝鮮初期 十輪寺所藏 五佛會上圖」,『佛敎學報』29, 동국대학교 불교문화연구원, 1993.

_____,「조선전기의 불교미술」,『조선전기 국보전』, 호암미술관, 1996.

황인규,「여말선초 연복사 탑의 중영과 낙성」,『동국역사교육』7·8합집, 동국대학교 역사교육과, 1999.

_____,「조선시대 정업원과 비구니주지」,『韓國佛敎學』51, 한국불교학회, 2008.

_____,「조선전기 왕실녀의 가계와 비구니 출가—왕자군의 부인과 공주를 중심으로 한 제기록의 검토」,『韓國佛敎學』57, 한국불교학회, 2010.

_____,「조선전기 후궁의 비구니 출가와 불교신행」,『佛敎學報』57, 동국대학교 불교문화연구원, 2010.

강소연,「朝鮮前期の觀音菩薩の樣式的變容とその應身妙法の圖像—京都·知恩院藏『觀世音菩薩三十二應幀』の明朝樣式の受容を中心に」,『佛敎藝術』276, 每日新聞社, 2004.

김정희,「朝鮮後期佛畫における明代版畫の圖像受容について」,『東アジアⅣ–朝鮮半島』, 中央公論美術出版, 2018.

박은경,「尾道市光明寺所藏地藏十王圖」,『デ·アルテ』8, 九州藝術學會, 1992.

熊谷宣夫,「龍乘院藏藥師三尊畫像就て」,『佛敎藝術』69, 每日新聞社, 1968.

_____,「青山文庫藏 安樂國太子變經相」,『金載元博士回甲記念論叢』, 乙酉文化社, 1969.

武田和昭,「本島·來迎寺の阿彌陀淨土變相圖について」,『文化財保護協會』特別號, 香川縣文化財保護協會, 1988.

_____,「兵庫·十輪寺の五佛尊像圖について」,『密敎圖像』7, 密敎圖像學會, 1990.

山本泰一,「李朝時代 文定王后所願の佛畫について—館藏藥師三尊圖を中心に」,『金鯱叢書』2, 德川黎明會, 1975.

堀岡智明,「ボストンン美術館藏 朝鮮佛畫について」,『佛敎藝術』83(佛敎藝術學會), 1972.

Kim, Hongnam, *The Story of a Painting—A Korean Buddhist Treasure from the Mary and Jackson Burke Foundation*, N.Y.: The Asia Society Galleries, 1991.

_ 도판 목록

도1 『대보적경』 사경변상도, 1006년, 감지은니, 29.1×45.2㎝, 일본 문화청 소장.

도1-1 『대보적경』 사경변상도, 간기 부분.

도2 『불공견삭신변진언경』 사경변상도, 1275년, 감지은니, 30.4×905㎝, 삼성미술관 리움 소장, 국보 제210호.

도3 『문수사리문보리경』 사경변상도, 1276년, 감지은니, 25.8×357.3㎝, 일본 교토국립박물관 소장.

도4 수월관음도, 1310년, 견본채색, 19.5×254.2㎝, 일본 가가미신사[鏡神社] 소장.

도5 관경16관변상도, 1465년, 견본채색, 269×201㎝, 일본 지온인[知恩院] 소장.

도6 수월관음도, 15세기, 견본금니, 170.9×90.9㎝, 일본 사이후쿠지[西福寺] 소장.

도7 약사삼존십이신장도, 1477년, 견본채색, 85.7×56㎝, 일본 개인 소장.

도8 관음보살삼십이응신도, 1550년, 견본채색, 235×135㎝, 일본 지온인[知恩院] 소장.

도9 상원사 사불회도, 1562년, 견본채색, 90.5×74㎝, 국립중앙박물관 소장, 보물 제1326호.

도10 영산회상도, 1560년, 홍지금니, 102×60.5㎝, 한국 개인 소장.

도11 약사불회도, 1561년, 견본금선묘, 87×59㎝, 일본 엔쓰지[圓通寺] 소장.

도12 향림사 제153덕세위존자도, 1562년, 견본채색, 44.5×28.4㎝, 미국 L.A. 주립미술관 소장.

도13 약사여래삼존도, 1565년, 견본금선묘, 54.2×29.7㎝, 국립중앙박물관 소장, 보물 제2012호.

도14 자수궁정사 지장시왕도, 1575~1577년, 견본채색, 209.5×227.3㎝, 일본 지온인[知恩院] 소장.

도15 약사십이신장도, 조선 중기, 견본채색, 122×127㎝, 미국 보스턴미술관 소장.

도16 삼제석천도, 1483년, 견본채색, 115.5×76.7㎝, 일본 에이헤이지[永平寺] 소장.

도17 화엄사 영산회괘불도, 1653년, 마본채색, 1,009×731㎝, 전남 구례 화엄사 소장, 국보 제301호.

도18 파계사 영산회상도, 1707년, 견본채색, 340×254㎝, 대구 파계사 원통전 소장, 보물 제1214호.

도19-1 불국사 영산회상도, 1769년, 견본채색, 498×447㎝, 경북 경주 불국사 대웅전 소장, 보물 제1797호.

도19-2 불국사 사천왕벽화, 1769년, 토벽채색, 경북 경주 불국사 대웅전, 보물 제1797호.

도20 홍천사 비로자나삼신괘불도, 1832년, 견본채색, 556×403㎝, 서울 정릉동 홍천사 소장.

도21 운수암 아미타불도, 1873년, 견본채색, 158×229.5㎝, 경기도 안성 운수암 소장.

도22   운수암 현왕도, 1873년, 견본채색, 106×103㎝, 경기도 안성 운수암 소장.

도23   봉은사 괘불도, 1886년, 면본채색, 686×394.5㎝, 서울 강남구 봉은사 소장.

도24   진관사 칠성도, 1910년, 면본채색, 91.6×153㎝, 서울 은평구 진관사 칠성각 소장.

도25   아미타내영도, 1286년, 견본채색, 203.5×105.1㎝, 일본 니혼은행 소장.

도26   아미타독존도, 1306년, 견본채색, 162.2×92.2㎝, 일본 네즈미술관 소장.

도27   청평사 지장시왕도, 1562년, 견본채색, 94.5×85.7㎝, 일본 고묘지[光明寺] 소장.

도28   사라수탱, 1576년, 견본채색, 108.8×56.8㎝, 일본 세이잔분코[靑山文庫] 소장.

도29   아미타정토도, 1582년, 견본금선묘, 115.1×87.8㎝, 일본 라이고지[來迎寺] 소장.

도30   봉선사 비로자나삼신괘불도, 1735년, 지본채색, 805×409㎝, 경기도 남양주 봉선사, 보물 제1792호.

도31   청계사 비로자나삼신불괘불도, 1862년, 견본채색, 600×330㎝, 경기도 하남시 청계사 소장.

도32   흥국사 지장시왕도, 1868년, 견본채색, 170.3×199.4㎝, 경기도 남양주 흥국사 대웅전 소장.

도33   불암사 삼세불괘불도, 1895년, 면본채색, 573×346㎝, 경기도 남양주 불암사 소장.

도34   보광사 명부전 지장시왕도, 1872년, 견본채색, 187.7×187.7㎝, 경기도 파주 보광사 명부전 소장.

도35   봉은사 대웅전 신중도, 1844년, 견본채색, 200.5×245㎝, 서울 강남구 봉은사 대웅전 소장.

도36   수국사 극락구품도, 1907년, 견본채색, 158.7×254㎝, 서울시 은평구 수국사 소장.

도37   궁중숭불도, 조선 전기, 견본채색, 46.5×91.4㎝, 삼성미술관 리움 소장.

_ 찾아보기

ㄱ

가가미신사[鏡神社] 59

강문환(姜文煥) 124, 155, 183, 184

강재희(姜在喜) 124, 125, 155, 183

개경 17

경선 응석(慶船 應釋) 204

『고려도경』 37

고산 축연(古山 竺衍) 204, 205

고종 28, 102, 120, 140, 149, 155, 165, 174

공민왕 22, 40, 41, 193, 198

공양왕 22

공의왕대비 66, 83, 110, 112, 145, 148, 189, 215

관경16관변상도(1435) 88, 176, 188

관경변상도 147

『관무량수경(觀無量壽經)』 60

관음보살도 20, 51, 138

관음수상(觀音繡像) 44

광종 18

국행수륙재(國行水陸齋) 140

군부인 176

궁방(宮房) 209, 215, 216

궁방전 215, 216

궁사(宮司) 210

궁정양식(宮廷樣式) 201, 216, 219, 224

궁정화풍 224

궁중숭불도 135

권근 40, 131

권단(權㫜) 179, 180

권복수(權福壽) 107, 150, 178, 179, 181

권부(權溥) 109, 179, 180

금곡 영환(金谷 永煥) 98, 204

금니선묘화 63

금선묘 74, 114

금어(金魚) 202

금자대장경 20, 21, 150

금자대장사경소(金字大藏寫經所) 178

금자사경원(金字寫經院) 178

금호 약효(錦湖 若效) 204

금화(金畵) 26

긍조 99

기복불사 20

기신재(忌晨齋) 24, 89, 133

김병주 96, 171

김병학 181

김우(金祐) 59, 194, 195, 197

김우문 194, 195

김의인(金義仁) 143

김조순 96, 175

김치양 36, 37, 52, 150, 156, 222

김현근 96, 171

김홍도 201, 219

ㄴ

내고(內庫) 210

내반종사 193-197
내불당 24, 42, 133, 135, 136, 223
내수사(內需司) 84, 209, 212, 213, 216
내수소(內需所) 212
내시(內侍) 193, 196, 197
내알사 195
내원당(內願堂) 25, 133, 158
내장택(內莊宅) 210
내제석원(內帝釋院) 138
내탕고 212
내탕금(內帑金) 28, 29, 72, 166, 209, 213, 215, 216, 224
니원(尼院) 114, 148

ㄷ
단속사 유마거사도 35
달마절로도강도(達磨折蘆渡江圖) 40, 198
『대보적경(大寶積經)』사경 156
『대보적경(大寶積經)』사경변상도 51, 150, 222
대허 체훈(大虛 體訓) 99, 204
덕빈(德嬪) 83, 109, 110, 112, 145, 157, 189, 215
덕온공주 96, 172, 175
도갑사 관음보살32응신도 66, 148, 161, 200, 221, 223, 224
도첩제 25
도편수(都片手) 202
도화서 193, 199, 219, 224
돈조 100
동자보현육아백상도(童子普賢六牙白象圖) 40, 198

ㅁ
만일염불회(萬日念佛會) 140, 141
만일회 141
망월사 괘불도 141, 142

명선공주 27
명성황후 27, 44, 90, 120, 140, 146, 149, 163, 165, 174
명숙공주 63, 65, 144, 168
명온공주 96, 171, 175
명종 25, 74, 76, 80, 109, 144, 158
명혜공주 27
문소전 134
『문수사리문보리경(文殊舍利問菩提經)』 55, 154
『문수사리문보리경(文殊舍利問菩提經)』사경변상도 54
문정왕후 25, 26, 67, 70-72, 74, 76, 77, 80, 83, 85, 86, 109, 110, 144, 157-159, 162, 171, 188, 213, 215, 223, 224
문종 19, 37, 42
문한대조 195, 221
문한서 195
문한화직대조 194, 195
미륵하생경변상도 187
민관(敏寬) 203
민두호(閔斗鎬) 122, 132, 163, 186

ㅂ
백선연 139
법왕사조사당기 131
『법화경』「관세음보살보문품」 63
벽암 각성 43, 169
보광사 명부전 지장시왕도 121, 181
보암 긍법(普庵 亘法) 204
보우대사 25, 26, 86, 110, 145, 158, 160, 188, 189, 190
보현보살벽화 34
복온공주 96, 171, 175
봉선사 비로자나삼신괘불도 116, 204
봉은사 괘불도 99, 100, 141, 164

봉은사 대웅전 영산회상도 132
봉은사 불화 122
부편수(副片手) 202
분황사 천수관음보살도 35
『불공견삭신변진언경(不空羂索神變眞言經)』 55, 154
『불공견삭신변진언경(不空羂索神變眞言經)』 사경변상
　도 54
불국사 대웅전 사천왕벽화 94, 170, 204
불국사 대웅전 영산회상도 94, 145, 170, 171, 204
불암사 아미타괘불도 45, 120, 146, 149, 155, 165

ㅅ
사경원 53
사라수탱 110, 112, 145, 161, 215, 221, 224
삼신대영산회탱 43, 145
삼제석(三帝釋) 86
삼제석천도 86, 144
상겸(尙謙) 203
상국사 19, 37, 220
상국사 벽화 193
상궁 44, 89, 96, 117, 119, 121, 122, 132, 141, 145,
　148, 163, 164, 168, 172, 183, 184, 186, 205
상궁 엄씨 44, 120, 146, 149, 155
상원사 68, 148, 172, 174
상원사 사불회도 67, 68, 69, 148, 172
상의원(尙衣院) 209, 213, 214, 216
서구방 194, 196, 197
서방구품용선접인회도 114
서지만(徐智滿) 196, 198
석가삼존도 77
석가오백나한도 130
선묘불화(線描佛畵) 72
선조 26
성등암 130

성렬인명대왕대비 72, 80, 110, 160, 161, 189
세조 24, 25
소경(紹瓊) 139, 157, 180
솔거 35
수국사 29, 124, 125, 155, 166, 175, 182, 183, 213
수국사 괘불도 118
수국사 불화 123
수륙재 24, 29, 89, 140
수월관음도 56, 59, 62, 138, 156, 222
수월도량공화불사 101, 140, 141
숙비 김씨(淑妃 金氏) 56, 59, 156, 157, 195, 222
숙빈 윤씨 80, 82, 148, 162
숙선옹주 96, 146, 171, 175
숙안공주 90, 92, 140, 169
숙원 윤씨 157
숙종 27
숙창원비(淑昌院妃) 21, 156, 157
순금화(純金畵) 72, 77, 86, 223
순종 29, 44, 102, 140
순헌황귀비 29, 102, 155, 163, 165, 166
순화궁 163
순화궁 김씨 90, 99, 122, 141, 163, 164, 186
순회세자 76, 80, 144, 162, 190
시왕사 36, 37
시왕사 시왕도 36
신정왕후 44

ㅇ
아미타내영도 104, 143, 220
아미타독존도 105
아미타삼존도 147
아미타여래도 150
아미타정토도 112
안락국태자전변상도 110

안양사 187
안일원 42
안화사 39
액정국 195, 197
액정서 193, 195
액정원 197
약사삼존도 67, 77
약사삼존십이신장도 63, 168
약사십이신장도 84
양공(良工) 193, 200
양화(良畵) 193, 200
엄비 90
연잉군(延礽君) 27, 92, 132, 154, 202
염승익 54, 104, 143, 177, 178, 220
영명 천기 99
영빈 김씨 116, 117
영산재 140
영안부원군 96
영안부원군 김조순 171, 175
영응대군 60, 132, 166, 171
영응대군 부인 송씨 147, 167
영의 20, 51, 137, 153
영조 27, 92, 94, 132, 154
오백나한도 143
오십삼불탱 43
옥산군 이제(玉山君 李躋) 63, 176
온녕군 이정(溫寧君 李裎) 88, 176
왕실 49
왕인수(王仁壽) 38, 194, 220, 221
왕인수작 미륵하생도(彌勒下生圖) 38, 220, 221
용주사 28, 201
용주사 대웅전 삼세불도 203
용화회탱 43
운수암 174

운수암 아미타불도 97
운수암 현왕도 97
원당 18, 27, 38, 50, 210, 216
원당전(願堂典) 133
원찰 37, 41, 133, 223
원통불사(圓通佛事) 99, 101, 141
월산대군 60, 65, 147, 166, 167, 171
월초 거연 124, 182
유성(有誠) 204
은자대장경 20, 53
은자대장도감(銀字大藏都監) 54, 55
의균(義均) 94, 202, 203
의종 20
이계동(李桂同) 59, 194
이맹근(李孟根) 60, 147, 199
이맹근작 관경16관변상도(1465) 60, 147, 167, 199,
    221
이상좌 200
이성(李晟) 221
이성애 116, 117
이원해(李原海) 199, 219
이은(李垠) 102
이자실(李自實) 66, 200, 224
이재면 98, 174
익산군부인 순천 박씨 88
익평위 92, 169
인선왕후 27
인성왕후 67, 85, 86, 109, 110, 112, 145, 148, 157,
    161, 162, 171, 200, 221
인수궁 44, 112
인수대비 65, 87, 124, 168
인수사 25
인순왕후 76, 82, 85, 109, 110, 144, 157, 159, 161,
    162, 189

인조 26
인종 67
일사칠궁(一司七宮) 215
임순동(林順同) 59, 194
임영대군 166

ㅈ
자수궁(慈壽宮) 42, 44, 60, 82-84, 112, 114, 149, 162, 198
자수궁정사 80
자수궁정사 지장시왕도 80, 161, 162, 221
자회(自回) 105
장렬왕후 27, 42, 43, 145
전등사 삼세불도 205
전채서(典彩署) 35
정업원(淨業院) 24, 25, 42, 60, 149, 198
정조 28
제석천도 138
제안대군 166
제왕부(諸王府) 210
조대비 44
조영하 177
조인규 142
종친 96, 172
지명(智明) 82
지장보살본원경변상도 80, 149
진관사 칠성도 101
진전사원(眞殿寺院) 133

ㅊ
천도재 89
천불도 41, 132
천제석(天帝釋) 137
천제석도(天帝釋圖) 20, 51

천추태후(千秋太后) 36, 51, 52, 150, 156, 222
청계사 비로자나삼신불괘불도 118, 146
청평사 지장시왕도 109, 221
최사훈(崔思訓) 19, 37, 193, 220
최승(崔昇) 59, 194
축성법회 138, 153
충렬왕 20, 143, 154
충목왕 22
충선왕 21
충숙왕 21

ㅌ
태조 23, 40
태조 왕건 17
태종 24, 42

ㅍ
파계사 27, 132
파계사 영산회상도 27, 92, 131, 154, 202, 203
편수 202
포관(抱冠) 204
풍산정 이종린(豊山正 李宗麟) 67, 68, 148, 172, 173

ㅎ
학명(學明) 112, 145
한봉 창엽(漢峰 槍曄) 98, 204
함안군부인 윤씨 62, 63, 176
행호(行乎) 88, 176, 188
향림사 나한도 144
향림사 제153 덕세위존자도 74
현종 18, 27
현철 187
혜국(또는 혜원) 112, 114, 145, 215
혜빈 정씨 112, 114, 145, 215

홍득기 90, 140, 169

홍상 63, 65, 144, 168

홍현주 96, 146, 171

화계사 44

화승(畫僧) 193, 201

화엄사 영산회패불도 90, 140, 169

화완옹주 94, 132, 145, 170

황룡사 노송도 35

회암사 76, 77, 80, 158-160, 189, 190, 215

회암사 400탱 80, 86, 144

효령대군 60, 147, 166, 167, 171, 188, 199, 200

효정왕후 119, 146

흥국사 대웅전 신중도 146

흥국사 대웅전 지장시왕도 119

흥국사 석가모니불도 204

흥덕사 석가출산도 40, 41, 198

흥륜사 33

흥륜사 금당 금니벽화 34

흥선대원군 98, 120, 146, 174

흥왕사 19, 37, 38, 193, 194, 221

흥왕사 미륵하생경변상도 220

흥천사 패불도 96, 100, 118, 146, 172, 175

석학人文강좌 94